生长
——语文教育最美的姿态

贾桂强 著

中国市场出版社
China Market Press
·北京·

图书在版编目（CIP）数据

生长：语文教育最美的姿态 / 贾桂强著. — 北京：中国市场出版社有限公司, 2020.8
ISBN 978-7-5092-1915-7

Ⅰ.①生… Ⅱ.①贾… Ⅲ.①中学语文课－教学研究 Ⅳ.①G633.302

中国版本图书馆CIP数据核字(2020)第037806号

生长 ——语文教育最美的姿态

SHENGZHANG —— YUWEN JIAOYU ZUIMEI DE ZITAI

著　　　者：贾桂强
责任编辑：张再青（632096378@qq.com）
出版发行：中国市场出版社
社　　　址：北京市西城区月坛北小街2号院3号楼（100837）
电　　　话：（010）68024335/68020340/68021338/68022950
经　　　销：新华书店
印　　　刷：金华市曙光印务有限公司
规　　　格：185mm×260mm　　16开本
印　　　张：16　　　　　　　　字　数：330千字
版　　　次：2020年8月第1版　　印　次：2020年8月第1次印刷
书　　　号：ISBN 978-7-5092-1915-7
定　　　价：65.00元

版权所有　侵权必究　　印装差错　负责调换

序一

贾桂强老师是浙江省名师工作室的学科带头人,是湖州二中一名语文高级教师,是湖州市首批"南太湖特支计划"青年拔尖人才、湖州市"1112人才工程"学术技术带头人,是一位勤于学习、勇于探索、敢于创新的青年才俊。这是他的第三本专著。读罢贾桂强老师的《生长——语文教育最美的姿态》,感触良多。

《生长——语文教育最美的姿态》,收录了贾老师50多篇教育研究文章,分成四个板块,从"学情"的视角来研究语文教育:

第一板块,基于"学情"的教育思考。新课标理念下,思考学习方式的转变,从"教"的视角转向"学"的视角,要找寻教学的生长点。课堂上,需有更多的生成。在教学方式上,要多一些"自主、合作、探究"。使学生成为"有中国心的现代文明人",增强文化自信,上高楼,远望天涯路,找准教育的大方向。

第二板块,基于"学情"的教材指瑕。教材的编选,应当有利于学生接受。书中研究了当前人教版、苏教版和语文版等各种版本的语文教材,不盲从教材,敢于质疑,从宏观层面和微观层面提出独立见解,并形成了一定的理论框架,取得较扎实的成果,富有学术创新价值。

第三板块,基于"学情"的命题管窥。书中的命题研究,多作统计梳理,加强学理探究。对文言文阅读、小说阅读、高考语病和作文等近几年考题作了梳理探究。分析了浙江省近五年高考试题的乡土特色,对作文的命题研究,既有经验性随感,又有纵向的统计研究。命题设计贴近学生生活,引导考生站在人生新起点,在宏阔的家国大视野中找到个人意义,思考未来人生。

第四板块,基于"学情"的读后随评。贾老师从"学"的视角研读了《哲学教育导论》《语感论》《语文科课程论基础》《语文认识论》《学习的快乐》等理论著作,进行了评述。在书评中,抓住著作中的核心概念,追溯其背景,探讨其当下的意义。这些研读个案,给一线教师如何阅读教育经典专著,提供了可借鉴的方法。

2019年秋季,高中语文统编教材开始在北京、上海、天津、辽宁、山东、海南等6省份高一年段使用。语文教材结束了延续三十多年的"一纲多本",重新回归到统编时代。统编新教材的使用,对一线教师来说,是一次严峻的挑战,同时也是一次难得的机遇。

新课标指出,加强语文课程内容与学生成长相联系,让学生多经历、多体验各类启示性、陶冶性的语文学习活动，引导学生转变学习方式，开展自主、合作、探究学习，激发问题意识，学会持续反思，终身学习。

在这样的大背景下，本书的出版为我们一线的语文教师研究"学情"、创新教学提供了新的视角：

1. 教师要有大的教育理想和情怀。新课标强调"语文课程对继承和弘扬中华优秀传统文化、革命文化、社会主义先进文化，培养文化自信，推动文化的创新发展，具有不可替代的优势"。要充分发挥语文学科的育人功能，引导学生读大量的好书，读好整本书，而不能是淹没在题海之中，沉浸在刷题之中。

2. 教师要有鲜明的教材研究意识。按照新课程理念，教师既是教材的使用者，也是教材的建设者和课程资源的开发者。作为沟通教材和学生的中介者，教师在"教材二次开发"中拥有了创造性发挥的可能和空间。教师是"用教材教"而不是"教教材"，要着眼于大单元设计，依据学生的"学习需要"对教材进行"学本化"设计，从而提升学生的学科核心素养。

3. 教师要有创新的考试命题思想。把教学效果放到生命成长的大背景下去思考；把课堂评价的支点放在学生成长上，不看精彩看实效，不看师效看生效，不看预设看生成。要以学科核心素养为导向，以情境任务为主要载体，选用具有时代性、典型性和多样性的语言材料，创新命题形式，不固化试卷结构。

4. 教师要多读教育理论著作。新时代呼唤专家型、学者型、探究型的教师。学术阅读，是教师专业成长的快车道。正如贾老师所说："阅读名家，与他们对话，携我跳出'低水平的重复研究怪圈'，让我能居高临下理性地审视当下教学。"前沿的教育理论，能为一线教师搭起一层又一层高瞻的平台，打开一扇又一扇远眺的窗户，能为教师专业发展插上腾飞的翅膀。

统编新教材（2019年）已经进入高中语文课堂。新课标，新理念，新教材，新教育。如何转变教学理念和教学范式，实现指向核心素养的课堂转型，这是每一个教师不得不面对的教育现状。相信本书将会为我们研究"学情"、创新教育、全面落实新课标精神、实现指向核心素养的课堂转型提供帮助。希望更多的老师能从贾老师的研究历程中汲取教改前行的力量。

是为序。

徐桦君
2020年2月于元济高级中学

（作者为全国模范教师，享受国务院特殊津贴，入选教育部"国培"专家库，浙江省语文特级教师，浙江省首批中小学正高级教师，浙江省功勋教师，浙江省写作学会副会长，浙江省十佳名师工作室主持人。）

序二

贾桂强老师把书稿《生长——语文教育最美的姿态》发给我，嘱我写一篇序言。读完稿本，深深地感到作者用力甚勤，十分欣喜。

作为湖州市高中语文教研员，我经常组织全市的语文教研活动，虽与贾老师有接触，但并不十分熟悉。印象最深的第一次接触是2009年，浙江省高中语文"疑难问题解决"专题研讨会召开前夕，时任省高中语文教研员的胡勤老师打电话给我，特邀贾老师参加，并作专题发言。原来贾老师在对教材《〈论语〉选读》的研究中取得的成果得到了主编张万彬先生的认可，因而获得了此项"殊荣"。研讨会上，他的发言获得了与会教师的认可与赞许，我也很是敬佩他研究的深入、严谨、精准。

此后，在湖州市的高中语文教研活动中，我对贾老师又有了逐步深入的接触与了解。曾多次邀请贾老师给语文教师做《论语》教学研讨的讲座；在新课标颁布之后的学习培训活动中，给高一、高二语文教师做新课标解读讲座。每一次讲座，他都是非常认真地对待，不断地更新讲座内容，充实课例，因此得到与会老师的好评。

贾老师在课堂研究方面可谓成果卓著，获得了"浙江省优秀科研人员"的荣誉称号。多项课题获得市级一等奖。2017年，我主持了省教研课题"高中语文阅读教学文本细读的探索与实践"，贾老师协助并带动市内8名优秀青年语文教师一起研究，课题顺利结题；之后我们又开发出一门省级微课程。

2019年3月，湖州市属学校第三期第一层次名教师培养对象培训班开班，我担任语文学科导师。在语文学科学员名单中，又看到了贾老师的名字。此后的培训活动中，我对他的了解更为全面，其为人始终谦逊有礼。当我有事寻找他的时候，他似乎"永远在线"，无论事情的大小，总是说"好的，我马上就……"，对同人也始终是友爱尊重有加。

近年来贾老师在语文教育教学改革中，取得了一定成果：2007年，开发校本课程《〈论语〉博客：卓越人生八项修炼》，将传统文化经典与现实生活链接起来，2013年获评湖州市第二批普通高中精品选修课程，2014年获评浙江省第四批普通高中精品推荐选修课程，2015年8月出版校本专著《〈论语〉新解：卓越人生八项修炼》（浙江教育出版社）；经过十多年的教学沉淀，撰成《生长式语文课堂》一书，并在2019年3月由中国人民大学出版社出版，提升了学术影响力。

　　写序照例要介绍书的主要内容，本书中收录的50多篇文章，绝大部分已在省级期刊正式发表，读来却不觉得散乱堆砌。贾老师在此书进一步展开"生长式语文"研究，尝试从"教学"层面向"教育"层面拓展，突出语文学科的德育价值，践行立德树人的使命。全书围绕着"学情"，做有思想的教师，不盲从权威，敢于质疑，独立研读教材，直面考试命题，做有深度的阅读，寻找教师专业成长的最美姿态，落脚在教师个人的专业"生长"上。

　　教育，或者作为一个教育者，就是在其生命世界里，绽放一种美好的姿态。贾老师是湖州市教学能手，中学语文学界的后起之秀，本书有不少真知灼见，值得广大同行参考，在此书即将出版的时候，写了以上的话，表达我的祝贺，并推荐之。

刘春玲
2019年9月16日

（作者为湖州市高中语文教研员，曾经在湖州中学任教八年。一位喜欢语文，喜欢语文教学；喜欢学生，喜欢与学生一起享受课堂的教龄35年的老师。）

目 录

第一章 基于"学情"的教育思考

01 从"语文教学"到"语文教育"
　　——"生长式语文课堂"探索 / 2

02 跳出教育看教育
　　——听成刚《创新思维训练 提升学习能力》讲座有感 / 6

03 教育要去功利化
　　——听邵泽斌教授讲座有感 / 7

04 跟风：语文研究取向的反思 / 9

05 语文版《〈论语〉选读》对接新课标学习任务群的三点教学建议 / 11

06 基于"一本二体三维四度"架构的选修课程开发研究
　　——以人文学科知识拓展类选修课程开发为例 / 17

07 核心素养视域下《红楼梦》整本书阅读近十年研究综述 / 22

08 基于"文学阅读与写作"学习任务群的实践初探
　　——以小说《流浪人，你若到斯巴……》文学鉴赏教学三条路径为例 / 29

9 寻找教学的生长点
　　——观摩4节市属优质课有感 / 34

10 从散文文体的引导作用看散文教学内容的合宜性
　　——评余日平执教《都江堰》/ 37

第二章　基于"学情"的教材指瑕

- 01　整本书视角下人物形象多元化分析 / 41
- 02　人教版选修《外国小说欣赏》编校指瑕 / 46
- 03　人教版选修《语言文字应用》教材瑕疵例说 / 50
- 04　人教版选修《中国古代诗歌散文欣赏》编校指瑕 / 55
- 05　人教版高中语文教科书(必修1~6册)文言文版本对勘及词义注解研究 / 61
- 06　人教版高中新教材(必修1~6册)文言文异文、引文的校议 / 67
- 07　选文的删改：请勿"唯简是从" / 75
- 08　人教版高中新教材注文商榷八例 / 77
- 09　《"暮雨潇潇江上村"引义探疑》商榷 / 86
- 10　苏教版《高中语文》(必修1~5册)编排指瑕 / 88
- 11　苏教版《高中语文》(必修1~4册)指瑕 / 93
- 12　苏教版《高中语文》(必修1~5册)的补注 / 97
- 13　《江南的冬景》误注二则 / 101
- 14　新时期(2006—2015年)《〈论语〉选读》研究述评 / 103
- 15　语文版选修《〈论语〉选读》教材编写刍议之一 / 110
- 16　语文版选修《〈论语〉选读》教材编写刍议之二 / 116
- 17　语文版选修《〈论语〉选读》教材编写刍议之三 / 122
- 18　语文版选修《〈论语〉选读》教材编写刍议之四 / 129
- 19　语文版选修《〈论语〉选读》教材编写刍议之五
  ——关于语文版选修《〈论语〉选读》"附录"的增补 / 136

第三章 基于"学情"的命题管窥

| 01 | 浙江省近五年高考试题乡土特色分析 / 144
| 02 | 浙江省近五年高考文言文阅读考查盘点 / 149
| 03 | 浙江省近四年高考作文之命题剖析 / 152
| 04 | 高考小说阅读设题角度探析 / 157
| 05 | 高考文言文信息筛选题中的四大误导项设计方法浅析 / 162
| 06 | 高考作文母题备考指津 / 165
| 07 | 现代诗歌赏析之备考策略 / 170
| 08 | 高考修辞的考查方式与备考策略 / 174
| 09 | 高考语文39例病句探析 / 178
| 10 | 作文命题的现实语境及新变化
　　　——评2015年高考浙江语文卷作文题 / 184
| 11 | 文章合为生活而写
　　　——关注2009年高考作文 / 188
| 12 | 凸显家国大情怀　立足青年新起点
　　　——评2018年浙江高考作文卷 / 190
| 13 | 高考作文评价应删去"有文采"吗？ / 191
| 14 | 作文：请不要"拔高提纯" / 193
| 15 | "排"靓作文"七剑式" / 195
| 16 | 少点"含蓄"，多点"明朗"
　　　——关于扣题的记叙文升格示例 / 198
| 17 | 从头到尾一线穿，中心思想贯全篇 / 202

第四章 基于"学情"的读后随评

01 阅读：寻找教师专业成长的"镜子"
　　——读李海林《言语教学论》等书有感 / 206

02 从"教"的视角转到"学"的视角
　　——佐藤学《学习的快乐——走向对话》随评 / 210

03 东坡·鲁镇·乡愁 / 214

04 破开人生坚冰
　　——从《约翰·克里斯朵夫》到《故乡》 / 217

05 撷取一点 随意点染
　　——我看鲁迅《故事新编》 / 219

06 抓住语文的魂
　　——喜读王尚文《现代语文初中读本》 / 222

07 走出语文研究的"百年怪圈"
　　——读王荣生《语文科课程论基础》札记 / 224

08 一曲苍凉的歌
　　——细读陈忠实《白鹿原》 / 228

09 陶渊明与魏晋放达之风专题学习 / 232

10 安放语文飘荡的灵魂
　　——荐读胡勤《语文认识论》 / 238

11 麦田的守望者
　　——读《苏霍姆林斯基选集》随感 / 242

后　记 / 245

第一章 基于"学情"的教育思考

　　理想的教育是怎样的？要从教师的"教"转到学生的"学"。勿忘初心，所有的教育都应当指向学生的成长。教育要去功利化，"教养"学生，而非"驯养"他们。在教学中，寻找德育生长点，使学生成为"有中国心的现代文明人"。

从"语文教学"到"语文教育"
——"生长式语文课堂"探索

"教学"和"教育"是有区别的：教学是教师把知识、技能传授给学生的过程，而教育则是按一定的要求培养人。现在的教育想做什么，如果把这个问题想通了，再来思考语文教学要做什么，也许才能想清楚语文教育的方向在哪里。语文教学和语文教育是不能分开的，谈语文教学，不说语文教育是没有出路的。语文教学到底要走向哪里？理想的语文课堂是怎样的？如何构建这样的课堂，有哪些路径？如何理解新课标视野下的语文课堂？这些问题一直纠缠着我，迫使我不断思考。

经过十多年实践和反思，我提出了"生长式语文课堂"教学主张：诊断学情，主问题导读，以学生为主体，以教师为主导，以积极的语言实践活动为主线，构建有困惑、有结构、有活动、有生长力（语用力、思维力、审美力和文化力）的语文课堂。

一、三个理论来源

1. 教育即生长。 19世纪，杜威从教育自身出发去寻找教育的目的，指出"教育即生长，生长本身就是目的"，[1]"因为生长是生活的特征，所以教育就是不断生长；在它自身以外，没有别的目的。"他强调的"教育即生长"，就是"要使每个人的天性和与生俱来的能力得到健康生长"。"生长式语文课堂"中的"生长"一词，即来自杜威的概念。"生长"，是在学生现有的发展水平上，向上生长。

2. 钱梦龙先生的"三主"理念和"语文导读教学法"。 钱梦龙先生在《我这样上语文课》中说："学生为主体，教师为主导，训练为主线，一直是我的教学实践的教学理念，它支配着我上的每一堂课。""三主四有"的"三主"——"以学生为主体，以教师为主导，以积极的语言实践活动为主线"即源于此，"训练"用"积极的语言实践活动"替代，本质是一样的。"语文主问题导读教学法"是在钱老"语文导读教学法"的基础上增加了限定词"主问题"，旨在引领高中语文教学的改革，力求改变教师大量讲解分析的教学模式。

3. 普通高中语文课程标准（2017年版）。 新课程标准（2017年版）提出"语文学科核心素养"，主要包括语言建构与运用、思维发展与提升、审美鉴赏与创造、文化传承与理解。其中语言建构与运用是语文学科核心素养的基础，学生的思维发展与提升、审美鉴赏与创造、文化传承与理解，都是以语言建构与运用为载体，并在学生个体言语实践活动中得以实现的。"三主四有"的"四有"，就是构建有困惑、有结构、有活动、有生长力的课堂。

二、"四有"教学目标

生长式语文课堂，主张以语言和思维训练为核心，践行新课程标准理念，聚焦"四有"，提高课堂教学效益，让学生成为一个有中国心的现代文明人。

1. 有困惑的课堂。 新课程标准（2017年版）有18个语文学习任务群，其设计充分顾及问题导向。要真正实现学习方式的改变，需开展问题化的学习。

2. 有结构的课堂。 新课程标准（2017年版）设计18个语文学习任务群，每个任务群都有各自的学习目标与内容。加强课程整合，通过有结构的教学，例如主题阅读、专题学习、项目学习等方式，整体提升学生的语文素养。

3. 有活动的课堂。 新课程标准（2017年版）界定"语文课程"是一门"学习祖国语言文字运用的综合性、实践性课程"。并设计了18个语文学习任务群，以学习项目为载体，整合学习资源，引导学生在运用语言的过程中提升语文素养。这给未来的"语文课堂活动"划出了边界，也指明了方向。

4. 有生长力的课堂。 "有生长"主要是"语用力、思维力、审美力和文化力"生长。"语用力、思维力、审美力和文化力"的提法，分别对应新课程标准（2017年版）语文学科核心素养的四个方面：语言建构与运用、思维发展与提升、审美鉴赏与创造、文化传承与理解。新课程标准（2017年版）要求的主要学习方式为"自主、合作、探究性学习"，关注学生的精神成长，尤其是"语用力、思维力、审美力和文化力"的生长。

三、三大教学策略

把课堂还给学生，让课堂充满生长力，须有指向生长的教学策略。

1. 诊断"学情"，学会"倾听"，转变备课重心。 诊断学情是一切教学的逻辑起点，离开了学情的分析，教学就成了无的放矢。

一是设置前置性作业，梳理学习困惑处。一般要求学生裸读文本，写出自己有困惑的地方。教师通过批阅作业，才能清楚了解哪些是学生学习困难的，哪些是学生感兴趣的，哪些是学生可以通过自学掌握的，哪些是学生学习中有困惑且有价值的问题。

二是寻找教学切入点，设计合宜教学设计。教学切入点，不单是指教师解读文本后找到的突破口，而且是教师根据学情诊断发现有价值的问题后，思考学生应当学什么，应当如何进行教学，找到牵一发而动全身的关键点。

2. "主问题"驱动，学会"串联"，重塑教学关系。 作为教师，如何点燃学生的学习引擎，找准前进方向，需要设计有张力的"主问题"来驱动学生进入学习的良好状态，重塑和谐的教学关系。

一是呈现一般问题，引发学习专注力。课堂教学中要呈现来自学生的实际问题，这样学生的学习兴趣被激发出来，学习专注度和课堂效率自然就提高了。提出"问题"，是课堂高质量的核心任务。

二是展现疑难问题，引导学生合作学习。课堂教学要释疑解难，让学生进行合作学习，使学生之间有合作碰撞，师生之间有交流质疑。

三是追加生成问题，引领学生深度学习。在互动交流中，教师要敏锐捕捉学生思维中出现的问题与不足，通过适时点拨和追问，激活学生思维，解决问题，生成新的认识，获得精神生长。

3. "思辨"解读，学会"反刍"，有个性化感受。 文本解读能力是语文教师的看家本领，是提升阅读教学效率的重要一环。如何做好呢？需要从以下三个方面努力：

一是文本解读的前提：基于学生的认识与体验。教师有一定的文学功底和人生阅历，可以通过对文本的仔细研读得出个性化的结论，但是，学生未必会有这样的体验和理解。因此，教师需要依据"最近发展区"原则，思考文本解读的角度和深度问题，做出合适的取舍。

二是文本解读的重点：关注学生的活动参与、阅读个性。法国思想界的先锋人物罗兰·巴特认为，对于同一文本，不同读者会做出不同的反应，文本的生命是读者赋予的。所以，如果没有学生的自主阅读，文本解读就会成为教师一厢情愿的展示，所谓的"深度解读""个性解读"都是无意义的。同时，对那些超出了教师个人解读范围的学生的个体体悟，教师也要予以尊重，如果剥夺了学生的这一权利，他们就可能沦为接受现成结论的"容器"，课堂就会失去应有的活力。

三是文本解读的目标：促进学生"思辨力"的提升。对文本的解读不能局限于"这一篇"，而应当让学生既愿意也能够主动地去读懂"另一篇"。对于学生的不同见解，教师可以将它们列出来，让学生进行比较、辨析，交流观点。结果并不重要，引领学生深入阅读文本，在文字中走上"几个来回"，才是最重要的。即便最终仍有分歧，教师也不要急于站在某一边，而是要留下悬念，引导学生进一步自主探究。这样，学生对于阅读的兴趣就会持续下去，就会产生一个个新的起点。

四、两种学评方式

生长式语文课堂的实现，离不开精准学业评价，不仅要关注学生外在的学习结果，更要关注内在的学习品质。新课程标准（2017年版）说："评价时要充分考虑语文实践活动的特点"，选用恰当的学业评价方式。

1. 在真实的语文学习任务情境中综合考查。可采用纸笔测试，现场观察，对话交流，小组分享和自我反思等多种评价方式，记录学生真实、完整的任务群学习过程。不管是思辨性阅读，还是项目式阅读，任务式阅读，我们都应该通过具体的文本阅读，激发学生继续学习的强烈需求，促使学生提高语文素养、认知水平、思维能力，促进学生精神生命的健康成长。

2. 搜集学生在语文实践活动中产生的个性化材料。建立学习档案，如测试试卷、读书笔记、文学作品、小组研讨成果、调查报告、体验性表演活动和个人反思日志等。通过这些材料了解学生在任务群学习中表现出的个性品质和精神态度，记录学生核心素养的发展轨迹。

五、五个评课维度

聆听一堂课，我们需要关注些什么，生长式语文课堂主张的评课，具有以下五个维度。

1. 具有"理念存在"。一堂课，要有研究问题的意识，背后需有教学理念存在，这样教学才不会落在浅层面。

2. 具有"抓手存在"。一堂课，也需要有一个内在的结构，有一条串起珍珠的绳索。教师的解读逻辑、学生的解读逻辑、文本的内在逻辑，三者要拧在一起。

3. 具有"趣味存在"。一堂课，要有些许趣味，让学生感受到语文课的乐趣。不能是压抑学生的，封闭的氛围。

4. 具有"思辨存在"。当前阅读渐渐趋向于碎片化，信息的海洋中，老师容易迷失方向，要警惕"万能搜索"。要有独立"裸备课"的能力。

5. 具有"移植存在"。一堂课，要有示范性。让听课的老师和上课学生，觉得有所收获，追求一课一得。如何把40分钟的效益拉长，突破课的限制，拓展开去，这是要思考的。

生长式语文课堂要把学生带到哪里？我想，作为语文人，有担当和责任，就是让学生有国家认同，历史认同和文化认同，就是要让学生成为"有中国心的现代文明人"。

参考文献：

[1] [美]约翰·杜威.民主主义与教育[M].王承绪，译.北京：人民教育出版社，1990：57.

跳出教育看教育
——听成刚《创新思维训练 提升学习能力》讲座有感

今天上午聆听了北京师范大学教授、研究生导师成刚的讲座——《创新思维训练 提升学习能力》，获益颇多。最主要的感受就是要"跳出教育看教育"。

提高了理论高度

成教授从教育管理学的理论高度切入，从当前社会大背景入手，分析我国目前教育面临的大问题——创新能力欠缺。对比了北京大学和美国耶鲁大学校长的人才观，让我们看到了东西方教育的培养人才的差异所在。另外，在讲座中讲授了"学习金字塔理论"和"学生学习效率的变化曲线"，如何提高课堂学习效益，要抓好课前20分钟。

提供了经典个案

成教授的讲座，注重案例的分析，让我们在具体的鲜活的有趣的故事中，领悟故事背后深刻的道理。例如"孔融让梨"的故事，孔融最后的人生结局。还有中日历史考题的方向与角度的不同，带给我们许多新的启发。

把握了教育大方向

当今社会，科技革命日新月异，如何把握时代的脉络。成教授结合国内形势和国际大趋势，分析了未来人才的培养要求。作为名师，不单要知道怎么教本学科的知识，更需要提升自己对教育的深刻理解，应当怎么去教学生获取创新思维能力，提升学生的学习能力。

今天的讲座，给我较大启发。要成为一个真正懂教育的教育者，一定要跳出教育。高度决定视野，眼界决定境界，井底之蛙只会看到井口那么大的一块天空。同样的道理，作为一个教育者，如果不能够从当今教育逼仄的空间跳出来，每天除了琐碎就是一地鸡毛，除了茫然就是迷茫。只有跳出教育看教育，才能发现教育的路究竟在何方，才能更好地发展教育事业，才能为孩子们的成长提供更多的生命关怀。

（湖州市属学校第三期第一层次名教师培养对象培训班作业）

教育要去功利化
——听邵泽斌教授讲座有感

一、教师的专业化，要回到专业化之前

今天，听了邵教授上午和下午的讲座，收获颇多。作为一个教师，要有哲学的视野，曾经也看过叔本华的《作为意志和表象的世界》，看了不是很懂。邵教授说"作为意志和表象的世界"就是主观的世界，一下子照亮了我知识中的空白点。也读过柏拉图的《理想国》，似懂非懂。听完舒教授的讲解，又有了进一步的了解。柏拉图的教育是"死亡教育"，让人无望。而奥古斯丁的《上帝之城》则给我们带来了希望，是引人向上的教育[1]。

从哲学的视角去理解教育，杜威说"教育即生长"，当时老师就是这么讲，自己也就想当然地这样说。但要讲出个为什么来，却又迷茫了。听了邵教授的讲座，明白了要把杜威的结论放到更大的一个知识背景中，方能理解。

教育就是不断提升人的精神，人不能沦为物质的奴隶。每个人的身上，都有两只眼睛。一只向内看的眼睛和一只向外看的眼睛。向内看，就是儒家所提倡的"吾日三省吾身"，就是"慎独"，就是向内用力。

要相信每个学生身上都有善的种子，需要一点精神的阳光和水分养料，在合宜的时节，便会生根发芽。也许多年后，便会成为参天大树。不要用管道式的眼睛去看学生。当下的教育评价标准，是值得反思的。舒教授说教育一旦体制化，就死了。没有了灵气，人们关注更多的是外在的非教育的东西，而不是教育本身。现在的教育，量化精细固然好，但教育是人的心灵的交流，是很难物质化的。教师是永不可替代的职业。

一个优秀教师的标志，不是他有多么好的学科专业知识，是爱学生。在教学的过程中，他体验到了幸福，而不是苦痛。如何在现代职业化、体制化、结构化与内涵上的碎片化中，找到自我价值的实现，这是摆在我们面前亟须思考的问题。

我们也看到，新课改给打破体制化，带来了一线生机。多元化的高考录取方式，逼

迫中学的教育要变革。不能还是一刀切，要选择因材施教。教育要回归教育的本真，回到前专业化阶段，教育是个人的事情，要多一点民间的色彩。

二、逼真教学观摩，借鉴有效的缄默性知识

如何增强学科教学的知识，也就是实践性的智慧。首先，要学习哲学，哲学没有可操作性，没有技术的借鉴，似乎无用。但道家哲学认为，无用就是有用，是大用！其次，要学习一般的学科知识，比如教育学、心理学等。再次，要有专门的学科知识，这些知识应当是体系化、结构化的知识。最后，要学习横向的学科知识，将中学和大学结合起来。

如何获得这些有效的缄默知识，邵教授的建议很实用，其中"逼真教学观摩"，我想对我很有帮助。在语文的课堂教学中，如何提高自己的语言表达力，提高教学的机智，需要向最好的教师学习。起初要亦步亦趋，先要"入格"，然后才能"出格"。"触动精神灵魂的模仿是最好的学习"，经过这样的一番磨炼，相信在教学的能力上，一定可以登上一个新的高地！

参考文献：

[1] [古罗马]奥古斯丁.上帝之城[M].王晓朝，译.北京：人民出版社，2018.

（湖州市属学校第二期第一层次名教师培养对象培训班作业）

跟风:语文研究取向的反思

2004年的浙江省高师语文教育研究会的年会在浙江师范大学报告厅举行,会上观点纷呈,大师们都有各自高深的见解。

王尚文先生呼吁理论研究要面向实际,理论要能上天入地,要能贯通小学、中学和大学,语文研究要重视整体效用。李海林教授以他惯有的学理思维给我们打开一扇又一扇新的窗户,指出理论繁到了极点也许便是它死亡的时刻。吕振之前辈慷慨陈词,现今语文研究状态的确堪忧,越来越繁复,繁复到让别人看不懂,语文的一些最常识的问题摆在那里,我们的研究者却常绕道而行。他们建构起精致唯美的理论,反而在理论中迷失了自我,也迷失了语文。他们为理论界奉献的是什么呢?制造了许多玄而又玄的新名词,剽窃来了许多"洋概念"。在概念的生产中,做着合理的逻辑游戏,且自命为理论建构。一些煌煌大作,以猎取异说为能事,或者以构筑空中楼阁的理论自诩,高深莫测,令人望而生畏。长时间来竟形成一些局面,竖起一杆大旗,于是某人便是功臣。在这种整体氛围下,一些熟悉行情的人,便专事兜售理论,拼凑新模式。在热闹的背后让人不难嗅出一股市侩气、商人气。大家便眼光向外,对于传统的,行之有效的语文经验理论,虽也谈到批判继承,实则遗忘了。只有几个甘于寂寞的学者在做打捞沉船的工作。

我们总以为古人没有科学性,试图在打碎传统的废墟上,建起多快好省的语文教学快道,结果愈闹愈玄,愈走愈远,已走进一条唯心主观,偏执不讲理的死胡同。改革要换一种改法,语文是民族性最强的一门学科,与其在偏离本民族语文教学规律的泥潭里胡乱扑腾,倒不如返璞归真,转向传统语文。教改起步之初即走错了房间,它是在没有对中外语文学习特点,语文学习规律作深入比较的情况下,凭着一股热情,仓促上马,摸着石头过河。人们忽略了中国文字的根本特征是诗意的文字,本身就是形象的。我们不顾这一点,迷恋于文章方法技巧的探究。看似科学,实则只是符合西洋文字的特点。西方形形色色的理论纷至沓来,中学语文界犹如捞到一根根救命稻草。古神话里的英雄安泰力大无穷,但是他不能离开大地怀抱,后来敌人把他举起离开地面,安泰不再有力量反抗,悲壮的死去。语文界的理论大都离开了大地怀抱,飘浮在半空,既不能上天更不能入地，无视中小学语文的现状，做着自我虚幻的想象，封闭在自己狭小的天地中。小学和中学及大学如三个世界，老死不相往来。似乎走着三条不同的路，实质上三者是在同一条路上。小学在路的起点，中学位于中段，而大学及后大学阶段则是路的延伸。三者应是共存的不可分离，合则利，分则伤。

忘记语文的历史必然要迷失前进的方向，语文的反思，到底反思什么！我们沿着"五四"的反叛之路，彻底反叛了传统语文。圣人孔子被人们打倒了，语文的精髓也被人们打倒了。我们没有从历史角度理解传统，想把历史凭空截断，把西方的语文知识系统搬过来，创造出一个以西方为参照的结构系统。现时的语文景况，绝不是西方模式所能解决的。我们不能也不应等待，应该多做些实证的建设性的工作，少做些空洞理论的重复性建设，多建构些原生态的语文话语，少搬些华而不实的洋理论。语文性质问题争论价值有多大？我们是不是在为一个根本不存在的概念作虚假的争辩呢？哈贝马斯就不赞成对本体价值的追问。哲学曾经执着于对本体终极价值的追问，后来转向了认识论，现在则是转到对语言的追问。语文学科也应该放弃对语文是什么的本体追问，应该转向语言的意义追问。我们需要重新做起，抛开伪概念。王荣生先生认为应该解决为什么学习语文，而不是去解决语文是什么的问题。这是具有建设意义的，具有真实价值的追问。

另外把语文中可精确化的和必须模糊化的部分析分出来。把语文教学绝对精确、普遍化对语文来说是个灾难。钟启泉先生说在应试教育的大环境下，语文中的知识都商品化了，一个个知识点，都藏着名校、好工作、好房子，凡不具有商品化的知识皆弃而不学，不考的东西老师不教，学生也不愿学。我们不能去责怪孩子，大人对社会负有净化的责任。学生把知识当作敲门砖，尽管其莫名其妙。许多人提出了种种方法，却无根本的解决之道。反躬自问，我们理论界又何尝不是视知识为商品，去获取微名薄利呢？为了某种目的，避开应该研究而且须花长时间研究的现实问题，只是一味追逐潮流，"识时尚者易出名"！悲乎！

现在，对传统语文无论方法上还是理论上，继承都不够，相反批判却太多。玄虚的语文研究，源于功利浮华的研究取向，源于追逐知识利益的最大化。混乱的理论在一段时间内大量涌现，但希望能有真的面向现实的学术理论。少些功利，多些责任。语文教改虽然有市场经济大潮的冲击，但这是外在原因，根本的症结在于教改本身，在于教改抛却传统，另掘江河的总体改革思路上。回眸语文的历史，扫去所有的迷雾，语文的出路需要回到最初的原点，唯此语文方有真的新生！

(浙江师范大学攻读教育硕士作业之一)

语文版《〈论语〉选读》对接新课标学习任务群的三点教学建议

李长之先生说:"孔子是中国精神史上最伟大的纪念像。"语文出版社的《〈论语〉选读》(2007年第2版),从2006年11月起,作为限定选修教材全面进入了浙江省高中语文课堂,安排在高二年级学习。2018年1月,《普通高中语文课程标准(2017年版)》(简称"高中新课标")[1]颁布施行,语文版《〈论语〉选读》教学如何对接新课标,找准恰当的位置,有着重要的现实意义。

高中新课标规定了语文学习的18个任务群,其中有3个任务群都使人自然地想到《论语》:"整本书阅读与研讨(必修)""中华传统文化经典研习(选择性必修)""中华传统文化专题研讨(选修)"。围绕这三个学习任务群,主动转型,对接新课标,让语文版《〈论语〉选读》教学与时俱进,焕发新的价值。

一、增强学生文化自信,发挥《论语》立德树人功能

语文版《〈论语〉选读》的学习目标和内容:培养正确解读和批判继承传统文化的能力。新课标(2017年版)学习任务群"中华传统文化经典研习"和"中华传统文化专题研讨"的学习目标和内容:提升对中华民族文化的认同感、自豪感,增强文化自信,增强传承、弘扬中华优秀传统文化的自信心、责任感。对比二者,在新课标中,突出强调:提升对中华民族文化的认同感、自豪感,增强文化自信,增强传承、弘扬中华优秀传统文化的自信心、责任感。这是最大变化,要下最大的力气,做好以下三个方面的工作:

(一)了解孔子在塑造中华民族深层心理结构中的巨大贡献

钱穆先生评价:"孔子为中国历史上第一大圣人。在孔子以前,中国历史文化当已有两千五百年以上之积累,而孔子集其大成。在孔子以后,中国历史文化又复有两千五百年以上之演进,而孔子开其新统。在此五千多年,中国历史进程之指示,中国文化理想之建立,具有最深影响最大贡献者,殆无人堪与孔子相比伦。"[2]儒家思想已渗透到中华民族的血液中,塑造了中华民族的深层心理结构:

1. 形成爱国思想传统。世界上曾经出现古埃及、巴比伦、波斯、马其顿、罗马等强大帝国，它们盛极一时，但很快都土崩瓦解。唯独中国虽然有过无数次改朝换代，但从古至今都是一个统一的国家。分析原因，不能不归功于孔子大一统思想。孔子说："天下有道，则礼乐征伐自天子出。"（《论语·季氏》）"礼乐征伐自天子出"的主张成为大一统中央集权国家的理论基础。孔子强调"拥君尊王"，反对"犯上作乱"。在孔子思想的熏陶下，炎黄子孙形成了强大的民族向心力、凝聚力，尤其是在民族危亡的关头，许多志士仁人为保卫国家和民族文化视死如归。

2. 形成"勇于担当、不懈奋斗"的民族精神。孔子生长在贫贱中，比较注重社会群体，很理智，很客观，气魄刚健而不做白昼的幻想。《论语》中"士不可以不弘毅，任重而道远。仁以为己任，不亦重乎？死而后已，不亦远乎？"孔子"知其不可而为之"的精神激励了后来者，为理想而奋斗，为真理而斗争。

3. 形成中华民族"仁"的精神境界。孔子强调"修身、齐家、治国、平天下"，其核心是"仁"。"仁"是孔子创造的一个政治与人格融为一体的重要范畴，它在政治上表达了一个思想家高瞻远瞩的社会前景，反对暴力，施行仁政，具有强烈的"以天下为己任"的使命感。求仁得仁，孔子的仁成为中华民族的人格境界，"仁"是做人的品质，挺直的脊梁，民族的灵魂。

4. 形成中华民族勤奋好学、尊重人才的良好风尚。孔子一生勤奋好学，提出了很有价值的学习理论，如学而知之、学无常师、学无止境、学而优则仕等。即使在落后的农耕时期，中华民族仍不忘"耕读致富""诗礼传家"，把学习放在重要的位置上，促使我们民族创造了丰富而灿烂的文化，对世界文明作出了应有的贡献。重视学习，必然重视教育，尊重人才。[3]

（二）还先秦孔子本来面目

中国历史上，有过几次对孔子的非理性批判，这让那些不了解孔子的人，对孔子的认识产生了歪曲和误读，亟待还先秦孔子面目。

1. 孔子不是愚忠的倡导者。"君要臣死，臣不得不死。父要子亡，子不得不亡。"一直被人们认定是儒学教义，但查遍"四书五经"文本，孔子并没有说过这句话。

鲁定公问："君使臣，臣事君，如之何？"孔子对曰："君使臣以礼，臣事君以忠。"（《论语·八佾》）就是说，君主如果对臣子以礼相待，那么臣子就对君主以忠事之。反之，如果君主对臣子不以礼相待，那么臣子也就可以不以忠事之。如果孔子是忠臣，那就不会离开鲁国了。孔子跑了那么多国家，那就是"三臣""四臣""五臣""六臣"……所以说，"愚忠"是误读，"三纲五常"根本不是孔子提出来的。在先秦儒家观念里，君臣以义合，不义则不合，甚至可以成为仇敌，孔子、孟子、《春秋》及三传

(《左传》、《公羊传》和《穀梁传》）都是这样的观念。

2. 孔子不是愚孝的倡导者。《荀子·子道》篇中记载，鲁哀公问孔子说："儿子顺从父亲的命令，就是孝顺吗？臣子顺从君主的命令，便是忠贞吗？"问了三次，孔子都不回答。子贡很纳闷，问孔子为何不回答。孔子说："真是个小人，你不明白啊！以前拥有万辆兵车的大国有了四个诤谏之臣，这样疆界就不会被削弱；拥有了千辆兵车的小国有了三个诤谏之臣，这样国家政权就不会危险；拥有了百辆兵车的大夫之家有了两个诤谏之臣，这样宗庙就不会毁灭。父亲有了诤谏的儿子，就不会做不合礼制的事情；士人有了诤谏的朋友，就不会做不合道义的事情。所以，儿子一味顺从父亲，怎么能称为孝顺？臣子一味顺从君主，怎么能称为忠贞？弄清楚了顺从的是什么才能够称为孝和忠。""父要子亡，子不得不亡。"若说是孔子的主张，简直是对孔子的羞辱。元代《二十四孝图》中，那些极端的、违背人性的孝，例如"王祥卧冰求鲤""郭巨埋儿"等，绝不是孔子主张的。

3. 孔子不是和稀泥的老好人。子贡问曰："乡人皆好之，何如？"子曰："未可也。""乡人皆恶之，何如？"子曰："未可也。不如乡人之善者好之，其不善者恶之。"（《论语·子路》）孔子认为怎样的人，是比较好的？有缺点的人，是可以信赖的。乡愿，德之贼也。（《论语·阳货》）乡愿者是同流合污，媚世伪善之辈，乱德惑众。这样的好好先生误导了大众，长此以往，必然导致整个社会道德滑坡。或曰："以德报怨，何如？"子曰："何以报德？以直报怨，以德报德。""以德报怨"容易混淆是非判断标准，"以直报怨"则以自身的公正、正直来保持人的尊严，以正直的心和磊落的行为对待别人的怨恨。这些都可看出孔子是主张是非善恶分明，孔子的中庸思想，也是要分别是非，不是折中主义。

（三）走进平凡真实的孔子

"伟大的人物总要有些偏执，有些火气，会哭，会怒，会做梦，会说笑话，会有时说出幼稚而可笑的话，会有破绽，会不合逻辑，总之，须有点人性，是一个活人"[4]。推荐学生阅读《孔子传》，推荐学生阅读李长之的《孔子传》和鲍鹏山的《孔子传》。认识孔子平凡而伟大的一生，其实有着常人的喜、怒、哀、乐，增强认同感、亲近感。

例如：子在齐闻《韶》，三月不知肉味，曰："不图为乐之至於斯也。"《论语·述而》孔子喜欢音乐到了极致。子曰："饭疏食，饮水，曲肱而枕之，乐亦在其中矣。不义而富且贵，於我如浮云。"《论语·述而》物质上很清贫，但精神上很富裕。宰予昼寝。子曰："朽木不可雕也，粪土之墙不可杇也！於予与何诛？"子曰："始吾於人也，听其言而信其行；今吾於人也，听其言而观其行。於予与改是。"《论语·公冶长》孔子对学生的批评非常严厉，恨铁不成钢。季氏富于周公，而求也为之聚敛而附益之。子曰:"非吾徒也。小子鸣鼓而攻之可也!"《论语·先进》孔子极为生气,弟子的行为让他非常失望,圣人没有私仇,只有公仇。伯牛有疾,子问之,自牖执其手,曰:"亡之,命矣夫!斯人也而有斯疾也!斯人也而有斯疾也!"《论语·雍也》颜渊死,子曰:"噫!天丧予!天丧予!"《论语·先进》孔子把颜回看成了他的精神传人,希望他接过手中文化接力棒,颜回的早逝,让孔子悲痛欲绝。

二、找准《论语》阅读法,让读写深度融合

在核心素养为纲的新一轮高中课程标准修订中,"思维发展与提升"被确定为语文学科核心素养之一。在我们的课堂中,有意识地展开思维训练,并进行思辨阅读,

(一)联系与比较法

《论语》是语录体散文,依"文体"而教。《论语》语言简略,材料零散,缺乏系统。因此,不论是语言理解还是内容探究,都需要对相关材料进行联系和整理,加以印证和比较。这种联系主要包括两个方面:

1. 《论语》内部相关材料的联系。包括不同章之间的联系乃至同一章上下文之间的联系。在《论语》里,有很多人问孔子,什么叫仁?他的回答是不同的。引导学生把这些语段梳理出来,加以探究,能够更全面理解"仁"。例如:樊迟问仁。子曰:"爱人。"颜渊问仁。子曰:"克己复礼为仁。"仲弓问仁,子曰:"出门如见大宾,使民如承大祭。己所不欲,勿施于人。在邦无怨,在家无怨。"司马牛问仁,子曰:"仁者,其言也讱。"(讱,言语迟钝。司马牛性子急躁,孔子告诫他从这里入手)子贡问仁,子曰:"工欲善其事,必先利其器。居是邦也,事其大夫之贤者,友其士之仁者。"子张问仁于孔子。孔子曰:"能行五者于天下,为仁矣。""请问之。"曰:"恭、宽、信、敏、惠。恭则不侮,宽则得众,信则人任焉,敏则有功,惠则足以使人。"

2. 《论语》同其他文献中有关材料的联系。除《论语》外,有关孔子的生平事迹和思想学说的记述评论,还散见于《礼记》《左传》《易经》等经书和先秦诸子等书中;《史记》还专门辟有《孔子世家》和《仲尼弟子列传》。例如:第四课《知其不可而为之》:陈成子弑简公,孔子沐浴而朝,告于哀公曰:"陈恒弑其君,请讨之。"公曰:"告夫三子。",孔子曰:"以吾从大夫之后,不敢不告也,君曰'告夫三子'者!"之三子告,不可。孔子曰:"以吾从大夫之后,不敢不告也。"联读材料:《左传》哀公十四年甲午,齐陈恒弑其君壬于舒州。孔丘三日斋而请伐齐三。公曰:"鲁为齐弱久矣,子之伐之将若之何?"对曰:"陈恒弑其君,民之不与者半。以鲁之众,加齐之半,可克也。"公曰:"子告季孙。"孔子辞。退而告人曰:"吾以从大夫之后也,故不敢不言。"《左传》记载鲁弱齐强一段,《论语》中不记载,因为《论语》只是标举大义,细节之

处便略去。通过《左传》的记载，可见孔子认为以鲁伐齐，也不是没有取胜的可能性。

（二）批注评点法

批注评点是读书时常用的方法，古人云："读文无批注，即偶能窥其微妙，日后终至茫然，故评注不可已也。"新课标中强调"评点法"，引导学生运用评点方法，记录自己的感受和见解，可以采用作业张贴、投影呈现、上台讲述等方式进行，不断提高自己的思维品质，读写深度融合。例如：子曰："鄙夫可与事君也与哉？其未得之也，患得之；既得之，患失之。苟患失之，无所不至矣。"什么是"鄙夫"，可联读朱熹《〈论语〉集注》评点："士之品大概有三：志于道德者，功名不足以累其心；志于功名者，富贵不足以累其心；志于富贵而已者，则亦无所不至矣！志于富贵，即孔子所谓鄙夫。"引入这一评点，学生很容易理解"鄙夫"。并让学生作深度评点，写一则100字短文。

三、拓展《论语》整本书研读，构建合宜教学流程

据统计，《论语》全书共512章（杨伯峻《论语译注》），语文版《〈论语〉选读》教材选录了174章，约占《论语》整本书的三分之一。有必要拓展到《论语》整本书阅读。

（一）《论语》阅读五种路径

1. 考据式阅读。 按照原书顺序，一字一句，一章一节，一篇一篇，细读《论语》。先前人的旧注，梳理文义，再考证疑难之处，把全书仔细过一遍。关于《论语》词义解读的著作，真是汗牛充栋。对于高中学生，要求放低一些，作基本的理解就可以了。推荐阅读：杨伯峻《论语译注》（中华书局，1980年版），该书注重字音词义、语法规律、风俗习惯等的考证，语言流畅，表述清晰准确，有很高的学术价值，是普通读者了解《论语》的入门参考书。

2. 主题式阅读。 如何把书从"厚"读"薄"，一个比较好的方法是按主题分类阅读。可以打乱《论语》原书的顺序，把全书分成若干个主题，每个主题下分出若干细目，按细目摘录。这一类的优秀读物较多，推荐阅读：贾桂强撰著的《〈论语〉新解：卓越人生八项修炼》（浙江教育出版社，2015年版），该书打乱《论语》全书顺序，分为八个单元。志于道：卓越人生；据于德：知行合一；依于仁：厚德载物；循于礼：凡事有方；游于艺：养浩然气；修于己：完善自我；守于中：亢龙有悔；知于命：敬天顺道。

3. 传记式阅读。 阅读《论语》时，以人物为线索，打乱原书顺序，将孔子言行汇辑在一起，孔门弟子的言行辑录在一起，其他人物的言行另外编辑在一起。这种读法，有趣些，把《论语》当作传记来阅读。推荐阅读：石毓智的《非常师生：孔子和他的弟子们》（商务印书馆，2010年版），该书把《论语》读成传记，把文化经典读成故事。把孔子和他的弟子这些古代"大人物"还原成"一般的人"。

4. 比较式阅读。《论语》阅读的核心，在于其文化价值的解读。如果站在文化的大视野背景下来解读《论语》，会有全新的启示。推荐阅读：石衡潭的《东风破——〈论语〉之另类解读》（山东画报出版社，2009年版），该书把东西方的两大经典《论语》和《圣经》作了对比阅读，相互参照，彼此发明，弘扬《论语》的普世价值，新意迭出。

5. 思辨式。在《论语》阅读的过程中，注重"思维品质"的培养，不是一味地肯定，而是有所取舍，加以鉴别，培养学生合理、公正和创新的思维方式。推荐阅读：李泽厚的《论语今读》（生活·读书·新知三联书店，2004年版）。该书以哲学为主线贯穿整部诠释，著述体例，分为"译、注、记"。最能体现批判色彩的，就在书中的"记"，对读者的思辨有较大的启发价值。

（二）构建《论语》阅读教学框架

在语文版《〈论语〉选读》教学时，整合上述阅读路径，构建合宜的教学框架：（1）课前——传记式阅读。推荐石毓智的《非常师生：孔子和他的弟子们》，黄厚江《论语读人——黄厚江老师解读〈论语〉》，拉近学生与孔子的距离，读《论语》变成了与身边的一个个鲜活的人进行交流。（2）课中——主题式阅读。在语文版《〈论语〉选读》教学中，围绕15课的内容，进行"主题式阅读"。例如第一课《为政以德》主要是孔子的德政主张，可以让学生略读《论语》整本书，找到与"为政"有关的语录。其余14课，也大体作如此的拓展。（3）课中——思辨式阅读。在语文版《〈论语〉选读》教学中，针对难点，展开"思辨式阅读"，例如第十四课《中庸之道》，可推荐学生参看李泽厚的《论语今读》，借助名家的思想进行提升阅读。（4）课后——比较式阅读。在语文版《〈论语〉选读》教学结束后，进行"比较式阅读"，如果站在文化的大视野背景下来解读《论语》，会有全新的启示。

参考文献：

[1] 中华人民共和国教育部制定.普通高中语文课程标准：2017年版[M].北京：人民教育出版社，2018.

[2] 钱穆.孔子传[M].北京：九州出版社，2011.

[3] 韦志成.孔子的教育之道（十）[J].中学语文，2009（11）.

[4] 李长之.孔子传[M].北京：新世界出版社，2017.

（原载《语文教学与研究》2020年第6期）

基于"一本二体三维四度"架构的选修课程开发研究
——以人文学科知识拓展类选修课程开发为例

选修课程建设是本轮深化课程改革的重点和难点,自2012年以来,笔者所在湖州市第二中学在选修课程建设中取得了不少成果,一线学科教师积极参与,开发开设了一批符合学校特色定位,适应学生发展需要,体现教师专业能力和特长的精品课程,已初步形成了"卓智、卓识、卓才、卓能"四大类选修课程体系。

选修课程建设是对必修课程的补充和完善。推进课程开发,对于提升学校教育教学质量,促进学生发展具有重要意义,同时也对教师专业发展能力提出了新的挑战,广大一线学科教师从传统的"课程实施者"转向同时必须是"课程开发者",这个转变的过程中,也面临着许多问题和困难。

笔者在参与本轮课程改革的过程中,对选修课程的开发实施积累了一些经验,学习了不少理论。本文以湖州市第二中学开发的人文学科知识拓展类的四门选修课程——贾桂强老师开发的《〈论语〉博客:卓越人生八项修炼》(浙江省第四批普通高中选修课网络课程)、张建庆与何振华老师开发的《成语典故中的哲理》(湖州市第三批精品选修课程)、黄锁伟老师开发的《老照片中的民国往事》(湖州市第三批精品选修课程)、郁筱红老师开发的《古典诗歌中的草木形象》(湖州市第三批精品选修课程)——为研究对象,提出了以"一本二体三维四度"的基本架构,以此审视和思考如何更好地进行人文类选修课程的开发与实施。

人文学科的主干一般是指我们常说的"文(文学)、史(历史)、哲(哲学)",本文所涉及的人文类选修课程,主要涵盖了目前高中阶段以语文、历史、政治三门学科为专业基础的选修课程。

一、以人为本:教师的专业发展和学生的生命成长

教育的核心在于"育人",课程是实现"育人"这一教育终极目标的最有效载体。"加强选修课程建设,构建各具特色的普通高中选修课程体系,是转变育人模式,实现

学生自主选课、推进高中多样化的重大举措，对于促进学生的个性发展、培育普通高中的学校特色、为国家培养各级各类合格人才具有十分重大的意义。"[1] 正是以"学生的生命成长"为本，湖州市第二中学提出了"追求卓越"的教育理念，初步形成了"卓智、卓识、卓才、卓能"四大类选修课程体系。

本轮深化普通高中课程改革方案"最突出的特点是强调选择性，选择是这次课改深化方案的主旋律。即通过有效减少必修，全面加强选修，把更多的课程学习选择权交给学生，把更多的课程开发选择权交给老师，把更多的课程设置选择权交给学校。在这'三个选择权'中，第一个学生学习选择权最为根本，后两个选择权为第一个选择权所决定和服务。"[2] 三个"选择权"对学科教师提出了较高的要求，也促使老师在专业上不断提升自我。"没有发展的教师，也没有发展的学生"，从这个意义上说，新课程改革也为中学教师提供了自我发展、自我实现的契机。一些青年教师在这个过程中脱颖而出，一些学科骨干教师，也通过选修课程的开发开设重新发现了新的价值。语文教研组贾桂强老师在自己专业研究的基础上，先后主持开发了"《论语》博客：卓越人生八项修炼""走进《红楼梦》诗词之门""浙籍名家现代散文欣赏"三门精品课程，何振华老师先后主持或参与开发了"在希望的田野上""成语典故中的哲理""中学生道德哲学入门"三门精品课程。

二、主体间性：教师的主体作用和学生的主体作用

当代西方哲学正从主体性哲学走向主体间性哲学。按照海德格尔的解释，存在论意义上的主体间性是"主体间的共在"[3]，教育在本质上是"主体的共在性"，作为"教""学"这两个相对独立的主体，具有共同存在、共同生长、共同发展的属性。

"课程的开发权交给教师，课程的选择权交给学生"，这一基本原则意味着，一方面，"教""学"双方在课程的开发和实施中具有不同的地位、发挥着不同的作用，另一方面，"教""学"双方又体现为"主体的共在性"。一方面，在选修课程开发的过程中，要发挥教师的主体作用，立足教师的专业特长、兴趣爱好，选修课程开发的成功与否，与教师自身素养有着密切的关系；另一方面，教师需要明确课程开发最终是为学生成长服务的，课程开发后能否可持续实施，取决于学生是否选择，以及学生的评价。

因此教师在开发课程的过程中，首先需要考虑的是学生需要什么样的课程，换言之，什么样的课程符合学生的兴趣，切合学生的需要，有利于促进学生的发展。这就要求教师在立足自身发展的同时，更需要从学生的立场、角度考虑课程开发的主题、目标和具体内容，为此我们需要认真考虑三个问题：第一，基于学生已有的知识结构、学习水平和认知特点；第二，基于学生的学习兴趣和心理特点；第三，基于学生的成长和发

展需要。

　　课程是育人的载体，课程的开发最终要服务于学生的成长。选修课开发后，是否真正能吸引学生，贴近学生的生活是很关键的。选修课程的开发与开设，一定要围绕学生已有的知识和经验，这既是选修课程开发的逻辑起点，也是选修课程教学的逻辑起点。

　　贾桂强老师开发的"《论语》博客：卓越人生八项修炼"，首先是基于自身的学术特长。在近十年的教学和研究中，贾老师渐渐形成了自己的"学术亮点"，关于国学经典《论语》的研究，已发表相关论文14篇，主持与《论语》相关省、市级课题3项，相关学术讲座多次，在浙江省内产生了一定影响。其次，这门选修课程更是基于学情的需要。从2006年9月起，浙江省高中语文选修教材选用了语文出版社的《〈论语〉选读》教材。但是这本教材的编写还是存在不够合理、不够科学的地方。贾老师在思考研究的基础上，"依据学生的认知特点和成长需要，关注可教性"[4]。对《论语》进行了大胆的重构，本课程作为浙江省网络精品课程，自2008年开设以来到2015年，七年里一直在高一或高二年级开设。教学过程中，学生的参与热情也非常高。

三、教学目标：知识、能力与情志

　　选修课程的开发实施，需要有明确的目标定位和目标分层。在"促进学生的生命成长"这一总目标下，我们认为每一门课程都需要有符合课程特点和契合学生发展需要的目标分层。人文类选修课程需要明确规范如下的三维目标：

　　从知识目标来说，一方面有助于学生通过课程的学习，巩固和深化已有的必修学科的学习内容；另一方面，有助于在已有的基础上对相关的学习内容进行适当提升和拓展；

　　从能力目标来看，由于传统的"文史哲"具有知识结构的内在关联性和融通性，所以既要注意培养学生对不同学科的学习内容进行比较和分析的能力，更要注意指导学生能够逐渐形成融会贯通相关学科的内在联系，形成一种整合的思维，培养融汇的能力；

　　在价值观目标上，应既有助于培养学生的人文素养，培育其人文情怀；也有助于通过选修课程的学习，健全其精神世界，丰富其精神内涵，增强精神力量。

　　例如，张建庆老师开发的《成语典故中的哲理》课程，有两个特点：

　　第一，课程对学生已有的相关学科（模块）的整合度较高。在知识目标和能力目标上，本课程的教学将进一步落实和巩固必修课程《生活与哲学》与《文化生活》学习目标；进一步整合高中语文学科、历史学科等人文学科的相关教学资源，引领学生树立大文科的学习理念。

　　第二，课程重视培养学生的人文素养。通过本课程的学习，学生能够依托相关课程资源，深化对祖国传统文化的认识和理解，提高人文素养。一方面使学生了解成语典故中蕴含的丰富哲理思想，理解博大精深的传统文化，培养学生对传统文化的认同感，形成深厚的民族情感；另一方面可以指导学生重新审视传统文化，以理性的态度、辩证的思维对待传统文化，学会批判地继承；从而践行祖国传统文化所倡导的积极价值观念，以促进中学生正确的世界观、人生观和价值观，为卓越人生打造坚实地基。

四、文化关照：宽度、广度、深度和温度

教育的重要功能是"以文化人"，教育不仅承载着育人的功能，也同时承担着文化传承的责任。作为人文学科，我们在开发选修课程的过程中，始终需要处理好四个维度的关系。

1. 学科的深度。对于选修课程的开发，教师需要具备一定的学科专业的理论深度。对于教师而言，没有足够的专业底气，没有一定的学术研究，是难以开发一门优质的选修课程的。我们注意到，现在许多学校在课程开发中，似乎有"遍地开花"的现象，"忽如一夜春风来"，几乎是人人参与，个个动手，数量上是有了，但是良莠不齐，质量难以保证，这是需要我们反思的，课程的开发不是一个任务，而是一种责任；不仅是一种责任，更是一种专业的担当，如果教师本身没有长期的积累和耕耘，没有自己的思考和研究，没有对于所开发的课程有充分的底气和自信，那么开发出来的课程，最多只是一个摆设而已。

2. 社会的宽度。教育是为人服务的，也是为社会发展服务的，所以，课程的开发，一定需要关注社会的发展，需要关注时代社会发展过程中出现的需要引起教育者反思的问题，比如，在市场经济的发展过程中，一方面，人们的物质生活日益丰富，另一方面，现代人的精神世界却日益苍白；一方面，随着信息技术的更新换代，各种信息、知识令人炫目，应接不暇，另一方面，传统文化和伦理价值却面临着巨大的荒芜；一方面，应试教育所造成的功利化倾向使学生更为关注分数，另一方面，学生的人文素养却阙如了。正是基于这样的考虑，我们认为有必要在选修课程的开发开设中，充分发挥人文学科的功能和特长，为学校教育增添一抹亮色，为未来社会培养健康的人，培育其人文情怀。

3. 历史的广度。邓小平早在20世纪80年代就提出了教育的"三个面向"，每一代人，都是历史发展进程中的人，今天的教育，连接着昨天的历史，也连接了未来的梦想。教育要培育学生宽广的视野，今天的这一代学生，我们希望他们既有世界的眼光，也有历史的意识；既有现实的关照，也有对传统的深切情怀。这种历史的广度，从小处着眼，是要承接一所学校的办学历史和一个区域的精神文脉，从大处着眼，是不仅需要

养成对于民族和国家的深厚的历史感,更需要有立足于世界文化、文明和历史之广大沃土的自尊和自信。

4. 人性的温度。教育要唤醒人性中的真善美,人文学科的主要特点,是为成长中的年青生命,注入一种温暖的人性力量,一种文化关照的温度。我们期望每一个莘莘学子,能够经由学校、课堂,以及老师精心开发的课程,发现自己内在生命中美好的东西,能够获得生生不息的力量。我们通过《老照片中的民国往事》,引导学生从"生活史"角度去了解一个真实的立体的民国,理解民国色彩斑斓的生活方式,并以此为现实生活提供直接参照系,培养热爱生活的积极情感;我们开设"《论语》博客:卓越人生八项修炼","通过原著导读、名句赏析、问题与讨论、资料链接、感悟提升、作文考评等多个环节多种形式的研究性学习,不仅让学生读薄了《论语》,积累了诸多修身养性的经典名句,更使学生在沉静的思考中,读厚了《论语》,文化视野和思维空间得到延展,丰富的人文滋养得以汲取"[5]。我们通过《古典诗歌中的草木形象》,不仅可以通过对于草木的观察、亲近,再一次感受自然界"生生不息"的力量;更可以进一步感悟和体会中华文化的魅力,通过对古典诗词的朗读和赏析,进一步发现生命的"真善美"。

在浙江省全面深化新课程改革之际,面对选修课程开发这个既充满挑战又充满机遇的课题。我们需要认真地加以总结、反思。希望选修课程的开发,在量的基础上,实现一个质的提升和飞跃,这正是我们基于"一本二体三维四度"的架构,对选修课程进行深度开发的一些粗浅考虑。

参考文献:

[1] 浙江省教育厅.浙江省关于加强普通高中选修课程建设的意见.浙教基〔2013〕49号,2013-5-15.

[2] 刘希平.把更多课程学习的选择权交给学生[N].中国教育报.2012-9-11.

[3] 冯建军.主体教育理论:从主体性到主体间性[J].华中师范大学学报(人文社会科学版).2006(1).

[4] 贾桂强.高中语文知识拓展类选修课程开发实践与反思——以浙江省网络推荐课程"《论语》博客:卓越人生八项修炼"的开发为例[J].语文教学通讯.2015(1).

[5] 缪水娟.基于学科的高中语文选修课程建设[J].教学月刊·中学版.2014(10).

(原载《教学月刊》,2015年第9期)

核心素养视域下《红楼梦》整本书阅读近十年研究综述

　　1923年胡适先生在《高级中学公共必修的国语课程纲要》中提出融入整本书阅读，1941年叶圣陶先生在《论中学国文课程标准的修订》一文中提出"读整本书"的理念，2003年版《普通高中语文课程标准（实验稿）》中提出"读好书，读整本书"，2017年版《普通高中语文课程标准》中提出"整本书的阅读与研讨"这一任务群。至此，"整本书阅读"真正落地进入课堂，成为必须学习的课程内容。1941年到2010年，关于整本书阅读的研究非常少，研究热度在近十年呈现上升趋势。

　　2017年版《普通高中语文课程标准》规定将18个"学习任务群"作为教学内容，其中第一个任务群就是"整本书阅读与研讨"，占据1个学分，18课时。新版高中语文统编教材（必修下册）已将《红楼梦》作为"整本书阅读"单元编入教材，安排在高一年段下学期，12课时。《红楼梦》整本书阅读进入课堂，面临巨大困境：人民文学出版社《红楼梦》（2008年版）120回，约113万字，短短12节课，学生很难在课堂上通读，只能以课外时间自主阅读为主。但学生一则学业负担重，升学压力大，时间不够用；二则喜欢阅读《红楼梦》的不多，尤其是男生，绝大多数学生反映"读不下去"，原因包括情节缺乏吸引力、冗长烦琐，书厚如砖，人物关系庞杂，首尾莫名的神魔色彩，书中夹杂的大量古诗词等；三则学生大多习惯形象化、碎片化的快餐式阅读，静下心来读大部头的书，难度很大。

　　新课标（2017年版）的高要求和现实的巨大困境对每一位一线高中语文教师提出了前所未有的挑战。如何在高效的篇章教学中穿插进耗时与耗力的整本书阅读，将整本书阅读真正落到实处？要开辟新路，必须善于借助已有的学术成果。因此，笔者在中国知网以"《红楼梦》整本书阅读"为关键词检索相关文章，得到73条搜索结果，其中学术论文有69篇，硕士学位论文4篇。本文将从"教什么、怎么教和教的结果"等三个层面对2010年至2020年十年间的《红楼梦》整本书阅读研究成果进行全面回顾和梳理。

一、从"教什么"层面,走向深度化

1. 部分案例立足节选文谈《红楼梦》的整本书阅读教学。 史颖在《"这一篇"教学应指向整本书——〈红楼梦〉教学的批判性思考》[1]一文中较早提出以《香菱学诗》和《林黛玉进贾府》为例,探究"这一篇"的作用,再透过"这一篇"的窗口去探索整本书的意义。单小芳在《整本书阅读与节选文本教学关系探微——以〈林黛玉进贾府〉为例》[2]一文中以《林黛玉进贾府》为例,分析了节选文和整本书之间的矛盾,提出了精读,根据学生原点、远点指导整本书阅读等相关策略,并补充了整本书阅读支撑节选文教学的互映、补白和思想性三大原则。

2. 部分案例立足某一回谈《红楼梦》的整本书阅读教学。 朱少山在《有效激趣,推动整本书阅读——以〈红楼梦〉(第一回)导读教学设计为例》[3]一文中,提出第一回的内容是阅读整部小说的关键,作者从课标解读、教材分析、学情分析、教学重难点、教学过程这些方面进行教学设计,并提出教师可以引导学生通过自读初探、细读研讨和深读共议等形式,激发学生阅读整部小说的兴趣。崔秀霞在《繁华有枝 锦缎多温——〈红楼梦〉第三十二回导读及宝黛情感线索梳理》[4]一文中,认为找到一个点,一条线,以一条丝线串起散落的珠子,把《红楼梦》相关情节拎起来,使学生对《红楼梦》整本书能有一个全面而清晰的把握,正是教师需要去做的事情。秦鹤在《E学习背景下高中语文课外名著指导教学的探索——以〈红楼梦〉第三十三回"宝玉挨打"为例》[5]一文中,红楼梦作为经典名著,可以借助E学习的信息平台,通过共享、共情、共答的名著阅读指导,来帮助高中学生更好地进行名著阅读的学习。

3. 部分案例尝试从专题(主题)学习的角度展开。 陶然在《〈红楼梦〉专题阅读课实录》[6]一文中论述,首先,教师教学设计起点针对的是学生的兴趣,在认真了解学生的阅读需求之后,将第一阶段学习设计为研讨林黛玉的哭,抓住学生的兴趣点来提问题,激发了学生的阅读兴趣;其次,教师用传统的诗文互证的教学方法,纠正了学生的阅读偏误,抓住了名著阅读的"牛鼻子",取得了很好的教学效果。傅海勤在《人生自是有情痴——〈红楼梦〉宝黛爱情主题阅读探究》[7]一文中认为,教师引导学生运用"内容重构"策略、"前后勾连"方法,研读宝黛爱情相关章节,梳理宝黛爱情的主要情节;带领学生围绕宝黛爱情设计主题明信片,概述宝黛爱情的发展历程;并在此基础上探究宝黛爱情的悲剧成因,升华理性思考,培养健康的婚恋观,实现精神成长。黄子真在《"〈红楼梦〉黛玉性格变化原因及对命运影响"课题研究报告》[8]一文中,认为林黛玉悲惨命运的原因主要有两点:一则当时社会封建思想的束缚,不许女孩子谈情;二则是性格的变化,源于对宝玉的无望的爱情。透过宝黛爱情,深刻理解感情对于一个人的性格变化乃至命运的影响,能感悟到那份穿透人生的大悲欢。金中在《基于"整本书阅读与研讨"的〈红楼梦〉专题阅读课程开发》[9]一文中，认为对一线教师来说，落实"整本书阅读与研讨"学习任务群的教学，面临着课程内容繁多、教学素材庞杂、课型有待探索、评价有待落实等一系列问题，提出了具体的落地策略，具有可操作性。雷伟伟在《〈红楼梦〉"整本书阅读与研讨"学习任务群教学研究》[10]一文中指出，通过阅读《红楼梦》中"梦境"母题与"宴会"母题"整本书阅读与研讨"学习任务群的教学，使学生深切体会小说丰富的内涵和深刻的主旨，培养学生阅读整本书的能力，提升学生的语文核心素养，具有一定借鉴意义。石琳在《校本课程〈《红楼梦》与中国古代文化〉开发的可行性研究》[11]中指出，开发校本课程"《红楼梦》与中国古代文化"让学生通过了解曹雪芹（贾宝玉）的性格，学习"发愤著书"、追求理想、敢于质疑的精神，让学生在阅读小说之时，从中国传统伦理学、哲学、美学中吸取经验、获得启发，进而构建正确积极的人生观和价值观。

二、从"怎么教"层面，走向精细化

1. 部分案例尝试从阅读前、中、后三个阶段指导展开。祝佳欢在《〈红楼梦〉整本书阅读的实施策略》[12]一文中说，她的执教中，前期以精彩章节切入，中期设置周阅读记录表，固定课型进行研讨，后期开办主题活动周。祝老师首次以记录表的形式检测学生的阅读效果。张安群在《艺术绝大著作 生活百科全书——〈红楼梦〉"整本书阅读与研讨"教学设计及实践》[13]一文中，对《红楼梦》整本书阅读课前、课中和课后的教学进行了详细的说明，指导学生合理选择阅读版本，精心安排阅读时间，并引入群文阅读的方法，促进《红楼梦》的整本书阅读教学。梁小艳在《构建名著阅读教学模式：以〈红楼梦〉为例》[14]一文中论述，以《红楼梦》为文本材料进行尝试性教学，整个名著教学过程分为"四个阶段"：通读质疑、精读答疑、研读解疑、重读表达。在通读阶段，教师要导读，学生按章节分阶段阅读全书；在精读阶段，教师要确定主题，学生要围绕主题，精读重点；在研读阶段，教师要提供辅助资料来源，学生要确定讨论主题，查阅资料；在重读阶段，教师需带领学生再次回顾全书，对所研讨的主题进行资料补充，学生要重读全书，总结讨论。徐逸超在《〈红楼梦〉整本书阅读课程形态探索》[15]一文中论述，在《红楼梦》整本书阅读课程设计上立足课程观，采取全书通读、要点导读、单篇精读、多篇整读、集体赏读、以"玩"促读、读写结合的方式，并据此将课程分为初读课、研读课、研讨课、活动课四大类型，尝试变革课程形态，将更多的阅读和探究主动权交到学生手中。

2. 部分案例尝试从思辨读写的层面展开。李晓丹在《〈红楼梦〉整本书阅读教学安排》[16]一文中，尝试从思辨读写的角度，探讨《红楼梦》整本书阅读的路径和方法，她从教学设想、教学准备、教学安排和教学策略四个方面展开论述，提出泛读与精读、整理读书报告、课堂的讨论与交流、读写结合和延伸阅读五种策略。张志强在《〈红楼梦〉思辨读写任务群学习设计》[17]一文中，第一次尝试将新课标中的"整本书阅读与研讨"和"思辨性阅读与表达"两个任务群合二为一，进行《红楼梦》的思辨读写任务群学习设计，他将任务群分为总任务、分级任务和具体学习任务三层，从通读、关键到统整，曲径探幽，共读整本书。戴小彬在《"读写共生，化虚为实"整本书阅读策略——以〈红楼梦〉为例》[18]一文中，以《红楼梦》作为阅读范本，作了"整本书阅读与写作训练相结合"的实践研究，总结出"读写共生，化虚为实"整本书阅读推进策略。整个研究过程分为"略读、精读、研读"三个阅读阶段，"写清、写活、写深"三个训练写作层次。

3. 部分案例尝试从师生共读角度展开。 石骏在《读着读着就喜欢了——〈红楼梦〉共读推进策略》[19]一文中论述，换一种策略和心态，学生读着读着很快就会喜欢上"红楼"。具体的推进策略是：阅读指导，眼到笔到心亦到；课堂研讨，共赏奇文析疑义；拓展活动，出乎其外入其内。教师大多觉得整本书阅读有价值，羡慕、佩服那些实践者，但真正在做的并不多。郑超在《用分享式阅读教学推进〈红楼梦〉整本书阅读》[20]一文中，高中推进《红楼梦》整本书阅读的时候，绝大多数学生反映"读不下去"。名著的分享式阅读教学，在师生共读中可以激发学生的阅读兴趣、阅读潜能，并助其寻找到名著整本书阅读的门径，最终积累和形成适合自己的整本书阅读的经验。

4. 部分案例尝试从项目式学习的层面展开。 邓礼惠在《如何在"项目学习"中培养高中生语文思维能力——以〈红楼梦〉项目学习为例》[21]一文中论述，通过项目学习培养学生的形象思维、实证思维、创新思维、批判思维等，并促使学生用丰富的形式将这些思维成果展示出来，如书签设计、论文写作、课本剧展示、微电影等，生动可感的情境和严谨有序的探讨让学生对该主题的学习印象深刻，从中颇有收获。

5. 部分案例尝试从深度学习的层面展开。 邓彤在《基于深度学习的整本书阅读教学策略——以〈红楼梦〉阅读教学为例》[22]一文中论述，新课程标准规定的整本书阅读，是一种体现深度、厚度的阅读。整本书阅读教学需要借助深度学习理论构建相应的教学策略，邓老师以《红楼梦》阅读教学为例探讨整本书阅读教学策略。①教学形态：从散点式走向分布式；②教学内容：从浅碟式阅读走向切片式深度导读；③教学方式：从讲授静听式走向活动体验式。此外，一些传统活动方式如评点批注、读书笔记、随笔写作等都有助于整本书阅读的深度学习。

三、从"教的结果"层面,走向多样化

自2004年福建省高考自主命题以来,《红楼梦》一直作为必考的文学名著阅读篇目。考查的形式多是选择题和简述题,内容是故事情节和人物关系的梳理。从2008年开始,江苏省高考语文试卷的附加卷里,年年都考红楼梦的知识,一年都没落下。考查多以简答题为主,分值多为4~6分,难易适中。2017年文学名著《红楼梦》纳入北京语文高考必考范围。

现阶段,首先,要把"整本书阅读的考查"落实在平常的课堂思考、讨论与交流中,注重过程评价。陈晓华在《基于语文核心素养的整本书阅读——〈红楼梦〉教学实践与探索》[23]一文中,以《红楼梦》阅读实践与探索为例,从走入红楼(读)、沉浸红楼(说)和出入红楼(写)三个维度,阐述"整本书阅读"与培养学生语文核心素养、关键能力的密切联系,设立《红楼梦》读书专栏,邀请家长前来点评指导,使学生的作品有了读者,更有了读者的评价和引导。

其次,要借鉴已有的命题经验。蒋霞在《整本书阅读视域下的高考名著阅读考查——以〈红楼梦〉为例》[24]一文中论述,通过分析江苏历年〈红楼梦〉考查题,研究整本阅读的考查路径,预测整本书阅读评测的趋向,为《红楼梦》整本书阅读提供了方向。高考"整本书阅读命题"应当着眼于真实反映学生语文学科核心素养的现有水平,要引领学生进行真阅读,让读过原著、会阅读的学生考出好成绩,避免学生为了应付考试而只做题不看书、不思考,拒绝伪阅读的功利行为。做到这一点,命题方向上要明确、试题内容上要恰当,而且试题形式上也要开放自由,有利于考查学生的个性阅读和深度阅读。

综而观之,《红楼梦》整本书阅读的教学,十年来主要有三个层面的研究:一是"教什么"层面,例如"立足节选文""立足某一回""专题(主题)学习";二是"怎么教"层面,例如"阅读前、中、后三个阶段指导"、"思辨读写"、"师生共读"、"项目式学习"和"深度学习";三是"教的结果"层面,例如注重过程评价和考试评价。这三个层面的研究,"教什么"层面的研究有待进一步案例化,具体化;"怎么教"层面的研究有待进一步精细化,纵深化,有更多的可借鉴可操作的案例;"教的结果"层面,研究成果目前最薄弱,亟待突破。相信随着新版高中语文统编教材的投入教学,以核心素养评价为主的新高考的推行,高中《红楼梦》整本书阅读教学研究会更加深入,更加全面,更加接地气。

参考文献：

[1] 史颖."这一篇"教学应指向整本书——《红楼梦》教学的批判性思考[J].中学语文教学参考，2016（12）.

[2] 单小芳.整本书阅读与节选文本教学关系探微——以《林黛玉进贾府》为例[J].语文学习，2017（6）.

[3] 朱少山.有效激趣，推动整本书阅读——以《红楼梦》（第一回）导读教学设计为例[J].语文教学之友，2018（10）.

[4] 崔秀霞.繁华有枝 锦缎多温——《红楼梦》第三十二回导读及宝黛情感线索梳理[J].中学语文教学参考，2018（7）.

[5] 秦鹤.E学习背景下高中语文课外名著指导教学的探索——以《红楼梦》第三十三回"宝玉挨打"为例[J].课外语文，2019（15）.

[6] 陶然.《红楼梦》专题阅读课实录[J].语文建设，2017（36）.

[7] 傅海勤.人生自是有情痴——《红楼梦》"宝黛爱情"主题阅读探究[J].语文教学通讯·高中，2018（7-8）.

[8] 黄子真."《红楼梦》黛玉性格变化原因及对命运影响"课题研究报告[J].中学语文教学参考，2019（1）.

[9] 金中.基于"整本书阅读与研讨"的《红楼梦》专题阅读课程开发[J].教学月刊·语文教学，2019（6）.

[10] 雷伟伟.《红楼梦》"整本书阅读与研讨"学习任务群教学研究[D].扬州大学，硕士论文，2019（6）.

[11] 石琳.校本课程《〈红楼梦〉与中国古代文化》开发的可行性研究[J].教育界·基础教育.2019（11）.

[12] 祝佳欢.《红楼梦》整本书阅读的实施策略[J].中学语文，2017（12）.

[13] 张安群.艺术绝大著作 生活百科全书——《红楼梦》"整本书阅读与研讨"教学设计及实践[J].中学语文，2018（3）.

[14] 梁小艳.构建名著阅读教学模式：以《红楼梦》为例[J].文学教育，2019（4）.

[15] 徐逸超.《红楼梦》整本书阅读课程形态探索[J].语文建设，2019（7）.

[16] 李晓丹.《红楼梦》整本书阅读教学安排[J].文学教育，2018（4）.

[17] 张志强.《红楼梦》思辨读写任务群学习设计[J].教育研究与评论，2018（10）.

[18] 戴小彬."读写共生，化虚为实"整本书阅读策略——以《红楼梦》为例[J].福建教育学院学报，2019（8）.

[19] 石骏.读着读着就喜欢了——《红楼梦》共读推进策略[J].教育研究与评论·中学教育教学，2018（9）.

[20] 郑超.用分享式阅读教学推进《红楼梦》整本书阅读[J].教学月刊·语文教学，2019（6）.

[21] 邓礼惠.如何在"项目学习"中培养高中生语文思维能力——以《红楼梦》项目学习为例[J].中华活页文选·教师版，2019（3）.

[22] 邓彤.基于深度学习的整本书阅读教学策略——以《红楼梦》阅读教学为例[J].现代教学，2019（2）.

[23] 陈晓华.基于语文核心素养的整本书阅读——《红楼梦》教学实践与探索[J].中学语文教学参考，2018（6）.

[24] 蒋霞.整本书阅读视域下的高考名著阅读考查——以《红楼梦》为例[J].语文建设，2018（6）.

（原载《语言文字报》2020年4月24第3版）

基于"文学阅读与写作"学习任务群的实践初探
——以小说《流浪人,你若到斯巴……》文学鉴赏教学三条路径为例

《普通高中语文课程标准(2017年版)》界定"语文课程"是一门"学习祖国语言文字运用的综合性、实践性课程"。实践一般分为三种类型:与自然界有关的物质实践、与社会生活有关的交往实践、与各种符号有关的符号实践。胡勤先生在《语文认识论》一书中说:"语文教学的语言实践与其他学科不同,数学学科以现实世界的空间形式和数量关系为实践对象,物理、化学学科以客观物质、自然规律为实践对象,美术学科以线条、色彩为工具,而语文教学的实践是语言的实践,它通过语言实践而获得认知与体验。"[1]

教学文本一般可分成"实用类、论述类和文学类"等三种类型。实用类文本和论述类文本面对的是客观世界和现实社会,多从真实性与合理性进行批判性阅读,要审智体验;文学类文本面对人的内心世界,其意义不是直白的,而是含蓄的,具有丰富的联想性和不确定性,最具审美特质,要审美体验。《普通高中语文课程标准(2017年版)》在"学习任务群5:文学阅读与写作"中指出:"引导学生阅读古今中外诗歌、散文、小说、剧本等不同体裁的优秀文学作品,使学生在感受形象、品味语言、体验情感的过程中提升文学欣赏能力,并尝试文学写作,撰写文学评论,借以提高审美鉴赏能力和表达交流能力。"

本文主要探讨在文学类文本(文学作品)的阅读教学中,在言语实践活动中,如何提升高中生的文学鉴赏力。

一、文学鉴赏教学的审美取向

文学类文本教学一般可分成三个方面的教学:一是文学知识的教学。例如诗歌中的"意象""意境""比兴",小说中的"人物""情节""环境",散文中的"形""神",戏剧中的"台词""戏剧冲突"等;二是文学创作的教学。例如现代诗歌、微型小说、现代散文、戏剧的创作。三是文学鉴赏教学。例如诗歌的"意象赏析",小说的人物刻画

描写，散文的抒情形式，戏剧的人物台词品味等。

本文说的"言语实践"指的是"文学鉴赏教学"。文学类文本教学中言语实践的路径，主要是"体验式"的教学方法。

二、文学鉴赏教学的三条路径

文学类文本教学中，如何进行"体验式"的言语实践，王荣生教授提出的"引（引起）学生欣赏""带（带领）学生欣赏""教（教练）学生欣赏"三种教学路径[2]，给我极大启发。"引学生欣赏"让学生浸入文本，不带判断地"裸读"，属于感受性层面的欣赏；"带学生欣赏"让学生基于文本，疑义相与析，属于理解性层面欣赏；"教学生欣赏"提供给学生欣赏的方法，属于思辨性层面欣赏。这三条路径，由浅到深，由低到高，形成合宜的逻辑欣赏链。本文以德国战后伟大作家海因里希·伯尔的一篇小说《流浪人，你若到斯巴……》（苏教版《高中语文》必修二）教学解读为例，就如何在言语实践中提升"文学鉴赏力"做一深度探讨。

（一）引学生欣赏：在情境中获得审美体验

用学生愿意的、喜欢的方式，进入作品，通过不带判断地"裸读"，获得审美初体验，属于感受性层面的欣赏。

1. 走进人物内心世界。一般来讲，文学角色和读者角色之间存在着一定的审美距离，但是当读者由旁观者变成参与者的时候，文学阅读成为一种经历与体验，是心灵之间的碰撞与交流。文学类文本教学中言语实践的最重要的体验方式，就是"诵读"。

所谓"诵"，《说文解字》中"诵，讽也，从言，甬声"。诵的本义是指按照一种抑扬顿挫的声调念出来。读，《说文解字》段玉裁注为："抽绎其义，蕴至于无穷，是之谓读"。可见"读"不仅包括诵，还特别侧重内容的理解。读有三个层次：第一层次是字正腔圆地读；第二层次是披文入情地读；第三层次是带审美意味地读。用心品读，让课堂成为"有我的课"。

例如，小说《流浪人，你若到斯巴……》，可以品读这一片段：现在，我听见外面重炮在轰鸣。要没有炮声，周围几乎一片沉寂；只听见偶尔传来大火的吞噬声，以及黑暗中什么地方山墙倒塌的巨响。炮声均匀而有节奏。我在想：多出色的炮队啊！我知道，炮声通常都是这样的，但我还是这么想。我的上帝，多么令人宽慰，令人悦意的炮声，深沉而又粗犷，如同柔和而近于优雅的管风琴声。它无论如何也是高雅的。我觉得大炮即使在轰鸣时，也是高雅的。炮声听起来也是那么高雅，确实是图画书里打仗的模样……

一般人的理解，战争中的炮声是血腥的、恐怖的，而小说中的我却觉得它是高雅的，什么原因呢？学生带着问题，多个层面地诵读。最后可以知道，小说中的"我"深受军国主义的教育，崇尚战争，渴望成为战争中的英雄，所以"炮声听起来也是那么高雅"。

2. 把自己摆进去。 文学类文本属于主观世界，是作家内心自我的外化，其最大特征是想象性、虚构性。教学中，要多一些想象的参与，"阅读小说首先不是去'解释'，而是把自己摆进去，带着自己的人生经验去遭遇小说的世界，遭遇小说里的人生"[3]，充分想象主人公的喜怒哀乐，设身处地去体验。

小说《流浪人，你若到斯巴……》，设计一道预习题：诵读"我感到左大腿上挨了一针，全身猛地震颤了一下，我想抬起身子，可是坐不起来；我向自己的身子望去，现在我看到了，因为他们已经把我的包扎解开了，我失去了双臂，右腿也没有了！我猛地仰面躺了下来，因为我不能支撑自己"。让学生在家平躺床上，双臂贴在身体两侧，右腿弯曲，双臂和右腿不要用力，尝试坐起来，体验小说中的"我"（重伤员，三个月前是一名八年级学生），残废后将面临的悲惨的无望生活。这样，方能读出人物的内心惊骇万状的真实情感，也才能真的沉浸在文学的世界里。

（二）带学生欣赏：在研读中探析审美困惑

"带学生欣赏"的"带"，准确含义是"带领"之意。在学生个性化欣赏的基础上，老师带着学生发现一些难以发现的问题，然后充分交流，疑义相与析，属于理解性层面欣赏。

1. 学生带着问题解读文本。 教学中，先让学生裸读文本，涵泳玩味，形成自己的"第一感觉"。阅读过程中，学生会产生许多困惑，这恰是教学的驱动力。例如，教学小说《流浪人，你若到斯巴……》一课，学生提出以下不懂的地方：为什么"我"觉得炮声是高雅的？为什么详细描写学校过道的环境布置？为什么以"流浪人，你若到斯巴……"为标题？为什么"我"最后喃喃地说"牛奶"！……

这节课里学生围绕四个主问题，反复赏鉴，从文本中找寻答案。课堂上不但有浓浓的读书声，还有激烈碰撞的思维火花，更有精彩的智慧生成。

2. 老师带着学生发现文本的空白点。 文本中有一些地方学生难以看出来，要老师带学生去发现，例如："流浪人，你若到斯巴……"这个典故原指古希腊斯巴达人为保卫祖国而英勇战死的事迹。美术教师命令学生用六种字体将此典故写在黑板上，可是学生怎么写都没有写完整，为什么？

朱前珍老师认为有三点：一是对狂热心理的淋漓揭示。法西斯的战争教育使德国青年一代异化为战争狂人，使他们心理变态，灵魂扭曲。二是对失败结局的暗示隐喻。残缺的铭文，残缺的誓言，残缺的"我"，隐喻必败的战争。三是对扭曲教育的强力讥讽。[4]古希腊斯巴达人为保卫祖国而英勇战死，法西斯的疯狂侵略战争不能与之并论。

然而，希特勒颠倒黑白，牵强附会地进行他的军国主义思想宣传，人们盲目地接受，写上"斯巴"就当成了誓言，描述可笑的行为，是作者对法西斯统治的嘲讽。

（三）教学生欣赏：在评点中提高审美眼力

"教学生欣赏"，在文学阅读教学中，借助学者的评点，指导学生形成诗歌、小说、戏剧等文学作品的阅读方法，使学生自觉锻造文学鉴赏的"眼力"，达到对作品更高的理解和更深的感悟。梳理解读《流浪人，你若到斯巴……》的众多文章，主要有以下四个维度：

1. 叙事学解读。从叙事角度解读文本，不失为一种适宜的解读方式。俞秀玲在《叙事学视角下的〈流浪人，你若到斯巴……〉解读》一文中认为"小说如果不采用有限视角的叙事方式，而采用全知视角的叙事方式，也可以表现出反战的主题，但是，选用了有限视角，却将人感受上的'有限'和精神上的'受限'结合起来，作者的创作意图可以借助这种形式达到更进一步的深度和广度，甚至超越了战争的背景而成为对人类无法挣脱的普遍悲剧性命运的观照"。[5]作者采用有限视角，内心独白的形式，使小说与读者之间保持了一种距离，而这距离正是小说的内在张力所在，看似平淡的叙述，却潜藏着激越的情感之流。

2. 社会学解读。叶军彪从社会学角度进行了解读，"这所摆满了古希腊和罗马艺术作品的文科中学，象征着德国民族性格中唯美和'向善'的一面，也浓缩着德国的高度文明和先进文化"[6]。与此形成鲜明对比的，是"这个国家无处不在的军国主义和极端民族主义的教育"，显示了这个民族性格中丑陋和"为恶"的趋向。从历史上看，德国民族性格中这种"向善"和"为恶"的趋向，总是混杂在一起的，时而成为天使，时而成为魔鬼。在伯尔看来，战后的德国民族，背负着历史的罪责，要有足够的勇气自我进行否定，祛除性格中恶的毒瘤，建立对人类正义、文明的信仰。这样的解读，将学生的思考引向了深刻，提升了文本解读的深度。

3. 符号学解读。运用西方符号学理论，黄宏武解读了小说中的环境描写，拓宽了文本解读的视野。"这些环境布置，相当于瑞士语言学家索绪尔所说的一个个符号，在索绪尔看来，符号是一个具有一定意义的客观对象。"[7]对小说中四个单体符号分别作了解释：费尔巴哈的《美狄亚》，其象征意义是复仇；《挑刺的少年》表现了法西斯灌输学生要崇尚武力；雅典娜女神庙庙柱中楣，暗示了学校教育中对军国主义的崇尚；多哥的风景画，是德国法西斯殖民主义在学校里渗透的标志。

4. 矛盾学解读。孙绍振先生说："许多文本分析之所以无效，原因在于，空谈分析，实际上根本没有进入分析这一层次。分析的对象是文本的矛盾，而许多无效分析，恰恰停留在文本和外部对象的统一性上。文本分析的无效之所以成为一种顽症，就是因为文本的内在矛盾成了盲点。"例如，抓住"炮声"的感受通常是可怕的，小说中的"我"却感到高雅，这不合常理，对此展开文本分析。伯尔在《流浪人，你若到斯巴……》中，塑造了属于法西斯统治下成长的一代人的共同精神世界：对复仇、胜利和荣誉的渴望，对战斗的痴迷，对生命的冷漠，对是非的麻木，深刻揭示了军国主义的罪恶以及战争的荒谬。同时期伯尔的作品中，还有揭示战争的无聊和非人道性质（《火车站》）；批判纳粹主义的"英雄"观念（《在桥边》）；揭示战后伤员的尴尬处境（《我的昂贵的腿》）等小说。

海因里希·伯尔在《语言作为自由的庇护所》一文中说："每一个词的后面都有一个世界。每一个和语言打交道的人无论是写一篇报刊新闻，还是一首诗，都应该知道，自己在驱动着一个又一个世界……在两行文字之间，也就是印刷机留下的那一行狭窄空白里，人们所能聚集的火药，足以炸毁好几个世界。"[8]小说《流浪人，你若到斯巴……》，便是一个可以炸毁好几个世界的火药库，给读者带来精神上的巨大洗礼。在"文学阅读与写作"学习任务群中，不管我们选择的文学鉴赏"点"是什么，都应当紧抓住文学作品教学的逻辑起点与落点——言语实践。让学生与文本有真切独到的对话，产生"化学反应"，而不是铁板一块。唯有这样，学生方能走进语文之门，获得丰厚的审美体验，提升文学鉴赏力。

参考文献：

[1] 胡勤.语文认识论[M].杭州：浙江教育出版社，2014：195.

[2] 王荣生.阅读教学设计的要诀——王荣生给语文教师的建议[M].北京：中国轻工业出版社，2014：76.

[3] 倪文尖，朱羽.重塑小说观 建构新图式——《现代小说阅读》编写札记之一[J].语文学习，2005（3）.

[4] 朱前珍."流浪人"的梦魇[J].语文学习，2012（2）.

[5] 俞秀玲.叙事学视角下的《流浪人，你若到斯巴……》解读[J].语文学习，2009（3）.

[6] 叶军彪.民族双重性格的反思——《流浪人，你若到斯巴……》的社会学解读[J].中学语文教学，2008（11）.

[7] 黄宏武.斑知全豹——沙见世界——流浪人，你若到斯巴……的符号解读[J].语文学习．2012（10）.

[8] [德]伯尔.伯尔文论[M].袁志英，等译.北京：生活读书新知三联书店，1996：47.

（浙江省教学论文评比一等奖 2018年）

寻找教学的生长点
——观摩4节市属优质课有感

11月26日，在湖州市第五中学聆听了四位老师的优质课，获益颇多，现在不揣浅陋，谈一点自己的感受。

19世纪，杜威从教育自身出发去寻找教育的目的，指出"教育即生长，生长本身就是目的"。所谓"生长"，是指在学生现有的发展水平上，向上生长。苏联心理学家维果茨基，他的"最近发展区"理论指出：在学生的智力发展中，一直有两种发展水平，一种是现实发展水平，一种是潜在发展水平。在这两种水平之间有一个区域，即"最近发展区"。如果给予适当的教育引导，那么"最近发展区"就会变成"现实发展区"。维果茨基明确指出了教学与发展之间的关系，教学促进发展，教学应该走在发展的前面。教学中的教师居于主导地位，是学生智力水平发展的促进者。从"现实发展区"到"最近发展区"就是生长，而且是循环往复，没有止境的。维果茨基指出教学的目标，要求我们关注，教学将把学生带到哪里去？学生将会有什么样的提升，发展到什么程度？应当寻找教学的生长点。

一、找准教学的内容

语文课首先面临的困难，是"教什么"，如何找准教学的内容，要有一个边界。

无论是旧有的课程内容还是新创设的教学内容，都要围绕"语文课"展开。《普通高中语文课程标准（2017年版）》界定语文课程是"一门学习祖国语言文字运用的综合性、实践性课程"。"语文课程应引导学生在真实的语言运用情境中，通过自主的语言实践活动，积累言语经验，把握祖国语言文字的特点和运用规律，加深对祖国语言文字的理解与热爱，培养运用祖国语言文字的能力；同时，发展思辨能力，提升思维品质，培育社会主义核心价值观，培养高尚的审美情趣，积累丰厚的文化底蕴，理解文化多样性。"[1]这是我们开发新课程内容的一个边界。

四位老师的课分属四个学习任务群：柏进华老师的"登高"属于"文学阅读与写作"任务群，吴昌晖老师的"评价当代文化现象"属于"当代文化参与"任务群，胡献文老师的"广而告之"属于"跨媒介阅读"任务群，张丽丽老师的"六国论"属于"思辨性阅读与写作"任务群。其中"评价当代文化现象"和"广而告之"两课，教学内容需要教师进行开发建构，难度较大，属于新的课程建设。这4节课很好地依照"学习任务群"的特点而教，选择了合宜的教学内容。

二、找到教学的抓手

如何落实各自学习任务群的要求，找到教学的抓手，要设计好主问题。问题之间，需有内在的关联，要有序，结构化。

柏老师紧扣"文学阅读与写作"任务群的特点，重在近体诗语言和格律的品鉴。设计问题如下：①读一遍这首诗，有没有不会的字？（教师要精准表达，可以说"读一遍这首诗，有没有不理解的字义？"）②这首诗在讲什么？③这首诗为什么是"七言律诗第一"？（柏老师从格律入手，让人眼前一亮）④能够产生共鸣的情感是什么？这四个问题，其中第2个和第4个有交叉重复之处，如果删去第2个问题会不会更好？提出商榷。

吴老师围绕"大话文化"和"经典文化"，让学生参与当代文化的分析。设计问题如下：①读完这段文字有什么感受？（针对《大话西游》电影剧本）②三部作品（《沙僧日记》《悟空传》《西游记》）的片段横向对比，让学生谈谈喜欢哪一部作品？③出现"大话文学"的背后原因？（给学生提供教学之间，从时代背景、社会生活和人的三个角度分析）④从"大话文学"到"大话文化"的盛行，你的态度？（落脚点在提升学生的文化自信）这四个问题，设计上有梯度，逐步提升，很好地对学生进行了思维品质的锤炼。

胡老师则以央视的广告，解读视频广告的多媒介元素，新颖别致。设计的问题：①说一说你对广告的看法和感受？（让学生进入情境）②这则视频广告，你看到什么？听到什么？（学生观看了2遍）③写一段对这则视频广告的解读？（分解成文字、图形、声音等元素）④写一段对耐克鞋视频广告的解读。（时间关系，没有充分展开）这四个问题，先是方法的展示，然后学生去操作，不是单纯讲知识，问题的设计具有内在的联系。

张老师将苏洵的《六国论》和苏辙的《六国论》对比分析，重点放在提升学生的思辨力。主要设计三个问题：①六国破灭的原因是什么？②运用哪些材料论证？③苏洵的《六国论》，不顾事实吗？三个问题的逻辑关系，如果更紧密一些，会更好。

三、找寻教学的生长点

新课标理念下，学习方式要转变，从"教"的视角转向"学"的视角，要找寻教学的生长点。课堂上，需有更多的生成。在教学方式上，要多一些"自主、合作、探究"。在一堂课中可以侧重，或自主，或合作，或探究。

纵观这四堂课，柏老师的课堂，以学生自主和探究为主，抓住学生的诵读指导，在读中品味诗歌的情感。这堂课中的生长点，在学生用家乡话读"我孤单不孤独"一句，课堂充满了温馨的气氛，学生是愉悦的投入的。

吴老师的课，学生自主、合作与探究兼顾，在学生的积极参与下，课堂的气氛很活跃，学生的发言也很有质量，具有较多的生长点。学生的发言，很有理性的思辨色彩："不喜欢第一部作品，因为与传统意义上的沙僧不一样，不符合原著的形象，过于戏剧化了，误导小朋友，不利于文化的传播。"

胡老师的课自主和探究为主，学生的回答也有一些生成之处。学生分析出视频广告："从水中到天空，从古琴到古风到高铁到鸟巢，是传统文化与现代文明的融合。"

张老师的课则以合作为主，学生参与的面较广，生成之处，也有不少。例如结合历史来谈，有独到的分析。

当然，不是说一堂课，用了自主、合作与探究，便是一堂好课，关键是学生有没有成为课堂的主人。在课堂上，教师的主导与学生的主体，要取得适当的平衡，教师要有预设，但也需要更多生成。

四、找出教学的评价尺

如何评价一节课的有效度，要立足语文学科的本体特征，落实在语文学科核心素养的达成度。语文课，一定要抓语言，这是核心。

2017年版《普通高中语文课程标准》指出，语文学科核心素养是学生在积极的语言实践活动中积累与建构起来，并在真实的语言运用情境中表现出来的语言能力及品质；是学生在语文学习中获得的语言知识与语言能力，思维方法与思维品质，情感态度与价值观的综合体现。主要包括"语言建构与运用""思维发展与提升""审美鉴赏与创造""文化传承与理解"。一堂课中，如何很好地落实这四个方面？语言建构与运用是语文学科核心素养的基础。在语文课程中，学生的思维发展与提升、审美鉴赏与创造、文化传承与理解，都是以语言的建构与运用为基础，并在学生个体言语经验发展过程中得以实现的[1]。

纵观这4节课，在语言的建构与运用方面，都有语言的表达，但是在语言的积累方面，似乎都有待加强。如何在新课标理念下，进行新的教学范式转型，是我们将长期开始的新征途。

以上，只是个人的一些拙见，抛砖引玉，期待方家指教，不当之处，特别要请上课的老师万望见谅。

参考文献：

[1] 中华人民共和国教育部制定.普通高中语文课程标准：2017年版[M].北京：人民教育出版社，2018.

（湖州市第三期第一层次名教师培养对象培训班作业）

从散文文体的引导作用看散文教学内容的合宜性
——评余日平执教《都江堰》

"阅读与写作思维也可以说是一种文体思维。阅读离开了文体，必定是不得要领的。"[1]在散文阅读教学中，文体是合理选择、创生散文阅读教学内容的重要参考纬度，散文的体式特征、语体特征、两栖性等，对散文教学内容的选择都有重要的引导作用。

5月18日，在安吉高级中学，笔者有幸聆听了德清综合高中余日平老师执教的散文《都江堰》，深有感触，想就散文文体对散文教学内容选择的引导，谈谈自己的浅见，还请方家斧正！

一、散文的体式对教学内容的引导

一般而言，以各地名胜古迹为创作素材的学者散文，大都抒发作者的历史文化意蕴，或现实生存境遇的思古幽情，如秦牧的《社稷坛抒情》，余秋雨的《道士塔》《莫高窟》《三峡》等。余老师执教的散文《都江堰》，正是余秋雨先生写的一篇比较典型的文化散文。

余秋雨散文《都江堰》集中体现了他新颖独特的个性及主观色彩，挖掘出独特的体验与人生感悟。作者借助都江堰山水风光的描绘，运用丰富的历史文化知识，塑造了两千年前的李冰父子身先士卒，为民造福的高大形象，还揭示出了做官要做实践科学家，为民"消灾""濡养"的为官之道。《都江堰》一文言别人所不能言，写他人所不能写，立意深刻，促人思考，体现了当今"大文化散文"的审美个性。

这篇散文的重点，应当关注都江堰历史文化的深厚底蕴，耐人寻味的人文景观的思索与体察。余老师设计了以下几个问题：

1.阅读第一部分，对都江堰和长城作了哪些比较？你得出了什么认识？突出了都江堰对中华民族的濡养作用，深厚的文化底蕴。（评：在第一部分并未强调都江堰的文化底蕴，此处有些牵强。）

2.余秋雨笔下的都江堰的水有怎样的特点？写出了水的壮丽和驯顺。（评：写水的目的是什么？应当强调，因为这是为了突出都江堰的建造者李冰的伟大，还是着眼于都江堰的人文底蕴。余老师没有强调，让听课老师觉得就是单纯写水。）

  3. 李冰是不是一位合格的郡守？（评：从写都江堰到写水，最后到写人，这个环节，余老师安排了四人小组讨论，为李冰草拟一份"政治纲领"，也许因为政治纲领范围太大，过于抽象，学生讨论的效果不是很理想，而且余老师的概括，也值得商榷。"务实求真、为民造福"可以说是政治纲领，但是"淡泊名利"是一种道德追求，不能说是政治纲领。）

  4. 谈"以小见大"。（评：联系这个单元的话题，"一粒沙里见世界，半瓣花上说人情"，这是郁达夫先生谈中国现代散文时作的一个比喻性的总结。道出了现代散文的一个很重要的特点：以小见大。）

  纵观余老师整堂课的构思，应当说抓住了本文的文体特征——学者散文，体现其文化历史意蕴。

二、散文的语体对教学内容的制约

  "语体"指语言运用的风格，包括口头语体与书面语体。按章熊的分类[2]书面语体大体可以分为"科学语体""公文语体""文艺语体"。其中"科学语体"和"公文语体"，都追求语言的精准性、实用性和简明性，而"文艺语体"以形象性、生动性，富有感染力为显著特征。

  散文语体属于文艺语体，为了使散文更能打动读者，作家一般都要采用各种各样的修辞手法，例如拟人、比喻、对偶、夸张等，来增强散文语体的形象性与生动性。《都江堰》一文语言运用不拘一格，例如：

  1. 散文出色地使用了成对的反义词。"他大愚，又大智。他大拙，又大巧。他以田间老农的思维，进入了最澄澈的人类学的思考。""那把长锸，千年来始终与金杖玉玺、铁戟钢锤反复辩论。他失败了，终究又胜利了。"在这种词义极大的落差之间，制造出意义的新颖与意蕴的丰厚，显示出词语间无限的张力。同时，这样的语言运用充满灵性和智慧，充盈着精神的美感，表达既丰富厚重又酣畅淋漓，显示出余秋雨先生超乎寻常的言语把握能力。

  2. 散文在很多地方运用了拟人手法。"这里的水却不同，要说多也不算太多，但股股叠叠都精神焕发……也许水流对自己的驯顺有点恼怒了，突然撒起野来，猛地翻卷咆哮，但越是这样越是显现出一种更壮丽的驯顺。"这一段描写既洒脱奔放又收放自如，别致新颖，使得表达更具鲜活的生命力，读来耳目一新。

  3. 散文多处运用了叠字。所谓叠字，谭永祥在他的《汉语修辞美学》中认为是"将音、形、义完全相同的两个字紧密相连地用在一起，造成形式上的整齐、语感上的和谐或加强形象的摹拟，这种修辞方法叫'叠字'"。叠字是汉语特有的构词形态和表现形式。《都江堰》中运用叠字的有：如"它的水流不像万里长城那样突兀在外，而是细细浸润、节节延伸"，"因此，在灌县下车，心绪懒懒的，脚步散散的"，"阴气森森间，延续着一场千年的收伏战"。

散文的教学内容，重点在于语言的品味与感悟过程。余老师在讲都江堰的水时，让语文课代表读了第二部分"这里的水却不同，要说多也不算太多，但股股叠叠都精神焕发……也许水流对自己的驯顺有点恼怒了，突然撒起野来，猛地翻卷咆哮，但越是这样越是显现出一种更壮丽的驯顺。"却没有让学生加以品读，只是要求学生找出水的特点，将该选段处理为科学语体，只是筛选信息。混淆了散文语体与文章语体，没有引导学生体味言语，这不能不说是本课的一大遗憾。

三、散文两栖性对教学内容的影响

散文两栖性指的是散文兼具文学审美与实用功能。在我们日常的散文教学中，这种两栖性容易模糊教师的视线，导致在教学内容的选择上，或者忽视散文审美功能而过于偏向使用功能，或者侧重散文的审美功能而忽视了实用功能。

在本课的拓展延伸中，余老师选用了一幅锈迹斑斑的"长锸"图片，让学生谈谈感受？

笔者以为这一拓展，让学生联系历史和现实，谈谈自己的体会，既紧扣了散文的审美功能，又兼顾到了散文的实用功能。从学生的回答来看，学生说出了真切的感受，不流于空泛，例如，"要务实质朴，不空谈，淡泊名利，尽己所能，为他人为社会，多做一点贡献，成为一个大写的人！"

而且余老师自己写了一段文质兼美的感受，作为范例，起了很好的引导作用，取得了理想的效果。

参考文献：

[1] 潘新和.语文课程"语感中心说"之浅见[J].课程教材教法，2002，8.

[2] 章熊.思索探索——章熊语文教育论集[M].北京：人民教育出版社，2002：538-540.

（湖州市"评课稿比赛"获市一等奖，2011年6月）

第二章　基于"学情"的教材指瑕

教材研究的"两层面十路径"框架：

第一，宏观层面：①教材选文编排的方式，早先的教材多"文体式"选文编排，现在是"专题式"选文编排，统编新教材（2019年）则以"专题式和任务群"选文编排；②教材选文编排的比例，例如古代诗词数量、文言文数量、外国文学作品数量等；③教材的写作指导内容编排布局要科学、知识连贯、指导全面，新教材随文安排写作任务；④教材选编的阅读作业题强化"育人功能"，现在则要精心设计"单元学习任务"；⑤教材中的术语使用，有待进一步规范，清晰明确。例如"艺术效果""表达技巧""表现手法""艺术手法"等。

第二，微观层面：①教材的版本选择应慎重（现行高中语文教科书中的文言文，大多数都是最优秀的作品。但在漫长的流传过程中，同一作品必定有许多不同的版本。一般来说选文所在的最早的或较早的权威版本，是较为可信的）；②教材中异文处理，应进一步推敲；③教材中的节选文、删改文，要适当拓展到整本书和整篇的阅读；④教材的选文注释存在问题：错音、误注；⑤教材的选文注释有待补注，例如方言词、俗用词、常见词等。

整本书视角下人物形象多元化分析

我们在进行语文教学的时候，面临的首要问题，就是"语文教学内容的确定"，即这一堂语文课，我们要"教什么"。语文教学内容的确定问题，是一个思考课堂教学实际向学生教了什么，学生实际学到了什么，教与学是否有效的问题。

人教版《外国小说欣赏》（2007年2月第2版），选文都是名家杰作，以短篇为主，适当节选了一些长篇中的精彩章节。例如：《炮兽》节选自雨果（法国）的长篇小说《九三年》，《丹柯》节选自高尔基（苏联）的《伊则吉尔老婆子》，《炼金术士》节选自保罗·科埃略（巴西）的长篇小说《炼金术士》，《娜塔莎》节选自列夫·托尔斯泰（俄国）的长篇小说《战争与和平》。

对节选类小说的教学，我们在确定其"教学内容"的时候，尤其是把握小说人物形象的时候，我们有时需要对教材内容加以重构，尤其是增补相关的故事情节。

一、两教《娜塔莎》，选文再增补

近日，教《娜塔莎》一文，该小说安排在人教版《外国小说欣赏》（2007年2月第2版）第四单元"人物"话题单元。该小说节选自列夫·托尔斯泰的长篇小说《战争与和平》，呈现在教科书中的三部分是：第二卷第三部第14、16节和第二卷第五部第15节。第一部分是写娜塔莎第一次参加一位要人家举办的大型舞会前的兴奋、激动与焦急的心情。第二部分是写娜塔莎在舞会上的心理、与安德来公爵相遇并双双在心中埋下爱情的种子。第三部分是写已经许配给安德来公爵的娜塔莎因为孤独与寂寞，受美男子阿那托尔的诱惑而背叛安德来后的心理状态。至于此后的娜塔莎的故事，学生并不知晓。

笔者第一次在高二（6）班教学时。教学程序是先分析文本，着重探讨其心理，然后请学生试着分析娜塔莎这一人物形象，学生的回答大大出乎我的意料，少数同学赞美

她"纯真善良""活泼开朗",而更多的则是严厉批评,例如:

生1:我觉得娜塔莎率真中带有一丝轻浮。

生2:原以为她会好好地爱安德来公爵,不曾想到,她竟移情别恋,她的这种做法使我对她原本还有的那一点好感也荡然无存了,她是一个令人厌恶的贵族小姐。

生3:我不喜欢娜塔莎对待爱情的态度,单纯不能够成为她移情别恋的理由,她不能忍受孤独,对爱不忠贞。

生4:我总觉得自己的感觉与书中概括的人物性格有出入,编者说娜塔莎十分单纯,但在我看来并非单纯,而是一种很自私的行为。她如果单纯至少应该考虑别人的感受,因为单纯的人不会伤害别人。她可能本身就是卑劣的代表。

生5:我不喜欢娜塔莎,她对爱情不忠贞。她与安德来公爵有了相伴一生的约定,但她却以爱上一个只认识了三天的阿那托尔来回报安德来公爵,还不知羞耻地堂而皇之地对劝告她的好友索尼亚大发脾气,甚至说出:"除了他,我什么人也不需要,我什么人也不爱。"这种无耻的话,更理直气壮地给玛利亚公爵小姐写信说所有的误会都消除了,她要利用安德来公爵给她的自由和信任,不做她哥哥的妻子了,要与别人私奔了。这样的人,我不知道列夫·托尔斯泰为什么还视她为心目中的理想女性!

学生心目中的娜塔莎,与教材编者预设的形象相距甚远!教材编者说:"被阿那托尔吸引之后,娜塔莎被这份爱情冲昏了头脑,不管不顾,和索尼亚的对话显得兴奋、冲动,却又用近乎粗暴的口气来遮掩着心灵深处潜在的不安,这时候的娜塔莎,完全成了一个爱情至上的热恋中人。褪去了少女时期的那份青涩,盛开为热烈的花朵。"她"是一个充满浪漫与幻想且又多愁善感的女性。她纯真善良、渴望生活、爱情与幸福,是托尔斯泰笔下的一个经典形象。"但学生不认可这样的分析,他们认为娜塔莎是自私的,是对爱情的背叛,是意志不坚定,是花心。她的内心世界是很肤浅的,对人的爱也比较直接,也容易动摇。娜塔莎是可憎、并不可爱的。编者和学生对娜塔莎的理解,截然相反,原因何在?学生的理解和我的预设也完全相反。难道是我的教学内容定位错误了?

于是,在高二(10)班,第二次授课时,我调整了教学内容,作了如下选择:先介绍《战争与和平》整个故事情节,然后进入文本的研读。最后也让学生分析,答案与先前授课时学生的回答相比。99%的学生,给予娜塔莎正面的肯定。例如有位学生分析:

娜塔莎向我展现了一个真实的女性形象,一个从女孩蜕变为女人的过程。品尝了爱情的苦与甜,亲身经历了离别与背叛,才了解人生的真谛。面对明天的那份勇气,将稚气脱去,披上成熟的外衣。却不舍弃戴在胸前的那枚真诚的勋章,娜塔莎用自己的生命与时间去经历,我更爱她的直率,尽管略带贵族千金的傲慢与虚荣,但她从不吝啬自己的情感表达,她像一朵盛开的玫瑰,把爱和希望燃烧。

为什么同样的问题，答案会有如此大的不同呢？难道是我的教学内容选择错了？

要确定"教什么"的问题，可作如下的考虑：第一，看教材的编排体例或教材结构。人教版《外国小说欣赏》一书分为八个单元，以小说的基本元素而设定，分别为"叙述""场景""主题""人物""情节""结构""情感""虚构"等。每一单元分为三个板块：阅读、话题、思考与实践。《娜塔莎》这篇小说是第四单元里的，其话题是"人物"。"思考与实践"里设计了如下题目：《娜塔莎》中哪些细节给你印象最深刻？试通过这样的细节分析娜塔莎的性格特征。可见教材将分析娜塔莎这一人物形象列为最"核心的"教学内容。我的教学内容也是定位在此，自无错误。

第二，看教材的单元导语。单元导语往往体现了教材编写者的意图，以及该套教材在该单元的教学目标、教学内容，只要把握了单元导语，对"教什么"的问题就有底了。教材第49页，有编者的导语："出身于贵族家庭的娜塔莎，是一个充满浪漫与幻想且又多愁善感的女性。她纯真善良，渴望生活、爱情与幸福，是托尔斯泰笔下一个经典形象。"从编者的导语里，可以得知，我们教学内容应当定位在人物的分析上，我的教学内容的目标是合乎学理的。

第三，要了解、分析学生的学情。具体到某篇课文，学生已具有了哪些学习经验，他们已经懂了什么，已经能读出什么，他们还有哪些不懂，他们还有哪些读不好、感受不到等。因为这篇小说，教学内容的核心是人物分析，把握"圆形人物和扁形人物"。学生一般都看过四大名著，对其中的人物也比较熟悉。可以此切入，例如《红楼梦》中，焦大、刘姥姥、傻大姐都是性格简单的人物，而王熙凤、薛宝钗、贾宝玉、贾母等都是性格复杂的人物。在引入"圆形人物"和"扁形人物"的概念时，我在两个班都感觉学生很容易理解这两个概念。我对学情了解得还算到位，但两个班的分析，却有巨大差异，原因自不在学情。

综上所述，我的教学内容选择没有错误。

《教参》第69页："娜塔莎的第一天性是天真、活泼、炽热，充满青春少女的活力（这一特点在选文中有生动体现，节选文本充分表现了她的天真活泼），但是经历了和安德来的爱情以及和浪荡公子私奔、和彼埃尔的结合之后，她形成了第二天性（这一特点在选文中没有体现，学生也无从感知），这就是失却了内心青春火焰的妻子的贤良、母亲的沉静，厌弃一切打扮的妇人的成熟。所有在娜塔莎婚前认识她的人，对她发生的这种变化，好像对一件异乎寻常的事情一样感到惊奇。性格运动把娜塔莎的性格从第一天性推到了第二天性，变得复杂了。"

娜塔莎是一个性格复杂的立体的人物，属于该单元话题中介绍的"圆形人物"，但教材选文所呈现的更多的是一"扁平人物"的特征，不能起到圆形人物范例的教学作用。回顾我在两个班的教学，在第二次授课教学程序中，增补了娜塔莎后来变得坚强、忠贞、爱国的故事情节，让学生感受到了她的成长轨迹。而在第一次授课时，则无此补充。

问题的关键，就在于此。王荣生教授所说："语文教学内容既包括在教学中对现成教材的沿用，也包括教师对教材内容的重构、处理、加工改编乃至增删更换。"[1]可见，教学内容的确定，还包括对教材内容的增补。而我第一次执教时没有考虑这一层面，导致学生理解失误。"同一篇课文，不同的教师有不同的切入点，实际上在教五花八门的教学内容。如何保证教学内容的适宜性？选择和创生这些教学内容的依据是什么？"[2]我明白了自己第一教学内容的选择并非恰当，没有增补此后的故事情节，第二次教学内容的选择比较恰当，作了增补。

据此，笔者以为，在教学《娜塔莎》时，可增补以下"教学内容"：

可以增补娜塔莎一生的三段爱情来展现其不断成长的复杂的过程：①与安德来公爵，后来娜塔莎全力照顾重伤的安德来公爵，但已无力挽救他的生命。如果还活着，相信他们会走到一起，并且安原谅了娜塔莎。[3]；②与阿那托尔[3]彼埃尔去看望娜塔莎时，她的悔恨、自责："他现在在这里，您告诉他，……要他饶恕我……饶恕我"，"我的日子吗？不！我的一切都完了"；③与彼埃尔[3]娜塔莎出嫁了，有了三个女儿和一个儿子。婚后的她不再热衷社交生活，不注意自己的举止，或者语言的文雅，以及自己的装束。现在的她长胖了，身子也粗了，强壮不再苗条了。她正在成为一个贤妻良母。

这样的增补，使人物的一生经历较完整，易于学生理解。可完整地看到娜塔莎从少女的单纯到成熟的妇人的全过程，学生不会断章评人了，中间还可加上教者注，介绍有关的未选入的情节。不识"娜莎"真面目，只缘身在节选中。

二、节选类小说，内容要重构

后来，笔者在教学其他节选类的小说时，在确定教学内容时，特别关注选文的完整性。例如，教授高尔基的小说《丹柯》时。我给学生介绍了选文的改动情况。

查《高尔基作品选》[4]，与教材作对比，改动的地方有三处：

"……他一个人把大家全搭救了"后，课文删去了："老婆子分明是常常在讲丹柯的燃烧的心。她讲得很好听，她那刺耳的破声在我面前很清楚地绘出了树林的喧响，在这树林中间那些不幸的、精疲力竭的人给沼地的毒气害得快死了……"

"于是他就领导他们……"后，课文删去了："老婆子闭了嘴，望着草原，在那边黑暗越来越浓了。从丹柯的燃烧的心里发出来的小火星时时在远远的什么地方闪亮，好像是一些开了一会儿就谢的虚无飘缈的蓝花。"

"……出现在草原上的蓝色火星就是这样来的!"后,教材删去了:

"现在老婆子讲完了她的美丽的故事,草原上开始了一阵可怕的静寂,这草原好像也因为勇士丹柯所表现的力量而大大地吃惊了,那个为了人们烧掉自己的心死去、并不要一点酬报的丹柯。老婆子在打瞌睡。我一边瞧着她,一边在想:她的记忆里还剩得有多少的故事,多少的回忆阿?我想到丹柯的伟大的燃烧的心,又想到创造出这一类美丽而有力的传说的人类的幻想。

起了一阵风,把这个睡得很熟的伊则吉尔老婆子身上穿的破衣服刮起来,露出她的干瘪的胸膛。我把她的年老的身子又盖上了,自己躺在她旁边的地上。草原上黑暗而静寂。云仍旧缓慢地、寂寞地在天空飘移……海发出了低沉的、忧郁的喧响。"

删去了这三处地方,我们就无从判断小说的讲述者是谁,不能把握小说的叙事角度,而且结尾的地方用场景渲染了悲怆深沉的意境,删去则韵味尽失。我们在教学时,就需要增补这些关键地方,选择这些作为教学内容。

童志斌说:"在所有文本中,名著节选课文在向外拓展方面,尤其具有必要性。在实际教学中,这种合理拓展发挥的积极效用也是极为显著的。"[5]人教版《外国小说欣赏》的另外2篇节选小说也可作类似的教学内容的确定。例如,我们在教授《炮兽》时,关于将军人物形象的把握,就要增补此后的情节,助于学生理解。还有《炼金术士》,对西班牙牧羊少年圣地亚哥人物形象的鉴赏,都需要对节选的名著,作整体的介绍。

我们在处理节选类小说名著时,需要在自己的教学实践中,增补一些教学内容,向原著整体拓展。从而促进文本内容的理解,较全面地鉴赏人物形象,生成合理的教学内容!

参考文献:

[1] 王荣生.语文科课程论基础[M].上海:上海教育出版社,2003:301.

[2] 王荣生,等.语文教学内容重构[M].上海:上海教育出版社,2007:39-40.

[3] [俄]列夫·托尔斯泰.战争与和平[M].上海:上海译文出版社,1981.

[4] [苏联]高尔基.高尔基作品选[M].瞿秋白,译.北京:中国青年出版社,1956:320-325.

[5] 王荣生,等.语文教学内容重构[M].上海:上海教育出版社,2007:270.

(湖州市"教学研究论文"评比,获市一等奖,2011年9月)

人教版选修《外国小说欣赏》编校指瑕

浙江省高中新课改第一阶段确定了部分选修模块作为全省普通高中统一使用的教材，其中高二年级下学期选用了人教版的《外国小说欣赏》(2007年第2版)。在教与学过程中，笔者发现教科书和配套教参的编校，不够规范、准确，仍有待提高，主要表现在以下几个方面。

一、语言表达欠准确，有病句

1.《教科书》第13页 "可是在这个庞然大物的攻击下，也听得见这些骨架发出咯咯的响声，这个庞然大物仿佛禀赋着闻所未闻的无所不在的力量，同时向四面八方撞击"。

其中"禀赋着"和"同时向四面八方撞击"用在此处有语病。

第一，"禀赋"的意思，"人的体魄、智力等方面的素质"（《现代汉语》第5版，商务印书馆，页98），它是一个名词，后边不能带宾语，此处可把"禀赋着"三个字改为"凭着固有的"较好；第二，"同时向四面八方撞击"不合事理，炮兽是一个单一的物体，它不可能在同一时间内"向四面八方"撞击，"同时向四面八方撞击"这个句子可改为"向四面八方横冲直撞"。

2.《教参》第112页 "借着这部处女作卡尔维诺得以跻身于意大利当代文坛"。

这是一常见的病句，其中"跻身于"，当为"跻身"。查《现代汉语》(第5版)，"跻身"的意思"使自己上升到（某种行列、位置等），例如：跻身文坛"，不能在其后加介词"于"。故将"跻身于"改作"跻身"。

3.《教参》第128页 "尽管'怀着爱和凄楚'，却没有让小说沉浸在期期艾艾的抽泣和声泪俱下的控诉中，仍然保持着坚强的尊严"。

其中"期期艾艾"，用来修饰"抽泣"，不恰当。查《现代汉语》(第5版)"期期艾艾"的意思"形容口吃"的人，吐辞重复，说话不流利。而所谓"口吃"，就是"说话时字音重复或词句中断，是一种习惯性的语言缺陷。通称结巴"（《现代汉语》第5版）。例如：茅盾《腐蚀·十月十日》"感情的激动使我说话期期艾艾了"。故可将原句中的

"期期艾艾的抽泣",改作"断断续续的抽泣"。

4.《教参》第128页"苦恼要倾诉,倾诉受挫,再倾诉,又受挫……最后对人倾诉不成,不得不转诸马。小母马是人性的参照"。

其中"转诸马"的"诸",当改作"向",更易于理解。因为"诸",有兼语词"之于"的古义,且多用在固定语词中,例如:付诸实施、公诸社会、形诸笔墨等,用在文白夹杂,不和谐。故"转诸马",可改作"转向马"。

二、文本校对欠仔细,有错字

1.《教参》第4页"弗吉尼亚·伍尔芙出生于英国伦敦,父亲莱斯利·斯蒂芬爵士是英国著名的学者和作家,博学多才,性好文往,有着极其丰富的藏书,使弗吉尼亚很早就得以了解柏拉图、斯宾诺莎、休谟等名家思想"。

其中"文往",当为"文学"。"性好文往",让人不知所云,另因为莱斯利是一位著名作家,故"性好文学",较合理。

2.《教参》第4页"所以,如果作家是个自由自在的人而不是个奴役"。

其中"奴役",应为"奴隶"。因为"奴役"是动词,意思是"把人当作奴隶使用"(《现代汉语》第5版,页1007),"是个"后面当接一名词。而《教参》页15,第二次出现这句话时,则为"所以,如果作家是个自由自在的人而不是个奴隶",可证"奴役"当作"奴隶"。

3.《教参》第75页"但他不是虚伪,不似利碌之徒的沽名钓誉,而是当时正直的贵族青年的一种荣誉感,要靠自己的奋斗去传扬名声"。

其中"利碌",当为"利禄"。查《现代汉语》(第5版),"利禄"的意思是"(官吏)的钱财和爵禄",而无"利碌"一词,故当改为"利禄"。

三、标点使用欠规范,有误用

1.《教科书》第50页 "让我来吧,"娜塔莎大声说:"您不会弄!"(列夫·托尔斯泰《娜塔莎》)

其中"说"后的冒号,当改为"逗号"。一般"说"之类的词都有提示作用,可用冒号,但不能见到"说"就用冒号。"娜塔莎大声说"是插入语,后面应用逗号表示停顿,表示前文没有结束,故"说"后的冒号用得不当,应改为"逗号"。

2.《教参》第5页"那么,哪里还会有这种约定俗成的情节、喜剧、悲剧、爱情或灾难?……生活不是一副副整齐匀称地排着的眼镜"。

其中"?",当为","号。查伍尔芙《伍尔芙随笔集》[1]原文"那么,哪里还会有这种约定俗成的情节、喜剧、悲剧、爱情或灾难，或许也不会学庞德街的裁缝那样缝纽扣。生活不是一副副整齐匀称地排着的眼镜"。可知"灾难"后应为"逗号"。

3.《教科书》第1页 "你从哪儿来？"我问他。"从圣卡洛斯来，"他说，露出笑容。那是他的故乡，提到它，老人便高兴起来，微笑了。"那时我在看管动物，"他对我解释。"噢，"我说，并没有完全听懂。（海明威《桥边的老人》）

4.《教科书》第50~52页 "我说，小姐，这样是不行的，"女仆握着娜塔莎的头发说。"哎呀，小姐，一点也不长，"马富路莎说，跟着小姐在地板上爬着。"让我向您介绍我的女儿，"伯爵夫人红着脸说。（列夫·托尔斯泰《娜塔莎》）

5.《教科书》第84~86页 "我要找神父，"她说。"等一会儿走吧，"他说。说话的时候，他没有看那个女人。（加西亚·马尔克斯《礼拜二午睡时刻》）

6.《教科书》第91~93页 "我卖《圣经》，"他对我说。"好吧，就这么定了，"他对我说。"不。我卖给你，"他说着，开了一个高价。（博尔赫斯《沙之书》）

例子3~6中画线部分，作为引述完整的话语，逗号皆应用句号。教材中多次出现类似的错误，笔者只选择了其中的一部分。

7.《教科书》第6~7页 "我一定要跳起来亲眼看看墙上的斑点到底是什么？——是只钉子？一片玫瑰花瓣？还是木块上的裂纹？我想到什么地方啦？是怎么样想到这里的呢？一棵树？一条河？丘陵草原地带？惠特克年鉴？盛开水仙花的原野？我什么也记不起啦"。（伍尔芙《墙上的斑点》）

8.《教科书》第12页 "这一连串互相牵连着的东西怎么办呢？怎样阻止这一连串可怕的导向沉船的动作呢？怎样阻挡这些来来，去去，转变，停顿，撞击呢？它向船壁的每一下撞击，都可能把船撞破"。（雨果《炮兽》）

例子7~8中画线部分，是表达完整意思的选择问句，只需在句末用一个问号。高考对于标点符号的考查，带有高度的综合性和技巧性，教材中的标点必须规范使用。

四、选文删改欠周密，有误改或误删

1.《教科书》第11页，《炮兽》注解①节选自长篇小说《九三年》。[2]题目为编者所拟。

原文雨果《九三年》"舰长勃斯拔特罗和大副拉·维尔维勒虽然是两个勇士，也在楼梯顶上停了下来，一句话也不说，脸色发青，犹豫不决，向中甲板里面张望。有一个人用手肘推开他们，走了下去。"

《教科书》，第12页 "船长布瓦斯贝特洛和大副利·维厄维勒虽然是两个勇士，也在楼梯顶上停了下来，一句话也不说，脸色发青，犹豫不决，向中甲板里面张望。有一个

人用胳膊肘儿推开他们，走了下去。"

"舰长"变成了"船长"，原文更准确，因该船是一艘军舰，那么称"舰长"更合理；"勃斯拔特罗"变成了"布瓦斯贝特洛"，"拉·维尔维勒"变成了"利·维厄维勒"，无修改的必要，且不知根据何在；"用手肘"变成了"用胳膊肘儿"，加上儿字，凸显北京味，但与整段风格不协调。

2.《教科书》第11页，《炮兽》一文选自《九三年》第一部"在海上"的第二卷"克莱摩尔号军舰"的第4~6节。第6节"删去了结尾"：那个年老的乘客始终靠着主桅杆立着，他把双手交叉在胸前，沉思着。勃斯拔特罗用左手指着他，低声对拉·维尔维勒说："旺岱有了领袖了。"

此处不可删，这段文字突出了将军朗特纳克在军士们心中的领袖地位，不该删去！

3.《教科书》第34页，课文《丹柯》注解①节选自《伊则吉尔老婆子》，[3]题目为编者所拟，有改动。

查《高尔基作品选》，改动的地方有三处：

"……他一个人把大家全搭救了"后，课文删去了：老婆子分明是常常在讲丹柯的燃烧的心。……在这树林中间那些不幸的、精疲力竭的人给沼地的毒气害得快死了……

"于是他就领导他们……"后，课文删去了：老婆子闭了嘴，……从丹柯的燃烧的心里发出来的小火星时时在远远的什么地方闪亮，好像是一些开了一会儿就谢的虚无飘缈的蓝花。

"……出现在草原上的蓝色火星就是这样来的！"后，课文删去了：现在老婆子讲完了她的美丽的故事，……草原上黑暗而静寂。云仍旧缓慢地、寂寞地在天空飘移……海发出了低沉的、忧郁的喧响。

删去了这三处地方，我们就无从判断小说的讲述者是谁，不能把握小说的叙事角度，而且结尾的地方用场景渲染了悲怆深沉的意境，删去则韵味尽失。

参考文献：

[1] 伍尔芙.伍尔芙随笔集[M].深圳：海天出版社，1993：192.

[2] [法]雨果.九三年[M].郑永慧，译.北京：人民文学出版社，1957.

[3] [苏联]高尔基.高尔基作品选[M].瞿秋白，等，译.北京：中国青年出版社，1956：320-325.

（原载《文学教育》，2009年第9期）

人教版选修《语言文字应用》教材瑕疵例说

人教版选修《语言文字应用》(2007年第2版)系统、清楚地安排了一些中学生必须掌握的语言应用常识,前后安排合理,难度适中。教科书和教学参考书编校的问题,虽不是很多,但仍有改进的必要,这主要表现在以下几个地方。

一、错音、误词义

1.《教科书》第10页,"二 分别解释下面四句古文中画线词语的意义,并跟现代汉语中这个词语的意义作比较,分析它们的词义是扩大了还是缩小了。"

第3句:江南卑湿,丈夫早夭。(《史记货殖列传》)

《配套教参》页15,解释:"丈夫":成年男子(古)—女子的配偶(今)。词义转移。

词义的"转移"分为两种情况,其一是词所表示的概念的转移。词的概念的转移指词所表示的概念发生了根本的变化,当新的词义产生后,旧义一般就不复存在了。我们现在用的"丈夫",已不再是古代"成年男子"的意思。所以"丈夫"一词可算作"词义转移"。

但是,"丈夫"一词理解为"词义缩小"更合适。一者,今义表示的范围小于古义,"丈夫"古代指男子,现在则缩小仅指夫妻中男的一方。二者,题干要求"分析它们的词义是扩大了还是缩小了",并不要求"分析词义转移"。

故《配套教参》第15页,解释当作修改。"丈夫":成年男子(古)—女子的配偶(今)。词义缩小。

2.《配套教参》第35页,选项A中"坎坷"的"坷"和"斧柯"的"柯""沉疴不起"的"疴"同音,都读"kē"。查《现代汉语词典》(第5版),第762页"坎坷"的"坷"应读三声。

故教参当更改此处的错误,以免误导老师。

二、错位、漏解说

1．《教科书》第20页，调值图二中上声箭头指向5，上声调值为[214]，上声箭头应该指向4。这是一个明显的错误，亟待更正之！

2．《配套教参》第43页，孔夫子搬家—净输（书）

其中，"书"与"输"反了。应为：孔夫子搬家——净书（输）。

查《中国歇后语大全》[1]，"孔夫子搬家——净是书 书：谐输。"并举一例，周立波《暴风骤雨》一部一三："不是不来，我一开头，就随队长，还能半途妥协吗？我是想：咱们是孔夫子搬家——净是书，心里真有点于心不舍的。"

3．《教科书》，第92~94页，（避免歧义）：（5）新生市场苦熬淡季。其中的"生"也是一个多义词（多义构词成分）：一个意思是"学生"，所以"新生"可以是定中偏正词组"新学生（的市场）"的意思；另一个意思则是"产生"，所以"新生"可以是状中偏正词组"新产生（的市场）"的意思。消解语句歧义的另一个办法是"补写法"。也就是在保持原句不变的情况下，通过在原句的前后补写上必要的句子来消除歧义。例如：

（4）专家总经理成了被告人 —— 二人承认曾联手贪污（二人：专家和总经理）

　　　　　　　　　　　　—— 一人毁掉了整个企业（一人：有专家身份的总经理）

（5）民办大学坦言招生难—— 新生市场苦熬淡季

　　　　　　　　老牌市场购物火爆

其中，（5）当是排版错误，可改为：

（5）新生市场苦熬淡季—— 民办大学坦言招生难（新生：新学生的市场）

　　　　　　　　—— 老牌市场购物火爆（新生：新形成的市场）

4．《教科书》第104页，（6）年光似鸟翩翩过，时装如棋日日新。（服装）

（11）情系中国结，联通四海心。（电讯）

参考答案：（6）比喻；（11）镶嵌。

课文作了分析：广告（6）运用了比喻的修辞手法，各有特点也有缺陷。广告（6）中用"飞鸟"比喻时间的流逝，用棋局比喻时装的更新，前句强调时光流逝飞快，后句表明时装追求潮流的特性，比喻贴切；不足之处在于尽管两句都和时间相关，但上下句的联系并不是很紧密，只是追求了形式上的对仗。

广告（11）用的是镶嵌的修辞手法。广告语将所要表达的事物嵌在句子里，同时也运用了"对仗"的修辞手法，既有浓厚的文化气息，又十分巧妙地为产品作了宣传。

故：可见参考答案，（6）和（11）都少了"对仗"一词，当补上。

三、错常识、误修辞

1.《教科书》第35页，谈诗歌的平仄格式，举了两个例子：其一是杜甫的《春望》，其二是王维的《山居秋暝》，并列出了相应的平仄格式。

（1）"仄起式"（如杜甫《春望》）

国破山河在，城春草木深。　　仄仄平平仄，平平仄仄平。
感时花溅泪，恨别鸟惊心。　　平平平仄仄，仄仄仄平平。
烽火连三月，家书抵万金。　　仄仄平平仄，平平仄仄平。
白头搔更短，浑欲不胜簪。　　平平平仄仄，仄仄仄平平。

其中，感当为"仄"声，烽当为"平声"，浑当为"平声"。另外：国、别、欲、白四字为古入声字，当为仄声。

（2）"平起式"（如王维《山居秋暝》）

空山新雨后，天气晚来秋。　　平平平仄仄，仄仄仄平平。
明月松间照，清泉石上流。　　仄仄平平仄，平平仄仄平。
竹喧归浣女，莲动下渔舟。　　平平平仄仄，仄仄仄平平。
随意春芳歇，王孙自可留。　　仄仄平平仄，平平仄仄平。

其中，天当为"平声"，明当为"平声"，随当为"平声"。另外：石、竹、歇三字为古入声字，当为仄声。

故当作如下修改：

（1）"仄起式"（如杜甫《春望》）

国破山河在，城春草木深。　　（可平可仄）仄平平仄，平平仄仄平。
感时花溅泪，恨别鸟惊心。　　（可平可仄）平平仄仄，（可平可仄）仄仄平平。
烽火连三月，家书抵万金。　　（可平可仄）仄平平仄，平平仄仄平。
白头搔更短，浑欲不胜簪。　　（可平可仄）平平仄仄，（可平可仄）仄仄平平。

（2）"平起式"（如王维《山居秋暝》）

空山新雨后，天气晚来秋。　　（可平可仄）平平仄仄，（可平可仄）仄仄平平。
明月松间照，清泉石上流。　　（可平可仄）仄平平仄，平平仄仄平。
竹喧归浣女，莲动下渔舟。　　（可平可仄）平平仄仄，（可平可仄）仄仄平平。
随意春芳歇，王孙自可留。　　（可平可仄）仄平平仄，平平仄仄平。

2.《教科书》第87页，（1）句的毛病是"小猴子吃麻花——满拧"。成语"空穴来风"出自战国时宋玉的《风赋》，原意是"有了洞穴才会有风进来"，比喻消息和传说不是完全没有原因的。而这句话刚好把意思给弄反了。

换一个较早的时间，编者作如上分析，应该是没有问题的。如商务印书馆1977年出版的《现代汉语词典》的解释就是如此。

但"空穴来风",在《现代汉语词典》(第五版)中已经加进了指"现多用来比喻消息和传说毫无根据"一条。这一意思过去一直认为是百分百错解,现在加进去说明承认了公众的约定俗成的用法。这也是尊重民意的表现。如果说文字的规范是理论的话,那么文字的使用就是实践。实践才是检验理论正确与否的唯一标准。决定文字生命力的是使用,而不是某一部门出台的规范。规范是为了更好地使用。而不是制造更多的麻烦。

可见,"空穴来风"可指消息是没有根据的,课文所选例子不恰当,当更换之。

3.《教科书》第90页,"不合逻辑"举例不当。其中"作家通过自己的创作进行革命斗争,他们写小说、诗歌、杂文以及画的漫画,都成了群众斗争的武器",这句话是用错了概念:因为"作家"这个概念的外延包括不了诗人。

查《现代汉语词典》(第5版)第1230页,"诗人"指写诗的作家。可见,诗人也属于作家这一概念里面的。

故课本当删"作家这个概念的外延包括不了诗人"。

4.《教科书》第97~98页,引用了台湾女作家杏林子的散文《生命·生命》,前后两次都把作者的名字误写成"林杏子"。

杏林子(1942—2003),原名刘侠,台湾著名文学家。祖籍陕西,在陕西扶风县杏林镇出生,故以杏林子为笔名。她的作品中,充满了求生的意志。重要著作包括:《生之歌》《杏林小记》等40余册。

5.《教科书》第114页,所引的《红楼梦》片段并不是连续的,当中应用省略号隔开。另外,应该指明选自《红楼梦》中哪一回。

6.《教科书》第91页,"一、请判断下面的歌词或广告属于哪一类病句",其中"4.今年过节不收礼,收礼只收×××。(某营养品广告)"。配套的《语言文字应用·教师教学用书》第169页,作了如下的评述:第4句前后矛盾,既然是"不收",怎么又能"只收"。

教材把该句处理成自相矛盾的用例。那么这条广告这样讲真的是不正确的吗?教材的认识是错误的,因为此句用的是一种叫舛互的"新辞格"。

"新辞格"主要指1932年陈望道《修辞学发凡》中总结出来的38个辞格之后发现的一些辞格,也有少量的在38个辞格之前已经发现,但一时并未引起注意,今天却被人们重视起来的辞格。例如:较物、歧疑、别解、序换、移时、增动、伸缩、异称、同异、列锦、奇问、疑离、断取、互文、换算、旁逸、飞白、衬跌、同字、舛互等。

所谓"舛互",指的是"对某一事物既全部肯定后又部分否定,或者既全部否定后又部分肯定,利用字面矛盾达到突出强调效果的一种修辞"[2]例如:

他们中最特别的有两位:一位是愿天下的人都死掉,只剩下他自己和一个好看的姑

娘，还有一个卖大饼的。(鲁迅《且介亭杂文集·病后杂谈》)

舛互的特点，从字面上看，似乎悖于事理，但又合乎实情。如例句，既然说"都死掉"却又剩下：自己、姑娘、卖大饼的总共三个人，前后不一致，自相矛盾，但矛盾的结果，却更引人注目，起到强调突出的作用。语言中的这种说法是不能用逻辑来解释的，这正如夸张不能用逻辑来解释一样。舛互的修辞功能在于用近乎矛盾的表象，突出某一事理，无理而妙，以加深印象。

类似这样的句子在文学名著中比比皆是：

①举世皆浊我独清，众人皆醉我独醒，是以见放。(屈原《渔父》)

②万事俱备，只欠东风。(罗贯中《三国演义》)

③宝玉和众人都起身让座，独凤姐不理。(曹雪芹《红楼梦》)

④街上黑沉沉的一无所有，只有一条灰色的路，看得分明。(鲁迅《药》)

故教材，应换别的例子，教材应及时更新语法知识。

7. 部分修辞手法超出了高考大纲要求范围。

大纲中要求学生掌握八种必要的、常见的修辞手法（比喻、比拟、借代、夸张、排比、对偶、设问、反问），但教材列举出的修辞手法过多过杂，有许多难度非常大，如摹绘、镶嵌等，平时极少用到。并且教材仅仅列出了"回环、顶真、粘连、镶嵌"这些修辞格的名称，并没有给出详细的解释和例句。如果教师没有详细的解说，学生掌握起来有很大的困难。

故建议教材编者将超纲的修辞手法删除，若要保留，则作详细的阐释。

8.《教科书》第107页，给出了"借喻"和"象征"的区分，但"象征"不可说是一种修辞手法。查阅资料，可知"象征"，更多是作为整首诗歌和整篇文章的写作手法来使用的，很少把它用在一个单独的句子中，是表现手法中描写手法的一种。而比喻针对一个句子，它是表现手法中修辞手法的一种。

故教材，可略作补充说明："象征"，常作为整首诗歌和整篇文章的写作手法来使用的，很少用在一个单独的句子中，是表现手法中描写手法中的一种。

参考文献：

[1] 温端正，等.中国歇后语大全[M].上海：上海辞书出版社，2004：1093.

[2] 傅远碧.现代汉语修辞学[M].北京：人民日报出版社，2004：169.

(原载《读写月报》，2011年第7-8期)

人教版选修《中国古代诗歌散文欣赏》编校指瑕

人教版选修《中国古代诗歌散文欣赏》（2006 年第 2 版）教科书和教学参考书编校的问题，虽不是很多，但仍有改进的必要，这主要表现在以下几个方面。

一、关于"误音""错注"

1.《教科书》第 56 页，《般涉调·哨遍·高祖还乡》注解③[恰糨（jiāng）来的]，查《汉语大词典》第 9 册，糨，读作"jiàng"（四声）。故课文注音为（平声），有误，当改为四声。

2.《教科书》第 94 页，《文与可画筼筜谷偃竹记》注解②[蜩（tiāo）腹蛇蚹（fù）]，其中"蜩"当读作（tiáo）。查《汉语大词典》第 8 册，蜩，蝉。《诗·豳风·七月》："五月鸣蜩。"《庄子·逍遥游》："蜩与学鸠笑之。"陆德明释文："蜩，音條。司马云：蝉。"课文注解②，蜩，蝉。

故读音当为第二声，课本注音错误，蜩当读作（tiáo）。

3.《教科书》第 100 页，《陶庵梦忆序》注解⑫[以衲（nà）报裘，以苎（zhù）报絺（xì），仇轻暖也]中，絺，粗葛布。查《辞源》（合订本），第 1324 页，絺（chī）细葛布。《诗·周南·葛覃》："为絺为綌，服之无斁。"《传》："精曰絺，麤曰綌。"

故课文注音絺（xì），错误。而且将其解释为"粗葛布"，无根据，当改为"絺（chī）"。

4.《教科书》第 9 页，《湘夫人》一文中"时不可兮骤得，聊逍遥兮容与。"课本注："骤，轻易，一下子。"洪兴祖著《楚辞补注》[1]注："骤，数（音朔，所角切，觉韵）。言富贵有命，天时难值，不可数得，聊且游戏，以尽年寿也。"那种解释更准确呢？

阮元撰《经籍纂诂》中："骤，数也。《楚辞·湘夫人》时不可兮~得；《悲回风》~谏君而不听兮。""骤"为数也，即多次。另有，朱东润主编的《中国历代文学作品选》[2]释"骤得"为"数得,屡得",郭锡良、唐作蕃等主编的《古代汉语》(下册)[3]释"骤"为"屡,多。"

此外,屈原的《湘夫人》与《湘君》两诗为姊妹篇。比较它们的结尾。《湘夫人》:"时不可兮骤得,聊逍遥兮容与。"《湘君》"时不可兮再得,聊逍遥兮容与。"两诗结尾结构完全一致。"时不可兮再得"中的"再"是"第二次"(多次的意思),由此看来,"时不可兮骤得"中的"骤"应理解成"屡次"。且配套《教参》第4页将"时不可兮骤得"翻译成"时机不可多得"。

故"时不可兮骤得"中的骤,不应当解作"骤,轻易,一下子",应当解作"骤,数也,即屡次"。

5.《教科书》第56页,《般涉调·哨遍·高祖还乡》,注解[拽(zhuài)垻(jù)]拉犁耙耕。乡间以两牛并耕为一垻。此注错误。

首先"垻"《广韵》:"其遇切,去声",释曰:"堤塘。"其他文献中未见用例。而"牵引犁耙等农具的畜力单位。无论一头大牲口或数头小牲口能拉动一张犁或耙的畜力都称一犋"(见《汉语大词典》第6册,1990年版,第278页)原来,注者把"垻"当成"犋"来解释了。查徐征等主编《全元曲》[4],字作"坝",而不作"垻"。"坝"的繁体字是"壩"。查《汉语大词典》第2册,1988年版,第1244页:"壩"通"耙"书证是元郑光祖《智勇定齐》第一折:"俺是农庄人家出身,如今农忙时节,为儿的耕田壩地去了。""壩"为什么会错成"垻"?按"壩"(义为堰)有异体字"垻"。看来,注者是将"壩"的异体字"垻"当成"垻(jù)"了。

故可注:[拽(zhuài)坝(bà)]坝,通"耙"碎土平地的农具。

6.《教科书》第94页,《文与可画筼筜谷偃竹记》,注解[兔起鹘落]:兔的跃起,鹘鸟(属鹰类)的降落。二者都是迅疾的动作,用以形容运笔的神速。而配套《教参》149页翻译为:就像兔子跳起来把鹘扑落一样,稍一放松那鹘就跑掉了。哪一个更准确?

查《汉语大词典》(1994年版),第2册,第274~275页,谓兔子刚出窝,鹘立即降落捕捉。极言动作敏捷。亦比喻作书画或写文章下笔迅捷。宋苏轼《文与可画筼筜谷偃竹记》:"故画竹必先得成竹于胸中,执笔熟视,乃见其所欲画者,急起从之,振笔直遂,以追其所见,如兔起鹘落,少纵即逝矣。"明归有光《〈尚书别解〉序》:"余读……有所见,用著于录,意到即笔不得留,昔人所谓兔起鹘落时也。"可见,课本语焉不详,而教参说兔子去捉鹘,则荒谬之极也。

二、关于"误译""补注"

1.《教参》第142页,《祭十二郎文》,"吾兄之盛德而夭其嗣乎?"译作"那么我哥哥有(那么)美好的品德反而早早地绝后了呢?"查《汉语大词典》(1994年版),第9

册，837页，绝后，绝嗣，没有后代。但韩老成有一个儿子——韩湘子，所以不能算是绝后了，违背了史实。

可译成：我哥哥有那么美好的品德，竟然使他早早地失去了儿子。

2.《教参》第150页，《文与可画筼筜谷偃竹记》，"废卷而哭失声"译成"便停止了晾书，失声痛哭起来"。查《汉语大词典》（1994年版），第2册，第1490页，失声：悲痛过度而泣不成声。《孟子·滕文公上》："昔者孔子没，三年之外，门人治任将归，入揖于子贡，相乡而哭，皆失声。"赵歧注："失声，悲不能成声。"此处，苏轼也因悲伤过度，哭不出声音来。

故当译成"痛哭到没有了声音"。

3.《教科书》第38页，《扬州慢》，注解"叔岳父"，难理解，当补注。查《汉语大词典》（1994年版），第2册，第879页，没有"叔岳父"，但有"叔丈人"词条，指妻子的叔父。宋苏轼《与王庆源书》之一："想叔丈与丈人及诸侄，岁时相遇，乐不可名。"其中"丈人"即岳父。

另有词条"叔丈母"，妻子的婶母。《二十年目睹之怪现状》第七七回："[文琴]写了一封信给他的叔丈母——便是那小姐的婶子。"

故课文注解中，可略作说明，叔岳父（妻子的叔父）。

4.《教科书》第80页，《西门豹治邺》中，"为具牛酒饭食，行十余日。"课下无翻译，查台湾十四院校六教授合译的《白话史记》[5]译为："又杀牛造酒为她准备饭食十几天……"与前文有一明显的矛盾。上文说，被选中的"新娘"，要"斋戒"，既然"吃素"，为什么还给她准备牛肉酒食呢？

细读原文，这句话的介词宾语是承前省略。"之"既可代"新娘"也可指"为河伯娶妇"一事。如果是为新娘准备了牛肉酒饭，那么与前文说要"闲居斋戒"矛盾。查《辞源》（缩印本）第1958页"斋戒"：古人在祭祀前沐浴更衣，不饮酒，不吃荤，不与妻妾同寝，整洁心身，以示虔诚。可见，"斋戒"时不能饮酒，不能吃肉，不当为她准备荤食。

笔者认为"之"应当"为河伯娶妇"一事。牛肉酒饭不是给新娘准备的（她只准吃素），而是给参与办理这件大事的人们准备的。这些人很多，有三老、廷掾、巫祝，单是巫婆的女弟子就有"十人所"，外加给新娘洗沐的妇女，给新娘缝制各种新的花衣的裁缝师傅，为"治斋宫"的工匠们，还有椎牛酾酒的屠夫、厨师、杂役，以及一帮吹鼓手等，这批人少则数十，多则上百。他们趁机吃喝，闹它十多天，自然要花去一大笔钱。上文"用其二三十万为河伯娶妇"的话，也就有了依据。何况三老、廷掾、巫祝这帮地头蛇正是通过这样大折腾使大家吃喝，可以掩盖他们贪污"余钱"的勾当了。

故"为具牛酒饭食,行十余日"可译作:为了办这件喜事,准备牛肉酒饭,(大摆筵席),嬉闹了十多天。

三、关于"观点不一致""错标点"

1.《教科书》第9页,《湘夫人》:"思公子兮未敢言",其中"公子"课下注解为"湘君"。但《教参》4页,将"思公子兮"译成"怀恋湘夫人"。课本和教参各执一说,何者确解?

"公子"历来颇有争议。姜亮夫《屈原赋校注》第227页:"公子指湘君言",姜先生认为"公子"当为"湘君"。而黄灵赓《楚辞章句疏证》第846页:"公子,谓湘夫人也。重以卑说尊,故变言公子也。"黄老师认为"公子"当是"湘夫人"。查《辞源》(合订本)第169页,公子,诸侯之子。《诗·周南·麟之趾》:"振振公子。"诸侯之女也称公子。《左传·恒三年》:"凡公女嫁于敌国,姊妹则上卿送之,……公子则下卿送之。"可见,公子,古之男女共称。

诗开篇说"帝子降兮北渚",这里言"公子"都是亲昵推敬之词。且全诗塑造的主要人物是湘夫人,与主旨协调。若理解为"湘君"则与整首诗的抒情视角不能一致了。从有利于一线的教学来看,解释为"湘夫人"更合常情,更易学生理解。

2.《教科书》第33页,《登岳阳楼》,注解[乾坤日月浮]日月星辰和大地昼夜都漂浮在洞庭湖上。配套《教参》第54~55页,对"吴楚东南坼,乾坤日夜浮"的品味。这是名句。先写湖东与南吴楚两地地势如裂,后写天地日夜浮动在湖水上。

课本与教参,出现了两种版本:"乾坤日月浮""乾坤日夜浮"。到底是"日月"还是"日夜"呢,教材应当统一。

查朱东润主编《中国历代文学作品选》和高步瀛选注《唐宋诗举要》及《唐诗鉴赏辞典》,皆为"乾坤日夜浮"。再查《杜诗详注》,课文即选自此版本,第1946页原文"乾坤日夜浮",且没有注明有异文"乾坤日月浮"。"乾坤"本就包括"日月",杜甫断不会写出如此笨拙的诗来的,可知乃编者粗心,导致的错误,亟待更正!

故并无两种版本,只有一种版本"乾坤日夜浮"!

3.《教科书》第35页,《菩萨蛮》,按常情,作客异乡的游子总以不得还故乡而愁绪满怀,但这首词却偏偏反过来说:"还乡须断肠",这是为什么?这和诗人所要表达的主旨有什么关系?

《教参》答案:一般游子的忧愁是不能回故乡;而这首词中的游子,却是能回故乡,但由于故乡战乱的原因不能回,这种愁苦就比一般游子更为深广。这首词的主旨,是在描写江南好的背景上,述说作者漂泊异乡、有家难归的痛苦感情。

课下注解①：这首词为作者早年浪游江南时所作。注解⑥[未老莫还乡，还乡须断肠]年尚未老，且在江南行乐。如还乡离开江南，当使人悲痛不已。

《教参》认为是诗人避乱江南时所作，课文的习题就是依据此。而课下注解认为是早年浪游江南时所作。课本与教参，观点要统一，否则不利于学生理解。

4.《教科书》第95页，《文与可画筼筜谷偃竹记》，"探究·讨论"：二、解释下列句中加点的词。6.月落庭空影许长 《教参》答案：左右。而课文注解：许，如此的，这样的。不统一，何者正确呢？

查《汉语大词典》（1994年版），第11册，第68页，许：如此，这般。唐杜甫《野人送朱樱》诗："数回细写愁仍破，万颗匀圆讶许同。"《红楼梦》第五十一回："六朝梁栋多如许，小照空悬壁上题。"

《教参》将其理解为"表约略估计数"，唐王翰《飞燕篇》："可怜女儿三五许，丰茸惜是一园花。"一般前面须是数词，而"月落庭空影许长"的"影"并非量词，《教参》误也。

故"许"当为"如此的，这样的。"

5.《教科书》第30页，《梦游天姥吟留别》原文：别君去兮何时还？且放白鹿青崖间。须行即骑访名山。按能摧眉折腰事权贵，使我不得开心颜？而课下注解[且放白鹿青崖间，须行即骑访名山]中间用了"逗号"，而原文是"句号"。

查朱东润主编的《中国历代文学作品选》标点：别君去兮何时还？且放白鹿青崖间，须行即骑访名山。按能摧眉折腰事权贵，使我不得开心颜！"须行"前用逗号，前后诗意连贯。"开心颜"后用感叹号，表达诗人强烈的情感。另王力主编的《古代汉语》第1423页及郭锡良等主编的《古代汉语》第948页皆同朱东润主编的标点。

故建议编者，选用高校权威的标点，免去自相矛盾之尴尬。

四、关于"误用词""错常识"

1.《教科书》第36页，《积雨辋川庄作》，王维的《蓝田烟雨图》已经失传，但此诗所描写的意境差似。

其中"差似"什么意思？令人费解。查《诗词曲语词汇释》卷二，第245页：差，甚辞，犹最也；颇也。与差少之本义相反。陆游《七月十一日见落叶》"物理贵见微，勇退差为贤。"差为贤，最为贤也。这里"意境差似"当为"意境最相似"。

建议编者用词尽量通俗，不要让学生难以理解。

2.《教科书》第55页，《菩萨蛮》注解中"能词，词风秾艳，词藻华丽，为花间词人之鼻祖"。其中"秾艳"。课本第62页"藻丽浓艳"，到底哪一个是正确的字形呢？应当规范统一。

查《现代汉语词典》(第5版)第1006页：秾〈书〉草木茂盛，例如：夭桃秾李，且无"秾艳"词条。而"浓艳"，(色彩)浓重而艳丽。《现代汉语词典》是中学语文教学的依据，是最规范的，笔者认为：应当统一写作"浓艳"。

故"词风秾艳"可改作"词风浓艳"。

3.《教科书》第3页，《赏析指导》：但是由于《书愤》写于他闲居山阴失意时，所以诗中多愤激之情，诗风慷慨悲壮。查《宋诗鉴赏辞典》此诗作于孝宗淳熙十三年（1186年）春，这时陆游退居于山阴家中，已是62岁的老人。从淳熙七年起，他罢官已六年，挂着一个空衔在故乡蛰居。直到作此诗时，才以朝奉大夫、权知严州军事起用。因此，诗的内容兼有追怀往事和重新立誓报国的两重感情。

可知，写《书愤》时，诗人已经被起用，《教科书》第3页"写于他闲居山阴失意时"有误，当改为"写于以朝奉大夫、权知严州军事起用时，兼有追怀往事和重新立誓报国的两重感情"！

4.《教科书》第58页，《中国古代诗歌发展概述》，钟嵘称其"惊心动魄，一字千金"（《诗品》），有误。查钟嵘著，陈延杰注《诗品》"古诗其体源出于《国风》。陆机所拟十四首，文温以丽，意悲而远，惊心动魄，可谓几乎一字千金！"并无"天衣无缝"一词，只有"一字千金"四个字。而这四个字是称赞陆机《拟古诗十四首》的，与《迢迢牵牛星》一诗无关，属于张冠李戴。再查《四库全书》：郎廷槐的《师友诗传录》"王答：'古诗十九首如天衣无缝，不可学已'"，只有"天衣无缝"四字，而没有"天衣无缝，一字千金"八个字。

"天衣无缝，一字千金"当出自方东树的作品。《昭昧詹言》云："（古诗）十九首，须识其天衣无缝处，一字千金，惊心动魄处，冷水浇背，卓然一惊处，此皆昔人甘苦论定之言，必真解了证悟，始得力。"[6]

参考文献：

[1] 洪兴祖.楚辞补注[M].北京：中华书局，1983：68.

[2] 朱东润.中国历代文学作品选[M].上海：上海古籍出版社，1979：253.

[3] 郭锡良，唐作藩，等.古代汉语（下册）[M].北京：北京出版社，1983：776.

[4] 徐征，等.全元曲[M].石家庄：河北教育出版社，1998：4436.

[5] 司马迁.白话史记[M].台湾十四院校六十教授，合译.长沙：岳麓书社，1987：1092.

[6] 方东树.昭昧詹言[M].汪绍楹，校点.北京：人民文学出版社，1961：53-54.

（原载《新作文·中学作文教学研究》，2010年第12期）

人教版高中语文教科书（必修1~6册）文言文版本对勘及词义注解研究

一、文言文在中学语文教学中的价值

王力在《〈古代汉语〉绪论》中指出，文言文是指"以先秦口语为基础而形成的上古汉语书面语言以及后来历代作家仿古的作品中的语言"。[1]1949年孙伏园在《中学的文言教育》指出文言文"是经过高度修饰、距离口语极为遥远，而仍有极少部分的口语留存在内的一种人为的超生死的语文"。[2]文言文按体裁划分，"既可分为散文与骈文，又可分为有韵之文和无韵之文，加上诗词歌曲"。[3]本论文所取的文言文即指"有韵之文和无韵之文，加上诗词歌曲"。

在我国漫长的历史中，文言文曾经发挥过极其重要的作用，它记载了中华古国几千年灿烂的文明，它留给我们后人取之不尽的精神财富。先秦诸子散文、唐诗宋词、明清小说等优秀的古代文学作品，哺育和感染了一代又一代人。所有这些，都离不开文言文这一古代文化载体。诚然，文言文已经离我们远去，我们再也不可能回到"之乎者也"的时代，但并不是说我们的语文教学中可以轻视甚至抛弃文言文。弘扬传统文化是时代的需要，作为基础教育重要组成部分的中学语文教学，更要担负起提高学生传统文化素养的使命。"经典训练的价值不在实用，而在文化。"[4]阅读经典文言佳作，感受它们所负载的丰富的文化内涵，能够为中学生的一生打下"精神的底子"，这是文言文在中学语文教学中的价值之所在。

二、从文言文教学看文言文版本对勘及词义注解问题

新颁布的《语文课程标准》对文言文教学目标是这样表述的："阅读浅易文言文，

能借助注释和工具书，理解语句含义，读懂文章内容。了解并梳理常见的文言实词、文言虚词、文言句式的意义和用法，注重在阅读实践中举一反三"[5]。"我们知道，语言有三个要素，就是语音、语法、词汇。那么，我们学习古代汉语，这三个方面，哪方面最重要呢？应该说是词汇最重要。我们读古书，因为不懂古代语法而读不懂，这种情况是很少的。所以语法在古代汉语教学中不是太重要的。至于语音方面，更不那么重要了。比方说散文，跟语音就没有很大关系"[6]。吕叔湘进一步指出文言文教学要重点把握常见词义的教学。"什么是文言的基本训练呢？首先讲求字义。难字固然要注意，常见的最须要注意。常见的字大多数都不止一个意义，而这些字义又常常有时代限制，不但不能用现代的字义去理解古书，并且同是古义也不能用后起的字义去理解时代在前的文字。特别要留意的是与习见的意义相近而又不同的意义。"[7]所以，文言文教学中必须把字词教学放在首位。

如何更好地在实际教学中，提高文言文（包括文言字词）的教学效果呢？首要的前提：是有一套规范的高质量的语文教科书。

自20世纪初语文单独设科以来，语文教科书的编制已有百余年的历史。语文教科书作为语文课程的载体，它的编制一直是费尽思量，同时又是期望特多、非难也特多的一项工程。而"语文教材的编定至今未有一套较为完善的版本，且近年来还变动频繁，往往一种版本刚刚只用了一个轮转还未来得及认真总结，教材就改版了。因此在编选标准、教材数量、单元知识、增减更易、提示、练习和注释等方面都存在一些不足之处"[8]。审视现行人教版的高中《语文》（必修1~6册），主要存在两方面的问题。

（一）教材版本的选择、注释、对勘，须规范严谨

1. 教材的版本应慎重选择。现行高中语文教科书中的文言文，大多数都是最优秀的作品。但在漫长的流传过程中，同一作品必定有许多不同的版本。这些版本有优劣高下之分，故对入选教材版本应慎重选择。我们应该找"最合于原稿的，或最为作者自己惬意的本子；因为唯有读这样的本子才可以完全窥见作者的思想感情，没有一点儿含糊"[9]。一般来说选文所在的最早的或较早的权威版本，是较为可信的。对教材中出现的"异文"，要根据权威版本，慎重取舍。

2. 对教材选用的版本应注释明确。黄光硕在论述课文注释时指出"注明课文出处，明确课文版本。如《从百草园到三味书屋》只注明选自《朝花夕拾》还不够，应该注明'选自《朝花夕拾》（《鲁迅全集》第二卷，人民文学出版社1981年版）'。""课文删节或改动，要注明'有删节''有改动''有删改'等。""编者加的题目，注明'题目是编者加的'。古代作品后人加的题目，注明'题目是后人加的'。"[10]"我们认为书名、篇名都引全，便于查找原文，给扩大阅读了解上下文带来方便，对教学有利。"[11]现行高中语文教科书，第一册到第六册教材（不包括《读本》在内），除明清小说、元明戏曲以外，共计84篇文言文（包括诗歌）入选。其中课文注解①只注明入选课文所选的文集名，但没有注明文集所在的版本。笔者统计共有66篇。例：《烛之武退秦师》（选自《左传·僖公三十年》）、《勾践灭吴》（节选自《国语·越语》上）、《邹忌讽齐王纳谏》（选自《战国策·齐策》）、《触龙说赵太后》（选自《战国策·赵策》）、《季氏将伐颛臾》（选自《论语·齐氏》）、《寡人之于国也》（节选自《孟子·梁惠王》上）等。

而课文注解①已注明入选课文所选的文集名，及其所在版本的文言文。笔者统计只有18篇。例：《湘夫人》（选自《楚辞选译》，上海古籍出版社1981年版）、《短歌行》（选自余冠英选注《三曹诗选》，人民文学出版社1985年版）、《赤壁赋》（选自《经进东坡文集事略》卷一，《四部丛刊》本）、《蜀道难》（选自《李太白全集》，中华书局1977年版）等。

3. 对教材正文和注文（注解中的文字，主要是引文）应仔细对勘，做到准确无误。 有的课文虽然注明选本，但教材中的课文与所选版本原文有很多不一致的地方，且没有注明"有改动"。

黄建聪在其论文中举的例子十分典型。"《柳毅传》，教材注，本文选自《古代短篇小说选注》（北京出版社1983年版）。《古代短篇小说选注·柳毅传》注解①说，'本文是从《太平广记》卷419的《异闻集》中选入的。'但是经校对，《古代短篇小说选注·柳毅传》很多地方又对《太平广记·柳毅传》作了文字上的篡改，例如，开头一句，《太平广记》中是'唐仪凤中，有儒生柳毅者，应举下第，将还湘滨。'《古代短篇小说选注》则是'仪凤中，有儒生柳毅者，应举下第，将还湘滨。''唐'字被无故省略；《太平广记》：'贱妾不幸，今日见辱于长者。'《古代短篇小说选注》：'贱妾不幸，今日见辱问于长者。'多了一个'问'字；《太平广记》：'然而恨贯肌骨，亦何能愧避？'《古代短篇小说选注》：'然而恨贯肌骨，亦何能愧避？''媿'字被改作'愧'。《太平广记》：'数顾视之，则皆矫顾怒步，饮龁甚异，而大小毛角，则无别羊焉。'《古代短篇小说选注》：'毅顾视之，则皆矫顾怒步，饮龁甚异，而大小毛角，则无别羊焉。''数'被改为'毅'。《太平广记》：'昨下第，间驱泾水右涘，见大王爱女牧羊于野，风鬟雨鬓，所不忍视。'《古代短篇小说选注》：'昨下第，闲驱泾水之涘，见大王爱女牧羊于野，风鬟雨鬓，所不忍视。''间'被改为'闲'，'右'字被改为'之'字；《太平广记》：'时有宦人密视君者，君以书授之，令达宫中。'《古代短篇小说选注》：'时有宦人密侍君者，君以书授之，命达宫中。''侍'应是'视''命'应是'令'字……"[12]

《古代短篇小说选》对原文作了许多修改，便利了读者，但减损了原作的精髓。

引文（注解中的引文）的版本对勘：即教科书编者在给词义作注解时引用的文字，

与收录引文的原书不一致。这方面须修订，后文有专门的例子，这里不再举出。

（二）有的课文虽然已经注明了选择的版本，但选择的版本不够好。

由于版本选不好引起了注释的不当或其他原因引起的注释上的错误，在教材中也有不少。王祥在《版本问题》[13]一文中指出"中学《语文》课文的版本依据存在着不少问题。中学教材不是学术著作，对所选课文的版本自然没有十分考究的必要。但不考究并不等于说可以任意为之。今观中学教材古代诗文的版本标注，问题着实不少。""一些并不怎么高明或好的版本也成了选文的依据。如李商隐《锦瑟》'选自《唐诗三百首》'，王安石《桂枝香·金陵怀古》'选自《宋词三百首笺注》'。这些都需要在修订时予以考虑"。

教材选择的版本不好，可引起注释的不妥当。例：《触龙说赵太后》，教材注，本文选自《战国策·赵策》。课本未注明版本。校对本：《四部丛刊》初编本。

教材："此其近者祸及身，远者及其子孙，岂人主之子孙则必不善哉？位尊而无功，奉厚而无劳，而挟重器多也。今媪尊长安君之位，而封之以膏腴之地，多予之重器，而不及今令有功于国，一旦山陵崩，长安君何以自托于赵？"教材注："重器，珍贵的器物。"《四部丛刊》本注："重器，名位金玉。"

按：教材的注解不够准确。以"重器"为"珍贵的器物"，属偏正短语。案：非是。"器"本是一种器皿，《说文解字》（《四部丛刊》本）："器，皿也。象器之口，犬所以守之。"《礼记·杂记下》（《十三经注疏》本）"凡宗庙之器"，郑玄注："宗庙名器，谓尊彝之属。"重，古有权位之意。《韩非子·说难》（《诸子集成》本）："则以为卖重。"王先慎《集解》："重，即权也。"重，指名位。器，即物器。并列短语。相比较，《四部丛刊》本的解释更好，"名位金玉"既有尊贵的一面，又有象征国家权力的一面，语义也较全面。因后文有专门的误注列举，这里不再罗列。

基于上述原因，本文研究的对象、研究的范围和相关概念的界定列举如下：

1. 研究的对象。第一，对教材作版本对勘，校正讹文、脱文、衍文，及校对引文和校评选文的删节，恢复文本原貌。第二，对课文词义注解作考辨，纠正误释和补出漏释。

2. 研究的范围。现行人教版高中《语文》（必修1~6册），不包括其中的明清小说和元明戏曲，共计84篇文言文。

3. 相关概念的界定。（1）"语文教科书"指课堂上使用的语文教材。语文教材具有广义和狭义之分。狭义的语文教材，只是指课堂上使用的语文教科书，或称语文课本。本论文所取的是语文教材的狭义概念。因此，行文或引文中出现的"语文教材"，均取"语文教材"的狭义概念，即"语文教科书"之意。

（2）"版本"古以雕版印刷的书为版，手抄的书为本。雕版通行后，泛指同一部书因编辑、传抄、制版、装订等不同而形成的不同的本子。本论文中的"版本"限定指语文教科书中"某篇文言文的版本"。如贾谊《过秦论》，有多种本子收录该文：《汉书》《史记》《新书》等。

（3）"异文"一词有广狭之分。狭义的异文，是通假字和异体字的统称。广义的异文，"凡同一书的不同版本，或不同的书记载同一事物，字句互异，包括通假字和异体字，都叫异文。"[14]本论文所取的是广义的异文。

（4）"对勘"在本论文中，界定为：广泛收集同一种书籍（包括同一篇选文）的不同版本及有关资料，对这些版本和资料进行比较对照，并且对"这些文字的不同"作辨析，力求恢复该书籍的原貌。

"这些文字的不同"，笔者将其范围限定在三方面：①书籍（包括同一篇选文）正文中，文字上出现的不同（即异文）。②书籍注文（注解中的文字）中，文字上出现的不同。③删节后的选文与未删节的选文的不同。

……

结束语

高中《语文》教科书的选、编、注，关系到教科书的质量，加强教科书建设，是语文新课程改革的一项重要任务。现行人教版高中《语文》（1~6册）教科书的选文上比以往教科书的选文更具人文性、趣味性、时代性，更有利于培养学生学习语文的兴趣，更有利于提高学生的语文素养。

但是，语文教科书中部分入选的文言文，在版本的选择、注释和对勘方面存在不足。教科书编者须增强版本的选择意识，作明确的版本注释，还须作细致的版本校对。对于版本选择，建议教科书编者择善本而选。对于版本的注解，建议教科书再版时作明确的注释。这样有利教师和学生查对原文，促进教与学的效果。本文对教科书中部分选文作了尽可能详尽的版本对勘，重点是文言文教材中的异文、引文和删节文。

教材中的文言文注解仍有误注，漏注问题。笔者参阅前人注本，并吸收当今语文学界讨论的成果，校辨和补注了教材中的部分词义。

当然，教材中仍有部分选文存在上述所说的问题，笔者将会继续努力，为语文教科书的建设，作不懈的努力。

参考文献：

[1] 王力.古代汉语[M].北京：中华书局，1999.

[2] 孙伏园.中学的文言教育[M]//顾黄初，李杏保.二十世纪前期中国语文教育论集.成都：四川教育出版社，1990.

[3] 杨伯峻.文言文法[M].北京：中华书局，1963：引言.

[4] 朱自清.经典常谈[M].上海：上海古籍出版社，1999：序.

[5] 中华人民共和国教育部.普通高中语文课程标准（实验）[M].北京：人民教育出版社，2003.

[6] 王力.关于古代汉语的学习和教学（一九八〇年七月四日在天津的讲演）[J]天津师院学报，1980（5）.

[7] 吕叔湘.关于语文教学的两点基本认识[M]//顾黄初，李杏保.二十世纪后期中国语文教育论集.成都：四川教育出版社，2000.

[8] 陈国魁.谈中学文言文教材的注释和修订[J]中学语文，1991（8）.

[9] 叶圣陶.《略读指导举隅》前言[M]//刘国正.叶圣陶教育文集（第三卷）.北京：人民教育出版社，1994.

[10] 黄光硕.课文注释应适合教学需要[J].中学语文教学，1988（3）.

[11] 沙本钧，孟建梁.校对·标题·异体字[J].语文学习，1993（2）.

[12] 黄建聪.高中语文教材文言文版本校对及注释考辨[D].浙江师范大学，2004.

[13] 王祥在.版本问题[J].语文建设，2002（12）.

[14] 王彦坤.古籍异文研究[M].广州：广东高等教育出版社，1993.

（节选自贾桂强《高中语文教科书文言文版本对勘及词义注解研究》硕士学位论文，浙江师范大学，2006年6月 指导教师：黄灵庚教授）

人教版高中新教材(必修1~6册)文言文异文、引文的校议

现行人教版高中《语文》教材（必修1~6册），在文言文异文的校勘及注解引文的校对方面要比旧教材精当、可信，在总体质量方面是大大前进了。但是，仍有诸多不尽人意之处。

一、文言文异文的校订

通过仔细的版本校对，新教材中共有500多处异文。这些异文大致可分成两类：第一类是有错讹的（包括讹文、脱文、衍文），放在原文中讲不通；第二类是两个不相干的字，但放在原文中都讲得通。

（一）有的异文是错讹的字（包括讹文、脱文、衍文），放在原文中讲不通，须校订

1. 有的异文是讹文。(1)《触龙说赵太后》：①选自《战国策·赵策》。

教材：少益耆食，和於身也。

校本：马王堆汉墓帛书整理小组编，《马王堆汉墓帛书：战国纵横家书》[1]"和於身也。"校本作"智于身也。"

按：课本注释"和"为"和，舒适"。长沙马王堆汉墓帛书《战国纵横家书》"和于身"作"智于身"。帛书整理小组注："智，通知，《赵策》与《赵世家》并作和，字形之误。《方言三》：'知，愈也。南楚病愈者或谓之知。'这是说有益身体。"可见"知"是南楚方俗语，是病愈的意思。"知于身"，是说身体好起来了。古籍中"知""和"间易混误。《吕氏春秋·报更》（《诸子集成》本）"齐王知颜色"，毕沅新校正："《齐策》作和其颜色。"可肯定今本"和"为"知"字形近之误。故课本宜校改之。"和"当作"知"。

（2）《触龙说赵太后》：①见前文（1）。

教材：岂人主之子孙则必不善哉？

校本：《四部丛刊》初编[2]史部《战国策校注》卷六"子孙"，校本作"子侯"。

按：张顯成据长沙马王堆汉墓帛书《战国策纵横家书》和《史记》考订，"这里的'岂人主之子孙则必不善哉'句中的'孙'字，鲍彪本据《史记》改为'侯'字，帛书本亦作'侯'字，即作'岂人主之子侯则必不善哉'（197行），说明今本'孙'字为误字。"而且"'赵主之子孙侯者'句，《史记》同，而帛书本无'孙'字（196行），即作'赵主之子侯者'，传世文献误。"[3]因为这句和下文的"岂人主之子侯则必不善哉"前后呼应，所以不当有"孙"字；而且，左师触龙去见太后的目的是说服赵太后送爱子长安君"质於齐"，这里的"赵主之子侯者"正是针对长安君说的。后来的文献将"子侯"误为"子孙"，是因为"子孙"二字常连用，可能是抄写时连写而造成的讹误。故课文中的"孙"应校改作"侯"。

（3）《谏太宗十思疏》：①选自《魏郑公文集》。

教材：竭诚则吴越为一体，傲物则骨肉为行路。

校本：《四部丛刊》续编史部《贞观政要》卷一至卷十"吴越"校本作"胡越"。

按："竭诚则吴越为一体"，注说："吴越：吴国和越国，春秋时两个敌对的诸侯国。"查《四库全书》[4]：宋李昉等编《文苑英华》卷六百九十五《论时政疏四首（其二）》、宋王钦若等撰《册府元龟》卷三百二十七《诤谏第三》、明杨士奇等编《历代名臣奏议》卷二十七《治道》、明无名氏《增注唐策》卷五《魏徵十思九德疏》等，皆同《贞观治要》作"胡越"。《贞观治要》注："胡越者，极南北之间，言至异可同也。"应当是清人避讳所改。建议教材将"吴越"校改作"胡越"，还文本原貌。

（4）《廉颇蔺相如列传》：①节选自《史记·廉颇蔺相如列传》。

教材：赵王窃闻秦王善为秦声，请奉盆缶秦王。

校本：《史记·廉颇蔺相如列传第二十一》[5]"奉"，校本作"奏"。

按：《史记》百衲本、会注本和语文教材均作"奉"。中华书局标点本《史记》、王伯祥编选的《史记选》皆作"奏"。《古代散文选》上册注："奉，或作奏"。哪一个更合《史记》的书写体例？当选"奏"。第一，《说文解字》："奏，奏进也。"《语文》（必修）解释"奉"为"献"。也是进的意思。"奉"也可作"奏"。第二，王念孙按："'奉'当为'奏'字之误也，奏，进也，言请进盆缶於秦王前也。……《文选·西征赋》注，《太平御览·器物部》引此并作'奏'"[6]。第三，查《史记》一书，用"奏"者百余条，多表"进献"之意。《司马相如列传第五十七》："酒酣，临邛令前奏琴曰：'窃闻长卿好之，愿以自娱。'"这里说的是临邛令上前去请司马相如弹琴。"奏琴"是"献琴"

的意思。颜师古注："奏，进也。"如果将"奏琴"理解为"弹琴"，那就把弹琴者弄错了，变成临邛令上前去弹琴了。而且《廉颇蔺相如列传》中，"奏"字出现三次，都作"进献"讲。依据版本和史记体例及文意，建议中学语文教材校改之。

2. 有的异文是脱文。（1）《雨霖铃》：①选自《全宋词》。

教材：留恋处，兰舟催发。

校本一：胡云翼选注《唐宋词一百首》[7]。

校本二：[清]朱彝尊《词综》[8]。

"留恋处"，校本皆作"方留恋处"多一"方"字。

按：查《四库全书》宋黄昇辑《花菴词选》卷五《雨霖铃·秋别》《御选历代诗余》卷八十一《雨霖铃》和《御定词谱》卷三十一《雨霖铃》等，皆作"都门帐饮无绪，方留恋处"。课文对柳词的注释说"选自《全宋词》"，而《御定词谱》《词律》等权威专书，也正是参酌《全宋词》加以考订成以供当时文士所研磨的津梁的，由此可见，课文确有漏字之误。另外，少一"方"字，影响了读者对"留恋处兰舟催发"这句词中的"处"字的理解。"处"字易误解为"处所"。张相在《诗词曲语词汇释》中指出理解诗词句曲中的一些字要根据声韵、字形、章法、情节多方面来审度，不宜死板或生搬硬套。《雨霖铃》中的"处"字当表示时间。在"留恋处"前边加了个"方"字，那么"处"字表明时间的意义就明显了。"方"是时间副词作"当"讲，所以这一句应解作：当依依不舍之时，船家催促开船了。岳飞《满江红》词"怒发冲冠，凭栏处，萧萧雨歇"，是讲：凭栏远眺的时候，正逢雨后天晴。这里的"处"作时间名词就更加清楚了。故"留恋处"校改作"方留恋处"，有利于对词义的准确理解，容易讲得通。建议教材还文本原貌。

（2）《逍遥游》：①节选自《庄子·逍遥游》。

教材：汤之问棘也是已。穷发之北，有溟海者，天池也。……斥鴳笑之曰："彼且奚适也？……而彼且奚适也？"

校本：《古代散文选》（上册）[9]汤之问棘也是已：汤问棘曰："上下四方有极乎？"棘曰："无极之外，复无极也。穷发之北，有溟海者，天池也。……斥鴳笑之曰：'彼且奚适也？……而彼且奚适也？'"校本在"汤之问棘也是已。"之后有"汤问棘曰：'上下四方有极乎？'和"棘曰：'无极之外，复无极也'"而教材无这两句。

按：疑教材脱漏这两句。首先，《南华真经》（《四部丛刊》本）卷一无"汤问棘曰：'上下四方有极乎？'和"棘曰：'无极之外，复无极也'"这两句。其次，王先谦注《庄子集解》、刘武著《庄子集解内篇补正》及郭庆藩撰《庄子集释》（《诸子集成》本）这些权威的选本没有"汤问棘曰：'上下四方有极乎？'和棘曰：'无极之外，复无极也。'"这两句。第三，查王力《古代汉语》、朱东润《中国历代文学作品选》（上编一册），徐中玉、金启华《中国古代文学作品选》（下册），郭锡良《古代汉语》，冯其庸等选注《历代文选》（上册），刘盼遂、郭预衡主编《中国历代散文选》（上册）。这些通行选本也都没有"汤问棘曰：'上下四方有极乎？'和"棘曰：'无极之外，复无极也。'"这两句。

综上所述，教材并无脱文，且不影响文意，也讲得通。而《古代散文选》所选《逍遥游》一文中的"汤问棘曰：'上下四方有极乎？'和"棘曰：'无极之外，复无极也'"这两句当是衍文。

3. 有的异文是衍文。（1）《屈原列传》：①节选自《史记·屈原贾生列传》。

教材：平伐其功，曰，以为"非我莫能为"也。

校本一：《四部丛刊》初编子部《群书治要》卷十二，这句无"曰"字。

校本二：《史记》（中华书局竖排点校本）（由顾颉刚等专家点校的），认为"曰"是应当删去的衍文。

按：《史记》经千年传抄，字句有衍有脱，也是难免的。《群书治要》该书去汉较近，证明"曰"是衍文，比较有力。清代张文虎校刊《史记》时指出："今本有者，疑旁注异文误混。"[10]《史记会注考证附校补》考据精当，为学人推重，用了《群书治要》材料，认为："《治要》，功下无曰字。疑衍。"[11]

当代《史记》研究专家韩兆琦也在他编撰的《史记选注集说》中删去了"曰"字。故建议课本删去"曰"字，这样标点："王使屈平为令，众莫不知，每一令出，平伐其功，以为'非我莫能为'也。"若不删去，文意上难以讲得通。

（2）《廉颇蔺相如列传》：①节选自《史记·廉颇蔺相如列传》。

教材：遂许斋五日，舍相如广成传舍。

校本：《史记·廉颇蔺相如列传第二十一》裴本：无"舍"字。

按：裴本《史记》无"舍"字，只有"传"字。王念孙按："传下本无'舍'字，此涉《索隐》'传舍'而误衍也。《索隐》本出'广成传'三字而释之曰'广成是传舍之名。'若正文本作广成传舍，则《索隐》为赘语矣，《太平御览·居处部》引此有舍字，则所见本已误。左思《魏都赋》：'广成之传无以畴'张载注引此作'舍相如广成传'，与小司马本同。足正今本之误。"（参见王念孙《读书杂志·史记第四"广成传舍"条》，北京市中国书店1985年版）《广雅·释室》注："传，舍也。"《后汉书·史弼传》"从事坐传责曰"李贤注："传，客舍也。"即专供客人居住的旅馆，"舍"亦有"旅馆、客舍"之义。删去"舍"字，文意也通，且有版本依据。建议教材删去"舍"，更符合文本原貌。

（二）有的异文是两个不相干的字，放在原文中讲得通，但须择善而取

（1）《勾践灭吴》：①节选自《国语·越语上》。

教材：十年不收于国，民俱有三年之食。

校本：《四部丛刊》初编史部《国语》卷二十"俱"校本作"居"。韦昭注曰："古者三年耕必余一年之食。"

按："三年耕必余一年之食"，则十年耕则必余三年之食。这里，"居"可以解释为"积蓄"，老百姓已蓄积了三年的粮食。"居"解释为"积蓄"的，有例子可以证明。《国语·晋语八》（《四部丛刊》本）"假贷居贿"，韦昭注："居，蓄也。"《大戴礼记·虞戴德》"居大则治"，王聘珍《解诂》："居，蓄也，积也。"教材中作"俱"字，"俱"可以解释为"都"，百姓都有三年的粮食，语义不如"居"字丰富。此处应选"居"字。

（2）《过秦论》：①选自贾谊《新书》，个别字句依从《史记》和萧统《文选》。

教材：据亿丈之城，临不测之渊，以为固。

校本：《四部丛刊》初编子部《新书》卷第一"城"校本作"高"。

按：首先，"据亿丈之城"当指占有高亿丈的"华山"。"高"有"山陵"义。有例可证。《国语·周语下》"夫天地成而聚于高"，韦昭注："高，山陵也。"而"城"无"山陵"义。其次，"渊"，《孟子·离娄上》"故为渊敺鱼者"《慧琳音义》卷九十九"湫渊"条注引《考声》曰"渊，深泉也"。据"高山"拥"深水"极写秦占据地理上的极大优势。当选"高"更切合文意。

（3）《梦游天姥吟留别》：①选自《李太白全集》。

教材：天台一万八千丈，对此欲倒东南倾。

校本：《四部丛刊》初编集部《李太白诗文》卷十五"一万"校本作"四万"。

按：《四部丛刊》初编本为"天台四万八千丈"。第一，查《四库全书》：《李太白文集》卷十二《梦游天姥吟留别》《李太白集分类补注》卷十五《梦游天姥吟留别》《御定全唐诗》卷一百七十四《梦游天姥吟留别》等皆作"天台四万八千丈"。最早收录李白诗歌的《河岳英灵集》（唐殷璠编）也作"天台四万八千丈"。第二，《四库全书》中陆游的《剑南诗稿》有《长生观观月》"天台四万八千丈，明年照我扶藜杖。"而明胡奎《斗南老人集》卷五《题天台李氏竹石图》"天台四万八千丈，中有琅玕石上生。禹穴南来寻李白，丹霞翠雨满秋城。"可说都巧妙地借用了李白的诗句。第三，"四万八千丈"体现了诗人喜欢运用夸张手法的语言习惯。如《蜀道难》末用扬雄《蜀王本纪》"蜀王之先，……从开明上至蚕丛，三万四千岁"之意，而说"尔来四万八千岁，不与秦塞通人烟"。该诗用天台山的高峻衬托天姥山的高、大、险的气势，正体现了李白诗歌的浪漫主义风格。故选用"天台四万八千丈"较佳。

（4）《琵琶行》：①选自《白居易集笺校》卷一二（上海古籍出版社1988年版）。

教材：弦弦掩抑声声思，似诉平生不得志。

校本：《四部丛刊》初编集部《白氏文集》卷十二"不得志"校本作"不得意"

按："似诉平生不得志"，《四部丛刊》本作"不得意"。查《四库全书》中的《御定全唐诗》卷四百三十五《琵琶引》和《御定唐宋诗醇》卷二十二《琵琶引》等也作"不得意"。顾学颉、周汝昌选注的《白居易诗选》也作"似诉平生不得意"。王维《送别》："下马饮君酒，问君何所之。君言不得意，归卧南山陲。但去莫复问，白云无尽时。"李白《将进酒》亦有"人生得意须尽欢"。不得志主要用于宦途，不得意主要用于情场或平常生活。因为是琵琶女叙述的，故应从《四部丛刊》本作"不得意"更符合琵琶女的身份。

（5）《项脊轩志》：①选自《震川文集》，有删节。

教材：借书满架，偃仰啸歌。

校本一：朱东润主编《中国历代文学作品选》（第二册中编）[12]。

校本二：徐中玉、金启华主编的《中国古代文学作品选》（下册）[13]。

"借书满架"校本皆作"积书满架"。

按：课本作"借书满架"，源自《四部丛刊》本《震川文集》。而《中国历代文学作品选》作"积书满架"，则源自《四部备要》本《震川先生文集》卷十七。比较二者，当作"积书满架"好。先说"借书满架"，人教版《教师教学用书》（必修3）译作"借来的图书堆满了书架"。这一解释有四点不足：第一，与文章主旨相悖。本文并非要表现作者幼年家贫、借书苦读。第二，与文章内容相悖。文中"吾家读书久不效，儿之成则可待乎？"可知，归家世代书香门第，即使家道中落，也不致无书可读。第三，与情理相悖，虽在古代借书阅读较普遍，但借书并非易事。即使作者借书阅读，也绝不会"借来的图书堆满了书架"久借不还，不合常理。故"借"解释为"借来"有误。再说"积书满架"，"积"，《说文·禾部》"积"字，段玉裁注"积，引申为凡聚之称"。《辞源》："聚，积蓄。"可知"积书满架"之"积"字是"积存""累积"之义。译作："积存的书籍摆满了书架。"则"积"符合文章主旨，也更符合常理。

建议教材再版时，借鉴朱东润的观点，选择"积书满架"。既可避免许多牵强的解释，又易于读者理解，且不损伤文章的意蕴。

二、文言文引文校对

这里的"引文"，限指在高中《语文》（必修1~6册）文言文中，教科书编者在给词义作注解时"引用的文字"。引文的校对，对教科书注文中出现的"引文"与收录该引文的不同书籍作校对。

（一）引文出处有误

《迢迢牵牛星》（必修3）第15页《古诗十九首》课本注：刘勰《文心雕龙》称之为"五言之冠冕"，钟嵘《诗品》赞颂它"天衣无缝，一字千金"。

按：题解引钟嵘《诗品》"天衣无缝，一字千金"来称《古诗十九首》。查对《诗品》，钟嵘说："古诗其体源出于《国风》。陆机所拟十四首，文温以丽，意悲而远，惊心动魄，可谓几乎一字千金！"[14]并无"天衣无缝"一词，只有"一字千金"四个字。而这四个字是称赞陆机《拟古诗十四首》的，与《迢迢牵牛星》一诗无关，属于张冠李戴。再查《四库全书》：郎廷槐的《师友诗传录》"王答：'古诗十九首如天衣无缝，不可学已'"，只有"天衣无缝"四字，而没有"天衣无缝，一字千金"八个字。

"天衣无缝，一字千金"当出自方东树的作品《昭昧詹言》，书云："（古诗）十九首，须识其天衣无缝处，一字千金，惊心动魄处，冷水浇背，卓然一惊处，此皆昔人甘苦论定之言，必真解了证悟，始得力。"

（二）引文文字有误

（1）《锦瑟》（必修3）第29页"锦瑟"语出《汉书·郊祀志》："秦帝使素女鼓五十弦瑟，悲，帝禁不止，故破其瑟为二十五弦。"查《汉书》："泰帝使素女鼓五十弦瑟，悲，帝禁不止，故破其瑟为二十五弦。於是塞南越，祷祠泰一、后土，始用乐舞。"[15] 1988年版《辞源》（缩印）"泰帝"，指传说中的古帝名，即太昊伏羲氏。有的书上作"大帝"。故"秦帝"当作"泰帝"。

（2）《李凭箜篌引》（必修3）第39页"箜篌"《通典》载："竖箜篌，胡乐也，汉灵帝好之，体曲而长，二十又三弦，竖抱于怀中，用两手齐奏，俗谓之擘箜篌。"从诗中"二十三丝"一语可知，李凭弹的正是这一种。查杜佑《通典》："竖箜篌，胡乐也，汉灵帝好之，体曲而长，二十二弦，竖抱于怀中，用两手齐奏，俗谓之擘箜篌。"[16]引文与原文不符，应作说明。

（三）引文标点有误

《滕王阁序》（必修4）第161页"清霜"：也是指剑。《西京杂记》卷一："高祖（汉高祖）斩白蛇剑，刃上常若霜雪。"

查《西京杂记》："高祖斩白蛇剑，剑上有七彩珠，九華玉以为饰，杂厕五色琉璃为剑匣。剑在室中，光景犹照於外，與挺剑不殊。十二年一加磨莹，刃上常若霜雪。"[17]

按：原文"斩白蛇剑"和"刃上常若霜雪"之间有"剑上有七彩珠，九華玉以为饰，杂厕五色琉璃为剑匣。剑在室中，光景犹照於外，與挺剑不殊。十二年一加磨莹"这几句。故课本应在"蛇剑"后加上"……"，否则会引起误解，老师和学生会认为原文就是这样。故此处急需修订。可参照高中实验教科书《语文》(必修)第五册"清霜"注:《西京杂记》卷一"高祖(汉高祖)斩白蛇剑,……刃上常若霜雪。"[18]作校正。

参考文献:

[1] 马王堆汉墓帛书整理小组.马王堆汉墓帛书:战国纵横家书[M].北京:文物出版社,1976.

[2] 张元济,等.《四部丛刊》初编[M].上海:商务印书馆缩印,1936.

[3] 张顯成.简帛文献学通论[M].北京:中华书局,2004.

[4] 乾隆敕辑.景印文渊阁四库全书[M].台湾:商务印书馆,1983.

[5] 司马迁.史记[M].司马贞,索隐,张守节,正义,裴骃,集解.北京:中华书局,1959.

[6] 王念孙.读书杂志[M].北京:中国书店,1985.

[7] 胡云翼.唐宋词一百首[M].上海:上海古籍出版社,1978.

[8] 朱彝尊.词综[M].上海:上海古籍出版社,1978.

[9] 隋树森,等.古代散文选(上册)[M].北京:人民教育出版社,1963.

[10] 张文虎.校刊史记集解索隐正义札记[M].北京:中华书局,1977.

[11] 司马迁.史记[M].泷川资言,考证.水泽利忠,校补.上海:上海古籍出版社,1986.

[12] 朱东润.中国历代文学作品选(第二册中编)[M].上海:上海古籍出版社,1979.

[13] 徐中玉,金启华.中国古代文学作品选(下册)[M].上海:华东师范大学出版社,1996.

[14] 钟嵘.诗品[M].陈延傑,注.北京:人民文学出版社,1961.

[15] 班固.汉书[M].颜师古,注.北京:中华书局,1962.

[16] 杜佑.通典[M].颜品忠,等校点.长沙:岳麓书社,1995.

[17] 刘歆.西京杂记[M].葛洪集,向新阳,刘克任,校注.上海:上海古籍出版社,1991.

[18] 人民教育出版社,等.普通高中课程标准实验教科书《语文》(必修第五册)[M].北京:人民教育出版社,2004.

(原载《语文学刊》,2006年第4期)

选文的删改:请勿"唯简是从"

教材编者面对长文时,为了适合中学生的阅读能力,作适当的删改,是必要的。长文删改,当力求"简洁",但不能"唯简是从"。

人教版高中《语文》(必修)第二册的第六单元,有《谏太宗十思疏》一文,在选入教材时,并未写"节选自《魏郑公文集》",可见并无删节。《谏太宗十思疏》收录在许多选本中,笔者借来了四种版本:《魏郑公文集》[1]、《贞观政要》[2];《全唐文》[3];《旧唐书》[4]。将这些选本中的《十思疏》与教材《谏太宗十思疏》一一作了对比,结果发现删改了八处。

其中有的删改使语段变得简洁了。

《魏郑公文集》:"人君当神器之重,居域中之大,将崇极天之峻,永保无疆之休,不念居安思危,戒奢以俭,德不处其厚,情不胜其欲,斯亦伐根以求树木茂,塞源而欲流长者也。"

按:教材把"将崇极天之峻,永保无疆之休,"和"德不处其厚,情不胜其欲,"删去了,语句上的确简洁了。改得较好。

但有的删改,看似简洁,实则损害了文章的审美价值和思想价值,值得商榷。例如:

1.《魏郑公文集》:"凡百元首,承天景命,莫不殷忧而道著,功成而德衰。有善始者实繁,能克终者盖寡。岂其取之易守之难乎?昔取之而有余,今守之而不足,何也?夫在殷忧,必竭诚以待天下,既得志,则纵情以傲物。"

按:教材删去了"莫不殷忧而道著,功成而德衰"和"昔取之而有余,今守之而不足,何也?"前一句子被删后,不仅作者的语气和其反复陈述的用意都不能得到进一步的显示,还使得本段的段意非常难理解。后一句是一问一答,教材删除之后,成为无问之答,语义、语势都不如《魏郑公文集》中的原文。

2.《魏郑公文集》:"载舟覆舟,所宜深慎。奔车朽索,其可忽乎!君人者诚能见可欲,则思知足以自戒。"

按：教材删去了"奔车朽索，其可忽乎！君人者诚能见可欲"。此处"奔车朽索"和"载舟覆舟"形成对举，重复强调了竭诚待下的重要性，省略后则语义不完整，语气也受到影响。而"奔车朽索"一词，指用腐朽的绳子，去驾驭狂奔中的马车。比喻随时有危险，须多加警惕。本出自《书经·五子之歌》："予临兆民，懔乎若朽索之驭六马"。可见这两句非常形象地说明"知足以自戒"，而且有着深厚的古代文化内涵。不当删去。

3.《魏郑公文集》："文武争弛，君臣无事，垂拱而治。何必劳神苦思，代百司之职役哉？"

按：教材删去"君臣无事"，就不能突出君王的地位。而这篇疏奏，正是进献给皇帝阅读的。故"君臣无事"不当删去，看似简洁，实则有损作者的一片忠心。

教材编者这些不恰当的删改，使这篇文章的原有文脉大打折扣，原有的丰富文化内涵也大为削弱，甚至有的地方文意模糊难解。

另外，选文作了多处删改，但教材只注"选自《魏郑公文集》"，并未写"选自《魏郑公文集》，有改动"。这样的"题注"不仅会误导老师，影响其备课；也误导了学生，使他们认为原文就如此。对教材的编写者来说，也有失严谨。

语文的学习，很大程度上就是"学生"与"文本"的对话，要尽可能给学生读者一个"原生态"的文本。选文删改，追求"简洁"，但请勿"唯简是从"！

参考文献：

[1] 王云五.丛书集成初编[M].上海：商务印书馆，1935-1937.

[2] 张元济，等.四部丛刊（影印本）[M].上海：商务印书馆，1919.

[3] 董诰.全唐文[M].北京：中华书局影印本，1990.

[4] 刘昫，等.旧唐书[M].北京：中华书局，1959.

（原载《语文教学之友》，2007年第5期）

人教版高中新教材注文商榷八例

课下注解是学生自学的拐杖，是教材助读系统中的主干，应力求简明准确。从总体上看，新教材在文言文字、词的注释方面要比旧教材精当、可信，在质量方面总体是大大前进了。但是，仍有诸多不尽人意之处，兹举八例。

一、"夺稿"还是"改稿"

在教学高中语文（必修，人教版）第六册第四单元《屈原列传》一文时，发现有一处注解值得商榷。

"屈平属草稿未定，上官大夫见而欲夺之，屈平不与。"课文注：夺，强取。下文的"不与"是不给的意思。这解释不妥，试想作为朝廷大臣，上官大夫再坏，似乎还不至于到公然动手强行抢夺的地步。

屈原起草宪令，是怀王授命的，上官大夫虽然和屈原争宠，可是把屈原起草的未定稿强取去冒充自己写的，怀王会相信吗？

另外，屈原拟的宪令还是草稿，没有审定，即使上官大夫夺走了，毫无用处。冒充不可能，销毁了可以再写。强取去有何价值。

我们注意到"属草稿未定"这句话，未定就可以修改。所以"上官大夫见而欲夺之"的"夺"就可解释为"改"。"夺"除夺取义外，古代还有更改的意思。例如：《玉篇》"夺，易也"，《论语·子罕》"三军可夺帅也，匹夫不可夺志也"，说三军的帅主可以改，而匹夫的志气不能变。《孟子·梁惠王上》"不夺其时"，即勿改易农时的意思。《韩非子·富国》"勿夺农时"的"夺"也是改易的意思。而且《陈情表》"行年四岁，舅夺母志"，注解："舅父强行改变了母亲守节的意志"，夺也是改的意思。

"与"应解为"赞同"或"赞许"。例如：《论语·公冶长》"吾与女弗如也"。与，赞许之意。《论语·侍坐》"吾与点也"，就是我赞同曾皙的志向。另《史记·五帝本纪》"官名皆以云命，为云师。置左右大监，监于万国。万国和，而鬼神山川封禅与为多焉"，《索引》"与，犹许也"。

"屈平属草稿未定"中的草稿是何意?《索引》"属音烛。草稿谓创制宪令之本"不是一般的文件。再联系当时的历史背景,战国后期,各诸侯国相继实行变法。上官大夫是楚国旧贵族利益集团的代表,屈原则是楚国改革的进步势力代表。两人的斗争实是两大政治集团的斗争。上官大夫想改动宪令草案中不利于自己集团的条文,改动不成,后来便诬陷屈原。

综述,这段话的意思,是说屈原起草后尚未审定,(怀王叫屈原拿去征求一下靳尚的意见)。上官大夫看后,要屈原更改初衷(修改宪令内容),屈原不赞同他的意见。这样理解更合文本的语境。

二、"冲冠"真是"冲动了帽子"吗

高中《语文》(必修,人教版)第六册的第四单元,选了《廉颇蔺相如列传》一文,文中一处注解值得商榷。

选文中"相入因持璧却立,倚柱,怒发上冲冠",课文注:"因愤怒而使头发竖起,冲动了帽子。"查二十五史,有十二处用了"冲冠"。但在《史记》中,只有《廉颇蔺相如列传》一文用了这一词语。其中"冲动"一词用在这里不恰当。

首先,查《汉语大字典》(缩印本)第657页知"冲"可解作"直上、升"。例如,《韩非子·喻老》:"三年不翅,将以长羽翼……虽无飞,飞必冲天。"又如《西游记》第一回:"眼运金光,射冲斗府。"由"升"义可引申为"冒着、顶着"。例如《西游记》第五十回:"师徒四众,冒雪冲寒,战澌澌,行过那颠峰峻岭"。

其次,《辞源》(修订本),"动"意当为"移动"。例如,《论语·雍也》:"知者动,仁者静"。

在上述词典中,均无"冲动"一词的解释。可见古时,"冲动"不连用。

最后,《现代汉语词典》,"冲动"意:①能引起某种动作的神经兴奋。②情感特别强烈,理性控制很薄弱的心理现象。例如,不要冲动,应当冷静思考问题。因此"冲动"一词一般是不跟宾语的动词,如"感情冲动";可作形容词,"冲动的惩罚";也作名词"冲动是魔鬼"。

在胡云翼先生编的《唐宋词一百首》[1]中的《满江红》:"怒发冲冠,凭栏处、萧萧雨歇。"其中"怒发冲冠"注为:头发直竖,把帽子顶了起来。"

笔者认为"怒发上冲冠",可译作"因愤怒头发直竖,顶起了帽子"。不仅合习惯用法,且能突出相如愤怒之极。不知当否,求教于方家!

三、"舍瑟而作"注释商榷

高中语文第一册《子路、曾晳、冉有、公西华侍坐》中曾晳"舍瑟而作","作"课文释作"起",又释义为"站起来"。《教学参考书》译为"直起身子",显然这两种解释是不一致的。那一种正确呢?

首先,从"瑟"的大小来看。据《康熙字典》上记载:"徐曰:黄帝使素女鼓五十弦琴,黄帝悲乃分之二十五弦,今文作瑟。《礼图》雅瑟八尺一寸,广一尺八寸,二十三弦。颂瑟七尺二寸,广同二十弦。《尔雅·释乐》大瑟长八尺一寸,广一尺八寸,二十七弦。"很清楚,不论是雅瑟,大瑟还是颂瑟,它们的长宽尺寸,弦的数量基本上是相差无几。因此,可以想象,《论语·侍坐》中的"瑟"长也应该是七八尺,宽也就是一尺了。可以想象这样较大型乐器是不可能拿在手上弹奏的。瑟绝非像人们想象那样,是拿在手上弹奏的,而是一种需搁置着进行弹奏的乐器。二十五弦的瑟是搁置着进行弹奏的[2]。

其次,从古代坐礼来看。中国古代在唐以前基本上以席地而坐为主,坐姿近似于现代的跪。商务印书馆出版的《古汉语常用字字典》中注"坐":古人铺席于地,两膝着席,臀部压在脚后跟上,叫作"坐"。柳诒徵《中国文化史》云:"中国古人,皆席地而坐,其坐与跪相近。"又云:"朱子跪坐拜说,谓古者跪与坐相类。汉文帝不觉膝之前于席,管宁坐不箕股,榻当膝处皆穿。诸所谓坐,皆跪也。盖以膝隐也,伸腰及股,危而不安者,跪也。以膝隐地,以尻著而体便安者,坐也。"这就是说坐姿有两种:一种是臀着脚后跟,另一种挺直上身,臀不着脚后腿。许嘉璐《中国古代衣食住行》也说:"古人坐时要两膝着地,两脚的脚背朝下,臀部落在脚踵上……如果将臀部抬起,上身挺直,就叫长跪,又叫跽。这是将要站起身的准备姿势,也是对别人尊敬的表示。"[3]再者,若四弟子都坐着,则曾晳就没有必要站起来,只要"长跪"就可以表示敬意了。但是,如果其他三人站着,那么曾晳回答问题时也必须站起来。杨伯峻的《论语译注》明确解释说:"被侍者固然坐着,侍者也坐着相陪。"肯定了他们应是坐着论"志"的。

综上所述,"舍瑟而作"的"作"不当释为"站起来",而应释为"挺身直跪"。

四、《湘夫人》注释刍议一则

高中语文第三册(必修本,人民教育出版社2001年版)第二单元"其他古诗词背诵篇章"选编了屈原的《湘夫人》。文中"时不可兮骤得,聊逍遥兮容与"。课本注:"骤,轻易,一下子。全句译为:美好的时光啊实在难得,姑且散散心啊稍加停留。"而洪兴祖著《楚辞补注》[4]注:"骤,数(音朔,所角切,觉韵)。言富贵有命,天时难值,不可数得,聊且游戏,以尽年寿也。[补]曰:不可再得已矣。不可骤得,犹冀其一遇焉。"到底那种解释更准确呢?

首先,从词义来考证。在《说文解字》中:"骤,马疾走也。"查《辞源》,骤有四个义项:(1)马跑;(2)泛指奔驰;(3)迅速;(4)屡次。没有"轻易"之意。在《汉语大字典》里骤有三个义项:(1)马奔驰;(2)迅疾;(3)副词:①频数,屡次;②突然。也无"一下子"之意。骤在动词"得"之前,应当作副词。那么"骤"解作屡次还是解作突然好呢?在阮元撰《经籍纂诂》[5]中:"骤,数也。《左氏文十四年传》公子商人骤施于国;《宣三年传》宣子骤谏;《哀公十四年传》骤顾诸朝;《吕览适威》骤战而骤胜;《楚辞·湘夫人》时不可兮骤得;《悲回风》骤谏君而不听兮。"可见阮元解"时不可兮骤得,聊逍遥兮容与"的骤为数也,即多次。而且在朱骏声撰的《说文通训定声》[6]里也解"时不可兮骤得,聊逍遥兮容与"的骤为数也,即多次。辞书中将"时不可兮骤得,聊逍遥兮容与"的骤解为"突然"的,笔者只找到两例:(1)在《汉语大字典》里"唐·杜甫《雨》:骤看浮峡过,密作渡江来";(2)在《学生古汉语辞典》[7]里"清·薛福成《观巴黎油画记》:"骤观之,无不惊为生人者。"笔者注意到辞书把骤解作"突然",给出的最早例子是唐代的,可能"突然"这个义项只在战国之后才出现的。而在先秦战国时代"骤"如果作副词一般都释为"屡次"。现在就要比较"屡次"与"轻易"的异同了。屡次多表频数,可训为多次。我们再看"轻易"的解释,查《古今汉语词典》[8]有三个义项:(1)轻视;(2)随随便便;(3)简单容易。屡次显然无法解作轻视,也不能解作随随便便,更不可解作简单容易。

其次,翻查许多教材和《楚辞》研究权威著作,都没有看到"骤,轻易,一下子。"的注释。除前面举到的王逸的作品,宋代朱熹《楚辞集解》释为"骤,数也",朱东润主编的《中国历代文学作品选》[9]释"骤得"为"数得,屡得",郭锡良、唐作藩等主编的《古代汉语》(下册)[10]释"骤"为"屡,多。"金启华《中国古代文学作品选》[11]释"骤得"为"一次又一次得到"。

再者,从作品内容来看。屈原的《湘夫人》与《湘君》两诗为姊妹篇。比较它们的结尾。《湘夫人》为"捐余袂兮江中,遗余褋兮澧浦。搴汀洲兮杜若,将以遗兮远者。时不可兮骤得,聊逍遥兮容与"。《湘君》为"捐余玦兮江中,遗余佩兮澧浦。采芳洲兮杜若,将以遗兮下女。时不可兮再得,聊逍遥兮容与"。两诗结尾结构完全一致。"时不可兮再得"中的"再"是"第二次"(也是多次的意思),由此看来,"时不可兮骤得"中的"骤"应理解成"屡次"。

综上所述,"时不可兮骤得,聊逍遥兮容与"中的骤,不应当解作"骤,轻易,一下子",应当解作"骤,数也,即屡次"。

五、《滕王阁序》"四美"考辨

人教版高中《语文》第四册的第六单元，《滕王阁序》一文中"四美具，二难并"。教材注："四美"，指良辰、美景、赏心、乐事。

"四美"所指，主要有四种说法。一是指治、安、显、荣。《四库全书》：汉贾谊《新书》卷九《修政语上》："故人主有欲治安之心，而无治安之故者，虽欲治显荣也弗得矣。故治安不可以虚成也，显荣不可以虚得也。故明君、敬士、察吏、爱民以参其极，非此者则四美不附矣。"二是指音乐、珍味、文章、言谈。《四库全书》中《文选注》卷二十五，晋刘琨《答卢谌》诗："音以赏奏，味以殊珍，文以明言，言以畅神，之子之往，四美不臻。"李善注："四美，音、味、文、言也。"三是指良辰、美景、赏心、乐事。《四库全书》《文选注》卷三十，南朝宋谢灵运《拟魏太子邺中集诗序》："天下良辰、美景、赏心、乐事，四者难并。"四是指仁、义、忠、信。《四库全书》唐柳宗元《柳河东集》卷三《天爵论》："仁义忠信，犹春秋冬夏也。举明离之用，运恒久之道，所以成四时而行阴阳也。宣无隐之明，著不息之志，所以备四美而富道德也。"

柳宗元是中唐人，王勃是初唐人，柳说即第四种意义不可取。王勃是参加宴会，所写内容反映作者怀才不遇，愤懑悲凉，而不甘于沉沦的感情，非反映治、安、显、荣，第一种意义亦不可取。第三种在课文中似难指实，此应指第二种含义。原句属于第四段，前文是："遥襟甫畅，逸兴遄飞。爽籁发而清风生，纤歌凝而白云遏。睢园绿竹，气凌彭泽之樽；邺水朱华，光照临川之笔。""爽籁""纤歌"皆指音乐，"气凌彭泽之樽"借陶渊明之善饮暗示饮食之美，"邺水朱华、光照临川之笔"是借曹植、谢灵运善诗文赞参加宴会的宾客文章、言语之高雅，然后就是"四美具、二难并"作结。如释"良辰、美景、赏心、乐事"，与此不合。

所以，"四美"当指"音、味、文、言"。

六、望风刎颈待公子——侯赢之死

侯赢是《信陵君窃符救赵》中刻画最为成功的关键人物，而他的"北乡自刭"则是最令人困惑的地方。侯生可谓足智多谋，但是他为何自杀，不和公子一同去救赵呢？

一说：侯生为公子谋窃符，计必杀晋鄙，鄙何辜哉？心必有不忍而不自安者，于是以死谢之耳。不然，诚报公子即死耳。何必等到公子到达晋鄙军营后再自杀呢？侯生的死，世人皆说报公子，我说谢晋鄙也。（参考凌稚隆《史记评林》）

二说：侯生自杀乃是为坚定信陵君矫夺晋鄙军之信念，激励他临事时不要手软。晋鄙乃有威势的猛将且又无辜，而公子则为人不忍。所以侯生计始出口，公子已落泪。这是一种危险的预兆，若不解决这种思想，到时就可能贻误大事。所以，侯生提醒他：

"当你踏入晋鄙军门时，那也就是我北向自刭之时。"候生的死，与《荆轲列传》中田光的死意义相当（参考韩兆琦《史记选注集说》），田光曰："吾闻之：'长者为行，不使人疑之。'今太子告光曰：'所言者，国之大事也，愿先生勿泄。'是太子疑光也。夫为行而使人疑之，非节侠也。"欲自杀以激荆轲曰："愿足下急过太子，言光已死，明不言也"。因遂自刎而死。（《史记刺客列传》）都是为了借以激励信陵君和荆轲这种当事人的信念和决心。这是促成信陵君窃符救赵这一历史壮举不可少的因素之一。

比较两种说法，哪一种观点更确切呢？候声谢晋鄙之说，虽有新意，但是在文中，候生没有一些流露。在《史记》中也无类似的例子。

古代文人侠士最讲究的就是"士为知己者死"，司马迁在《史记》中说："今游侠，其行虽不轨于正义，然其言必信，其行必果，已诺必诚，不爱其躯，赴士之厄困。"做人须言出必行，且循正道，司马迁为游侠之节气而赞叹。到唐代李德裕写了《豪侠论》："夫侠者，盖非常人也。虽然以诺许人，必以节为本。义非侠不立，侠非义不成，难兼之矣。"真正的豪侠须侠义兼之。侯嬴之死应该是为了报恩。例如王维《夷门》诗曰："七国雄雌犹未分，攻城杀将何纷纷。秦兵益围邯郸急，魏王不救平原君。公子为嬴停驷马，执辔愈恭意逾下。亥为屠肆鼓刀人，嬴乃夷门抱关者。非但慷慨献奇谋，意气兼将身命酬。向风刎头送公子，七十老翁何所求。"候生以死激励公子去成就大事，也避去贪生怕死之嫌，留下千古侠名。死得其所，死得其人！

七、《廉颇蔺相如列传》注解刍议

在教学高中语文（实验修订本·必修，人民教育出版社，2002年版）第六册的《廉颇蔺相如列传》一文时，有几处注解值得商榷。

1．"**臣窃以为其人勇士，有智谋，宜可使。**"课文注：宜，应该。此解值得商榷。从语境上看：这句话是宦者令缪贤对赵王"何以知之"这一问话的回答。答曰应该，岂非答非所问？再说从人物的身份分析；能说"应不应该"的只有赵王，宦者令无此地位。所以，宜解作应该不妥当。查《辞源》"宜"字条第一义即"适合"义。宜与可是同义迭写，宜可使即适合出使。[12]

2．"**璧有瑕，请指示王**"，课文注：瑕，玉上的斑点，疵病。朱东润主编的《中国历代文学作品选》："瑕，小赤点。璧，贵洁白，有小赤点就是毛病"。

3．"**怒发上冲冠**"，课文注：因愤怒而使头发竖起，冲动了帽子。在胡云翼主编的《唐宋词一百首》："怒发冲冠，凭栏处、萧萧雨歇。'怒发冲冠'注为：头发直竖，把帽子顶了起来。"我们常说感情冲动，或冲动的惩罚，冲动一词是不跟宾语的不及物动词。这句话可译作"因愤怒头发直竖，顶起了帽子"。

4. "拜送书于庭"，课文注：书，国书。注解的不明晰。按朱东润主编的《中国历代文学作品选》的解释"书，当指赵王的复信。"

5. "位在廉颇之右"，课文注：右，上，秦汉以前，位次以右为尊。但是在韩兆琦选编的《史记选注集说》："右，这里指上位。先秦时期，究竟以左为上，还是以右为上，各国各时期并不一致"。还有茹清平说："古时席位，以左为尊，以右为卑；地位以右为高，以左为下。"到底哪种解释准确？战国期间，"因孔子拱而尚右，二三子皆尚右"（《礼记·檀弓》）。汉承秦制，也以右为尊。例如，《史记·陈丞相世家》："于是孝文帝乃以绛勃侯为右丞相，位次第一；平徒为左丞相，位次第二。"但六朝以来，官序上尚左。到了明清又改而尚左。不过在秦汉以前官职上的确以右为尊。

八、众说纷纭的"生彘肩"

高中语文（实验修订本·必修，人民教育出版社，2000年版）第一册《鸿门宴》一文将"生彘肩"释为"故意用生彘肩试樊哙"，视"生"为生。另一版本则明确地释"生"为"未煮的"，亦即生熟之"生"。鸿门宴史实，除《史记·项羽本纪》记载外，《樊郦滕灌列传》及《汉书·高帝纪上》、《樊哙传》也有记载，但均较简略。《樊郦滕灌列传》"项羽曰：壮士！赐之卮酒彘肩。哙既饮酒，拔剑切肉食，尽之。"《樊哙传》略同。《高帝纪上》更简略"羽壮之，赐以酒"。没有提到赐彘肩之事。对于"生彘肩"，《史记》三家注裴集解、司马贞索隐、张守节正义都没有注。到北宋司马光修纂《资治通鉴》，卷九汉高帝元年也详细记载了"鸿门宴"之事，与《史记·项羽本纪》全同，也作"生彘肩"。似乎《史记》原书北宋时就作"生彘肩"。所以，从史书本身即本纪无从发现"生彘肩"存在的问题。

对"生"字解释纷纭：（1）清乾隆间梁玉绳首先对"生"字提出质疑，他在所著的《史记志疑》卷六中说：案，"生"字疑误，彘肩不可生食，且此物非进自庖人，即撤自席上，何以生耶？孙侍御云："盖故以此试之也。"孙侍御指乾隆时监察御史孙志祖，著有《读书脞录》《经史问答校记》等。这是两种不同的说法：梁玉绳认为"生"字有误。所谓误，无非有两点：一为讹字，一为衍文。孙志祖认为是项羽故意用生猪腿试樊哙，"生"字不误。孙志祖之说为高中语文课本所接受。课本注解也说："是故意用生彘肩试樊哙。"（但"故试"说，这一说也无视项羽的性格。项羽的性格直爽，不会也不可能有此下策。如果换了狡诈无赖的汉高祖刘邦，这样的事倒是做得出来的。）

（2）"生彘肩"就是生猪腿。王伯祥《史记选》注："下云'生彘肩'，那竟是一条没有煮熟的生猪腿。"王利器主编《史记注译》翻译为："项王说：'赐给他猪腿。'左右的人就给他一条生猪腿。"上海古籍出版社编《史记纪传选译》翻译为"项王说：'赐给他一条猪腿。'可是拿给他的是一条生猪腿。"（"没有煮熟"说，从表面上看，是视樊哙为愚弄对象,实质上,这是在厚证项羽。从上引的《鸿门宴》片段来看,项羽是极其尊重樊哙,钦佩樊哙的勇气的,所以一再称樊哙为"壮士",并一再赐酒。此外,二人性格也有相似之处,项羽是绝对不会叫樊哙"大嚼生猪肉"的;再者,樊哙"死且不避",难道能容忍项羽当众侮辱自己吗?)

(3) 余行达先生即主释"生"为"全"字之误。有人持"生"字是"全"字之误的理由:一是在《吕氏春秋》中有例子。《季秋记·精通》篇引述《庄子·养生主》庖丁解牛的故事说"宋之庖丁好解牛,所熟之'生'。关见无非死牛者,三年而不见生牛。"查《庄子》原文是"始臣之解牛之时,所见无非牛者,三年之后,未尝见全牛也"。可见《吕氏春秋》作者所见《庄子》一书,"全"已误为"生"了,前一句中的"死"字,显然是作者据后句中的"生"字主观加上去的。二是项羽无刁难樊哙之意。余行达先生即主释"生"为"全"字之误。另有人举例说"为'生'可能是'全'之讹。"白话史记编辑委员会编辑的《白话史记》《项羽本纪》为王静芝译,文献1979年台北河洛图书出版社本,译文"项羽说:'赐给他一只猪肩!'"左右就送去一只生猪肩。樊哙把盾覆在地上,把猪肩放在盾上,拔剑切猪肩,大口嚼生猪肉,吞食而下。数年后,台北联经出版事业公司出版《白话史记》修订本,译文作了较大的修改:项羽说:"赐给他一只猪蹄!"左右就送过去一只全猪蹄。樊哙把盾覆在地上,把猪蹄放在盾上,拔剑切着猪蹄,大嚼起来,吞食而下。同一译者,仅数年之隔,而译文如此迥异。之所以如此,前者是认为"生"是生熟的生;后者认为"生"是"全"之讹,所以译成"全猪蹄"。这一说法是梁玉绳"疑误"说的明确化,具体化。王静芝为辅仁大学教授兼国文研究所所长暨国文系主任,著述颇丰。从字形来看,生、全二字形似,完全有可能讹误。我们认为,这一说法有梁玉绳"疑误"说作为依据,是比较可信的。[13]此说可进一步去求证。

4. 施蛰存先生认为是半生不熟的猪腿,非但古人能吃,现代人也能吃。例如德国汉堡牛排,带血为美。另外梁溪苓先生也认为是半生不熟的猪前腿。(此说以今度古,不确切。)

5. 余福智先生认为是未食先留之意,因此"生彘肩"是开宴前预先另留的猪前腿。与观点(1)相近。

6. 蔡伯仁先生即解"生"与"胜"同,可解为"又肥又香"。(没有旁证)

7. 钱钟书先生在《管锥篇》中,第675页上有这几句话,有按史绳祖《学斋占哔》卷二记成都华严阁下饭僧事,有云:"未食而先出生,该乡党所谓'必齐如也';未食而拨出少许谓之'生',吾乡今语称未食而先另留者曰'生剩饭''生剩菜'以别与食后残余'剩饭''剩菜'。"生为"未食而先另留者"应是项羽让侍者给樊哙的未动过的熟猪腿。

8. 陈林俊先生认为"生彘肩"之"生"有"鲜"之意。据《汉语大字典》释"生"其中一义为"新鲜的"。"生彘肩"则是刚煮好备食的猪前腿。（不合文境，文中没有任何暗示此意。）

9. "生"字是未曾动过的，完整的熟猪腿。理由一是项羽赞其为壮士，赐以完整生彘肩。二是在此环境下决不会放一些生猪腿。三是樊哙本来就发怒了，更不会拿生猪腿给他。

综上所述："生彘肩"应是熟的猪腿。笔者赞同钱钟书先生的观点"未食而拨出少许谓之'生'"。另观点（5）（9）都持"生彘肩"是未动过的见解。更合乎当时的场景，也合文境。一管之见，望方家指正。

参考文献：

[1] 胡云翼.唐宋词一百首[M].上海：上海古籍出版社，1978.

[2] 吕谦行."铿尔，舍瑟而作"句注释商榷[J].中学语文，1990（1）.

[3] 屈伟忠.从古代坐礼看"作"的含义[J].学语文，2004（3）.

[4] 洪兴祖.楚辞补注[M].北京：中华书局出版社，1983.

[5] 阮元.经籍纂诂[M].北京：中华书局出版社，1982.

[6] 朱骏声.说文通训定声[M].武汉：武汉市古籍书店影印，1983年.

[7] 卢元，等.学生古汉语辞典[M].上海：上海辞书出版社，1998.

[8] 商务印书馆辞书研究中心.古今汉语词典[M].北京：商务印书馆，2000.

[9] 朱东润.中国历代文学作品选[M].上海：上海古籍出版社，1979.

[10] 郭锡良，唐作蕃.古代汉语（下册）[M].北京：北京出版社，1983.

[11] 金启华.中国古代文学作品选[M].南京：江苏人民出版社，1983.

[12] 张广飞.训诂学与中学文言文教学[M].杭州：杭州大学出版社，1997.

[13] 孙厚才.鸿门宴"生彘肩"说正解[J].辽宁师范大学学报（社科版），1997（5）.

（2009年10月26日）

《"暮雨潇潇江上村"引义探疑》商榷

读罢夏云陶老师的《"暮雨潇潇江上村"引义探疑》（见《语文学习》2009年第12期），笔者深为其一字不肯放松的严谨治学精神所感动。然而，仔细品读该文，其中一句"'暮雨潇潇江上村'是唐五代诗人李涉（曾任太学博士）《井栏砂宿遇夜客》中的一句"，其中"李涉是唐五代诗人"，笔者深感困惑！

《江南的冬景》是郁达夫先生的一篇成名作品，现选入苏教版高中《语文》（必修一）。郁达夫说："我们总该还记得唐朝那位诗人做的'暮雨潇潇江上村'的一首绝句吧？诗人到此，连对绿林豪客都客气起来了，这不是江南冬景的迷人又是什么。"可见郁达夫先生认为李涉是唐朝诗人。教材的编者，却在课下注解说"'暮雨潇潇江上村'，语出五代诗人李涉《井栏砂宿遇夜客》诗"，认为李涉当是"五代诗人"，不赞同郁达夫先生的说法。夏云陶老师则将两种讲法统而笼之，说李涉是唐五代诗人。他的意思即李涉是"唐末五代初年的人"，就如我们常说的：《三国演义》的作者罗贯中，是元末明初著名的小说家。那么，李涉究竟是唐朝诗人，还是五代诗人，抑或是唐末五代初年的诗人？为此，笔者查阅了一些相关资料。

首先，据《旧唐书》卷154《孔巢父传》记载："元和初……试太子通事舍人李涉知上待承璀意未衰，欲投匦上疏，论承璀有功，希光无事，久为心腹，不宜遽弃。戣为匦使，得涉副章，不受面诘责之。乃进疏于光顺门，戣极论其与中宫交结，言甚激切，诏贬陕州司仓"[1]。可知元和（唐宪宗在位的年号，大约是公元806—821年）初，李涉在朝中担任"太子通事舍人"一职，后流放陕州。唐宪宗之后，是唐穆宗（在位的年号是长庆，大约是公元821—825年）。在长庆年间，李涉的活动，史书没有明确的记载。

唐穆宗之后，是唐敬宗。据《新唐书》卷174《李逢吉传》记载"敬宗新立……罢归不得用，怨望，与太学博士李涉，金吾兵曹参军茅汇居长安，以气侠相许"，后"涉（流放）康州"[2]。可知宝历中（唐敬宗在位的年号，大约是公元825—827年），李涉为"太学博士"，复流放康州。李涉任"太学博士"当是唐敬宗时代。而"五代"指：后梁（907—923年）、后唐（923—936年）、后晋（936—946年）、后汉（947—950年）、后周

（951—960年）。最早的后梁朝建立，是在公元907年，距离元和初（公元806）年有100年，假如他25岁做官，担任"太子通事舍人"，那么李涉如果活到五代初年至少应当有125岁左右。就当时一般人的寿命来看，这极难达到！

其次，唐代范摅的笔记小说《云溪友议》中有一篇《江客仁》，文学史上最早记录了这首诗。诗歌题目是《赠豪客》："暮雨潇潇江上村，五陵豪客夜知闻。他时不用相回避，世上如今半是君。"[3]宋、元、明、清，乃至民国和今天，诸篇所记李涉此诗，均源于《云溪友议》中这篇《江客仁》。后来影响较大的《全唐诗》，也都来源于《云溪友议》的记载。

范摅是唐代文学家，约唐僖宗乾符年间（公元877年前后）在世。其字不详，自号五云溪人。居若耶溪，若耶别名五云，因以自号。乾符年间，客于雪溪，亲见李涉赠盗诗手迹，其余事迹均不详。当时，李涉很可能已经过世。唐僖宗乾符年间，距离元和初（公元806年）年有70年，假如李涉25岁做官，担任"太子通事舍人"，那么他如果活到乾符年间至少应当有95岁左右，极长寿了。按当时人们的一般寿命推测，李涉可能在公元877年前已经去世。否则，如果李涉活着，范摅应当会有更详细的记载。

最后，翻检唐诗选本。清代彭定求等编的《全唐诗》收录了该诗。"李涉，洛阳人。初与弟渤同隐庐山，后应陈许辟。宪宗（公元806年，年号为'元和'）时，为太子通事舍人，寻谪峡州司参军。太和中（唐文宗在位的年号，公元827—836年），为太学博士，复流康州。自号清谿子。集二卷，今编诗一卷"[4]。《全唐诗》写明了李涉是唐朝诗人。《全唐诗》中收录了李涉赠张祜的《岳阳别张祜》一诗，张祜（792—854年）生活在唐德宗至唐宣宗时期，字承吉，苏州人，在元和、长庆间诗名较大。代表作《宫词》："故国三千里，深宫三十年。一声何满子，双泪落君前。"李涉也应当和张祜年岁相近。

综上所述，我们可知李涉是"唐朝诗人"，并非"五代诗人"，更不可能是"唐末五代初年的诗人"。这一常识错误，亟待更正！

参考文献：

[1] 刘昫，等.旧唐书（卷154）[M].北京：中华书局出版社，1975：4097.

[2] 欧阳修，等.新唐书（卷174）[M].北京：中华书局出版社，1975：5223.

[3] 范摅.云溪友议[M].沈阳：辽宁教育出版社，2000：45.

[4] 彭定求，等.全唐诗（第十四册）[M].北京：中华书局出版社，1960：5432.

（原载《语文学习》，2010年第5期）

苏教版《高中语文》（必修1~5册）编排指瑕

从2006年9月起，浙江省高中语文教材，不再使用人教版高中教材，选用了苏教版教材。笔者教了三年新教材，感触颇多。苏教版《高中语文》（必修1~5）的选文呈现方式很新颖，是对传统教材反思后的大胆创新，但新生事物，总会有一些不足，尤其下列几个方面，亟待改进。

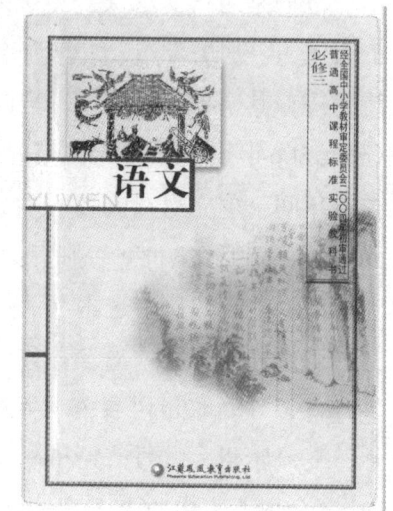

一、选文编排方式逆反传统，教学中难以操作

苏教版《高中语文》（必修1~5）（教材为2007年第4版，以下简称"苏教版《高》"）的最大特点是编排方式打破传统习惯，以专题作为选文编排单位，并有意识淡化文体。这种编排方式新、奇，但问题也随之而生。

1. 选文按专题编排，突出人文性弱化工具性。语言是人类进行思维和交际的工具，具有工具性；语言是人类的心声，又具有人文性。一般而言，选文学习强调的是工具性和人文性的统一，选文教学应充分关注工具和人文两大元素。

但苏教版《高》的编排，过于注重教材的专题思想内涵，弱化了文言文的字词积累，忽视了"双基"目标的落实。

语文课毕竟不是思想品德课，应重点落实语文知识技能，在此过程中培养学生情感、态度和价值观。语文课绝不能"得意忘言"。我们开设语文课的目的是为了提高学生理解和运用母语的能力。如果丢了这些，那就不是真正意义上的语文课。苏教版《高》偏重情感态度与价值观的引导，过少关注语文的知识与技能。

2. 文体交错编排，让教师戴着镣铐跳舞。选文传统编排方式是文体分类编排，人教版《高中语文》课程标准实验教材（必修1~5）（教材为2007年修订的第2版，以下简称"人教版《高》"）采用这种编排方式。这种方式便于文体教学，便于一线教师的教学操作，符合学习的认知规律。而苏教版《高》反其道而行之，打乱文体，以主题内涵的统一性来编排文体，显得不伦不类。如必修四第一专题"我有一个梦想"的选文：《季氏将伐颛臾》《寡人之于国也》《在马克思墓前的讲话》《我有一个梦想》《黄花岗七十二烈士事略》等。古代议论散文、外国悼词、外国演讲词、近代序文等多种文体相间杂，让人眼花缭乱，看起来像一锅杂烩，或是一份拼盘。

苏教版《高》编写组个人的阅读价值取向扰乱了教材编排要求的系统性。今天古文，明天小说，后天再变诗歌，必然导致教学的跳跃性加大，加重了学习的断续感，让一线教师戴着镣铐跳舞，这不符合教学的规律！

二、选文结构比例不当，教材质量有瑕疵

1. 选编的古代诗词数量过少，不利于学生文学素养的提高。 人教版《高》：共精选22首古代诗词，作者涉及屈原、曹操、陶渊明、李白、杜甫、白居易、王维、李商隐、苏轼、辛弃疾、柳永、李清照等12人，并有《汉乐府》《古诗十九首》《诗经》等，覆盖面较广，以最优秀的诗作完整体现了中国古代诗歌"诗经–楚辞–汉乐府–魏晋诗–唐诗–宋词"的发展脉络。

苏教版《高》：共选10首古代诗词，作者涉及屈原、李白、杜甫、白居易、李商隐、李煜、晏殊、苏轼、辛弃疾、柳永、李清照等10人，选择范围局限在唐诗宋词。

比较而言，苏教版《高》在古诗词选编上有两个问题：一是选取的篇幅数量上偏少，不利于学生古诗词素养的积累提高；二是选编的范围有些褊狭，没能体现出中国古代诗歌的发展脉络，只在局部表现了中国古代诗词的高峰成就，学生的阅读及认识视野有局限。如极富成就的《汉乐府》《古诗十九首》等，苏教版教材就视而不选。

2. 选编的文言文与其他文体交错编排，忽视了古文教学的特殊要求。 文言文因其语言的特殊性决定了其教学方式的独特性。人教版《高》一直采取单元的编排方式，以便教师教学操作。这一点经过历史检验是合理的、科学的，是广受教师欢迎的。但苏教版《高》一改单元编排方式，现代文和古文混编，把小说、诗歌、散文、古文等硬熬成一锅粥。如必修三第二专题"号角，为你长鸣"统领的篇目有：《〈指南录〉后序》《五人墓碑记》《品质》《老王》《离骚》《致西伯利亚囚徒》《啊，船长，我的船长》等。古文、中外小说、古代诗歌、外国诗歌等相交错。

文言文的语言现象与现代文不同，其教学任务与现代文也不同，教学任务的界定与教学环节的设置都有其特殊性，很难想象，教师在两周时间内，要教学古代序文、中外小说、中外诗歌等多种文体，这种随意性实难令教师接受。

3. 选编的外国文学过多，有"舍中捧外"之感。 鲁迅说："没有拿来的，文艺不能

自成为新文艺"。我并不反对选取外国作品，但选谁不选谁，选多选少必然表现编者的良苦用心。在对待国外选文上，人教版《高》与苏教版《高》表现了较大的不同。

  人教版《高》5册必修共109篇（首），国外18篇（首），占16%。

  苏教版《高》5册必修共112篇（首），国外30篇（首），占27%。

  比较而言：苏教版《高》国外篇目数量偏大，甚至必修二和必修五的国外选文已经分别占到了1/3。一本高中生语文教材需要近30%的外国选文吗？一个中学生的文学视野需要那么大的国际阅读空间吗？为什么中国诸如鲁迅等那么多优秀作家的篇目被挡在教材选文之外？国外选文近30%的份额让人觉得教材编写组的专家夸大了国外作品的阅读价值！

  当学生的母语基本知识结构和语文能力还需要提高的时候，把时间和视野过多关注到国外选文，这是一种舍本逐末。编写专家的个人偏好和学识不应轻率地强加给学生！

三、选编的写作指导随意、散漫，让作文教学无序操作

  苏教版《高》的写作指导与人教版《高》教材的写作指导相比，最大的问题：不系统，脚踩西瓜皮，滑到哪里算哪里，让一线老师难以操作。

  我们先比较人教版《高》和苏教版《高》各五本必修教材在写作指导的编排上有着各自怎样不同的设计。

  人教版《高》：在五册必修教材中，写作指导被细化为两大系列（记叙、议论），两个层级（基础等级、发展等级），二十个写作技术专题。

  必修一：心音共鸣，写触动心灵的人和事；亲近自然，写景要抓住特征；人性光辉，写人要突出个性；黄河九曲，叙事要有点波澜。

  必修二：直面挫折，学习描写；美的发现，学习抒情；园丁赞歌，学习选取记叙的角度；想象世界，学习虚构。

  必修三：多思善想，学习选取立论的角度；学会宽容，学习选择和使用论据；善待生命，学习论证；爱的奉献，学习议论中的记叙。

  必修四：解读时间，学习横向展开议论；发现幸福，学习纵向展开议论；确立自信，学习反驳；善于思辨，学习辩证分析。

  必修五：逼近真理，学习写得深刻；讴歌亲情，学习写得充实；锤炼思想，学习写得有文采；注重创新，学习写得新颖。

  苏教版《高》：写作指导在五册必修教材中随意、散漫。

  必修一：激活我们的诗情（激活情感在诗歌创作中的作用）；鲜明的观点是议论文的灵魂；夹叙夹议，枝繁叶茂；写难状之景如在目前。

  必修二：用墨如泼与惜墨如金（详略安排）；恰当选用叙述的角度；准确、及时与

便捷（消息与通讯的写作）；看好处，说门道（鉴赏文的写作）。

必修三：生成诗歌的意象（如何写诗歌）；写出人物鲜明的个性；为观点提供有力的支撑。

必修四：让说理更令人信服；要有描写意识；文学短评的写作；演讲稿，写给听众。

必修五：说明要说得清楚明白；写出你的真情实感；学会分析；让你的认识更加深刻。

就写作而言，不同文体写作要求系统的写作技术指导，并要求相关写作技术知识的系统性和写作技术指导的延续性。比较而言，人教版《高》的写作编排布局科学、知识连贯、指导全面，而苏教版《高》的写作编排过于随意：

1. 写作指导的编排紊乱无序。人教版《高》的写作指导编排必修一和必修二是写人叙事，必修三和必修四是议论说理，必修五是写作提高：深刻、充实、有文采、新颖。按照由浅到深、由写人叙事到抒情议论、由基础等级到发展等级等合理的逻辑顺序，是一种金字塔模式构设的。而苏教版的写作指导明显呈散点状的无序编排，完全没有技术知识的系统性和技术指导的延续性。

2. 写作指导和选文编排各为一张皮。因苏教版《高》选文编排从属思想专题，文体属性被彻底打乱，而写作指导又要求具体的文体特性，因而每个小模块的写作指导与专题的黏合就像两张皮，不能合二为一。如必修二第二专题"和平的祈祷"的写作指导安排的是"恰当选用叙述的角度"，而本专题的几篇选文是《一个人的遭遇》《流浪人，你若到斯巴……》《安妮日记》《图片两组》，这几篇选文集中表现的主题是关于"和平"的思考，而写作指导是关于"叙述角度"。问题是：这几篇文章其写作的突出特点是叙述视角的使用吗？

3. 同一文体的写作指导跨越多本教材，教学操作相当困难。如议论文的写作指导，人教版《高》必修三和必修四两册连续对议论文写作的各个技术要点作不间断的连贯指导，体现了布局的科学、知识的连贯、指导的全面。而苏教版《高》对议论文的写作指导，必修一第二个写作指导是"鲜明的观点是议论文的灵魂"；必修二第四个写作指导是"看好处，说门道（鉴赏文的写作）"；必修三第三个写作指导是"为观点提供有力的支撑"；必修四第一个写作指导是"让说理更令人信服"；必修五第三个写作指导是"学会分析"。议论文的系统写作指导竟然跨越五本书，横贯高一、高二两学年，其中还间杂叙事、描写、文学短评等其他文体的写作指导。

这种紧随专题思想内涵的写作指导编排，让教师对一种文体的写作指导时断时续，极不系统，极不连贯；让学生对同一写作文体的训练常常是浮光掠影，甚至是支离破碎。

四、选编的阅读作业题强化"育人功能"，淡化语文"知识与能力"

苏教版《高》的阅读作业题与人教版《高》的阅读作业题相比，最突出的问题是：

过于强调选文的"育人功能",而忽视了对学生的语文"知识与能力"的培养,务虚而非求实。

人教版《高》和苏教版《高》在阅读作业题的设计上有着各自不同的编排。

人教版《高》作业题设计是一课一练的形式,对每一篇选文都设计了3~4个问题。作业内容分为两个层级——理解鉴赏层次和拓展应用层次,其中"拓展应用层次"注重语文的知识与能力训练,具有很强的可操作性。如人教版《高》必修五李密《陈情表》,设计的问题:

(1)《古文观止》认为本文"至性之言,自尔悲恻动人"。背诵全文,谈谈你的阅读体会。(本题——侧重理解鉴赏,注重背诵积累。)

(2)翻译下列各句,并解释加点的词。(本题——拓展应用,文言字词积累。)

①臣以险衅,夙遭闵凶。　②生孩六月,慈父见背。
③门衰祚薄,晚有儿息。　④寻蒙国恩,除臣洗马。
⑤岂敢盘桓,有所希冀。　⑥听臣微志,庶刘侥幸,保卒余年。

(3)本文层层推进,措辞委婉,情真意切地陈说了自己不能应命的理由,请从中找出后世常引用的文句,加以体会,并尝试写一段话,陈述自己某种无奈之情。(本题——拓展应用,书面语言表达。)

苏教版《高》作业题的呈现方式,主要是"文本研习""问题探讨""活动体验"等三种方式。"文本研习"侧重学生鉴赏文本的能力;"问题探讨"着重培养学生发现问题、探讨问题的意识;"活动体验"引导学生开展语文活动。如必修五第二专题"此情可待成追忆"选了李密《陈情表》,其课后的作业题呈现为"文本研习",设计的问题:

对于朝廷的征召,李密打算"辞不赴命",但是要让晋武帝接受,十分困难。李密在《陈情表》中是怎么说的?体会这样表达的好处。

该题在人教版《高》的作业中,当属第1题,属于文本的鉴赏,对文本应当积累的文言实词,没有涉及,不利于学生文言文阅读能力的提高。而人教版《高》第2题,则以具体的"翻译、词语解释"进行文言字词积累的落实,另外人教版《高》第3题加强学生的书面语言表达能力训练,扎实提高学生运用母语的能力。

比较而言,人教版《高》既注重语文的"知识和能力",又兼顾了"情感、态度、价值观";而苏教版《高》过于注重情感态度与价值观的引导,强调"育人功能",而淡化了"知识与能力",不利于学生语文能力的提高。

语文教材改革是必要的,但改革要顾及传统,要紧贴教学现实,要多倾听一线教师的心声。也许在此,我给新教材泼了点冷水,唱了曲异调,不过是为了促其改进,是为了"不误教天下子弟"!苏教版《高中语文》(必修1~5),亟待涅槃新生!

(原载《教学月刊》,2008年第12期)

苏教版《高中语文》（必修1~4册）指瑕

苏教版（2006年第3版）必修1~4的教科书（课本）和教学参考书的编校问题虽不是很多，但仍有改进的必要。这些问题主要表现在以下几个细节方面。

一、"错字""误音"

（1）《教科书》必修1《像山那样思考》第91页"在一秒钟之内，我们就把枪弹上了膛，过度的兴奋竟使我们无法描准。当我们的来复枪膛空了时，那只狼已经倒了下来，一只小狼拖着一条腿，进入到那无动于衷的静静的岩石中去。"

桂按 "描准"当为"瞄准"。

"描"有二义：①照底样画（多指用薄纸蒙在底样上画），如"描图"；②在原来颜色淡或需要改正的地方重复地涂抹，如"描红"。

"瞄"把视力集中在一点上或注意看。

联系文段的意思，是集中注意力去看，对准，故当从"瞄准"。

（2）《教科书》必修2《听听那冷雨》第95页 "雨气空蒙而迷幻，细细嗅嗅，清清爽爽新新，有一点薄荷的香味"

"空蒙"，当为"空濛"。《现代汉语词典》（第5版）解释"空濛"：形容迷茫，如"烟雾空濛"。而无"空蒙"一词。

（3）《教科书》必修2《林黛玉进贾府》第90页 "大紫檀雕螭案上，设着三尺来高青绿古铜鼎，悬着待漏随朝墨龙大画，一边是金蜼彝，一边是玻璃盒"。

"蜼"课下注音"wèi"，查《现代汉语词典》当为"wěi"。

原人教版语文（必修四）第45页，"蜼"的注音为"wěi"，是正确的。

（4）《教科书》必修1《江南的冬景》第76页："门对长桥，窗临远阜，这中间又多是树枝桠桠的杂木树林。"课下注解⑥[桠杈（yāchà）]形容树枝歧出。

查《现代汉语词典》"桠杈"可写作"丫杈"。可见不能等同"槎桠"。再查"槎"，意为"木筏或同茬"。而"茬"有"茎或根"的意思。故"槎桠"当指茎或枝杈。

二、"错注""误译"

(1)《教科书》必修一《江南的冬景》第77页:"我们总该还记得唐朝那位诗人做的'暮雨潇潇江上村'的一首绝句吧?诗人到此,连对绿林豪客都客气起来了,这不是江南冬景的迷人又是什么?"

课下注解(2)["暮雨潇潇江上村"]语出五代诗人李涉《井栏砂宿遇夜客》诗。

编者将诗人李涉当成"五代"是错误的。可参看《新唐书》《全唐诗》。另郁达夫在文中说:"我们总该还记得唐朝那位诗人做的'暮雨潇潇江上村'的一首绝句吧?"作者肯定了李涉是"唐朝诗人",非"五代诗人"。

(2)《教科书》必修四《锦瑟》第64页课下注解(13)[五十弦]传说上古时代的瑟有五十根弦。《史记·封禅书》中记载天帝让素女弹奏五十弦瑟,其音悲不可禁,于是分其瑟为二十五弦。

"锦瑟"语出《汉书·郊祀志》:"泰帝使素女鼓五十弦瑟,悲,帝禁不止,故破其瑟为二十五弦。於是塞南越,祷祠泰一、后土,始用乐舞。"查《辞源》(缩印)(页944)"泰帝",指传说中的古帝名,即太昊伏羲氏,有的书上作"大帝"。故课本注解"天帝"当作"泰帝"或"大帝"。

(3)《教参》必修二《阿房宫赋》第109页,译文"蜀山秃顶,阿房矗起"和"妃嫔媵嫱,公主帝女,出了六国的宫殿,拉上辇车,来到了秦国"。

"秃顶"一词不雅。"帝女"不准确,战国时诸侯国还不能称为"帝"。"拉上辇车",误译成这些六国王侯的女儿、孙女去拉辇车,应译为"乘辇车"。可译作:

"蜀地的山光秃了,阿房宫出现了。"和"六国王侯的宫妃,辞别六国的楼阁宫殿,乘辇车来到秦国。"

(4)《教参》必修三《指南录后序》第62页,译文"离开京口,带着匕首以防意外,几次想要自杀;经过元军兵舰停泊的地方十多里,被巡逻船只搜寻,几乎投江喂鱼而死;真州守将把我逐出城门外,彷徨无路,几乎死掉……靠了一条小船渡过惊涛骇浪,实在是没有办法,对于死本已置之度外了"。

"几自到死"的"几"当解为"几乎"。因此句后的"几从鱼腹死""几彷徨死""几落贼手死""几为巡徼所陵迫死""几陷死"等,都解释为"几乎",依文例当作"几乎"言。

三、断错"句"、分错"行"

(1)《教科书》必修三《鸿门宴》第106页 "如今人为刀俎,我为鱼肉,何辞为。"

"何辞为。"应当标点为"何辞为?"表反诘语气,应当更正过来。查《史记》(1959

年标点本、1963年标点本、1982年标点本）皆为"何辞为?"

（2）《教参》必修三《指南录后序》第62页，译文："我要向国君请罪，国君不答应；我要向母亲请罪，母亲不答应；我只能向祖先的坟墓请罪了。人活着不能拯救国难，死后仍要做个凶恶鬼去杀贼，这才是合乎义理的行为；依靠上天的神灵、祖宗的福泽，修整武备……这也是合乎义理的行为。"

"母亲不答应；"当标点为"母亲不答应。"另外，"我只能向祖先的坟墓请罪了。"当标点为"我只能向祖先的坟墓请罪了，"故此段译文标点应为："为我要向国君请罪，国君不答应；我要向母亲请罪，母亲不答应。我只能向祖先的坟墓请罪了，人活着不能拯救国难，死后仍要做个凶恶鬼去杀贼，这才是合乎义理的行为；依靠上天的神灵、祖宗的福泽，修整武备……这也是合乎义理的行为。"

（3）《教参》必修三《指南录后序》有以下几处分错行：

①第37~38页，专题内容解析："全文共8段，可分为两部分。第一部分（第1~4段），叙述出使元营的经过及逃亡路上的种种磨难，抒发九死一生的感慨。……第二部分（第6~8段），说明写作情况和结集目的，并从当时社会的君臣父子伦理来阐述自己报国的心志。"

"第一部分（第1~4段）"应当改为"第一部分（第1~5段）"，其中第5段，痛定思痛，借回顾九死一生的经历，抒发精忠报国的激情。

②第54页，参考答案"第4段痛定思痛，扣住一个'死'字概括九死一生的经历，表现出生之不易"和"第6段'予之生也幸，而幸生也何为'，从当时社会的君臣父子伦理角度阐述报国之志，论述为臣者为子者的人生选择。

上述"第4段"对应的课本是"第5段"；"第6段"对应的课本是"第7段"。应当依照课本更改。

③第62页，《指南录后序》译文："不久，贾余庆等以祈请使的身份到元京大都去……正如古人所说：'将有所作为啊！'到了京口，得到机会逃奔到真州……最后到达永嘉。"

"译文"将第3段和第4段合在一起。"到了京口"这一段，应另起一段，才能对应课本的第4段。

四、原作"病句"，当校改

《教参》必修三《指南录后序》第57页，相关资料，简介。选取了严迪昌《文天祥〈指南录〉》（南通《教学与研究》1979年第2期）的文章。其中"《指南录》有十一首《纪事》七绝，惊顽立懦地表现了'英雄未肯死前休，风起云涌不自由。杀我混同江外去，岂无曹翰守幽州'的视死如归和坚信抗敌事业后来有人的气概"这句是一病句，因为"惊顽立懦"不能修饰动词。

查考"惊顽立懦"的意思。《孟子·万章下》："故闻伯夷之风者，顽夫廉，懦夫有立志。"这里的"顽"当指顽夫，即贪婪的人；"懦"当指懦夫，即贪生怕死的人。另外"惊"和"立"有使动用法。故"惊顽立懦"意思是"使贪婪的人惊醒，使贪生怕死的人立定志向"，不能作状语来修饰谓语。可修改为："《指南录》有十一首《纪事》七绝，惊顽立懦。这些诗表现了'英雄未肯死前休，风起云涌不自由。杀我混同江外去，岂无曹翰守幽州'的视死如归和坚信抗敌事业后来有人的气概。"

（原载《中学语文》，2008年第4期）

苏教版《高中语文》(必修1~5册)的补注

苏教版《高中语文》(2007年第3版)必修1~5册教科书的注解,选择词条精当,编写规范简约,但仍有改进的必要,尤其是某些易误解的方言词、俗语词、特殊语词,亟待补注。

一、方言语词补注

(1)《教科书》必修一《江南的冬景》第75页,"和暖原极和暖,有时候到了阴历的年边",其中的"和暖原极和暖"须补注。

"和暖",即"暖和"义,当为吴方言。"和暖原极和暖",即"暖和倒是暖和"义。但在北方的人读来,觉得烦冗,不如直说"极暖和",却不知这是浙地方言。例如,《鲁迅书信集》:"上海本已和暖,但近几天忽又下雨发风,冷如初冬,却非生火炉不可。"可补注:〔和暖原极和暖〕吴方言,意为"暖和倒是暖和"。

(2)《教科书》必修二《祝福》第111页,"你是识字的,又是出门人,见识得多",其中的"出门人"须补注。

"出门人",过去绍兴一带管远离家乡出外工作的人叫出门人。含有见过世面的意思。可补注:〔出门人〕吴方言,意为"远离家乡出外工作的人,见多识广"。

(3)《教科书》必修二《祝福》第119页,"他果然躺在草窠里,肚里的五脏已经都给吃空了",其中的"草窠"须补注。

"草窠",即用草做的窝。绍兴谚语有:"金窠银窠,不如自屋里的草窠。"这里的"草窠",指狼的窝。鲁迅的《野草·聪明人和傻子和奴才》:"先生!"他流着眼泪说,"你知道的,我住的简直比猪窠还不如……"这里的"猪窠",就是"猪窝"。可补注:〔草窠〕吴方言,意为"用草做的窝"。

(4)《教科书》必修二《林黛玉进贾府》第150页,"我也不要这劳什子了",其中的"劳什子"须补注。

《红楼梦》虽用北京话写成，但因曹雪芹少年时生活在江南，故偶用吴方言词语。鲁迅也用过"劳什子"一词，见《集外集拾遗·文艺的大众化》"不过应该多有为大众设想的作家，来创作浅显见解的作品，使大家能懂、爱看，以挤掉一些陈腐的劳什子"。这里的"劳什子"，有"东西，玩意儿，含有些许讨厌的意思。"可补注：[劳什子] 吴方言，意为"东西，含讨厌的意味"。

二、俗用语词补注

（1）《教科书》必修一《西地平线上》第81页，"所以将它诉诸笔端"，其中的"诉诸笔端"须补注。

"诉诸笔端"，其中的"诸"，当"之于"，即"诉之于笔端"。可补注：[诉诸笔端] 把想说的话用笔下来。

（2）《教科书》必修二《落日》第82页，"天理昭彰，其此之谓欤"，其中的"其此之谓欤"须补注词义。

"其此之谓欤"，是一倒装的文言句式，正常的语序是"其谓此欤"。"其"，表语气；"谓"，所说；"欤"，表语气。可补注：[其此之谓欤] 说的就是这吧！

（3）《教科书》必修二《落日》第83页，"大战中空军将士厥功甚伟，理应有此荣誉"，其中的"厥功甚伟"须补注。

"厥"一词，查《辞源》（缩印）第239页，"厥"，有"其"义。例如《书·禹贡》"厥土黑坟"，此句意为"此地黑且肥沃"。"厥功甚伟"中的"厥"作代词，可补注：[厥功甚伟] 他们的功劳很巨大。

（4）《教科书》必修三《中国与西方的文化资源》第77页，"我们不应以偏赅全地将某种文化中的单一元素视为衡量文化的惟一尺度"，其中的"以偏赅全"，须补注。

"赅"，查《现代汉语词典》（第5版），书面语，意为"包括"，例如举一赅百。人们平常都用"以偏概全"，几乎没人用"以偏赅全"，所以学生以为此词错了。可补注：[以偏赅全] 用片面的观点囊括整体。赅，包括。

（5）《教科书》必修五《记念刘和珍君》第79~83页，有八处须补注：

①第79页，"销行一向就甚为寥落"，其中的"寥落"，意为"稀少"或"冷落"。可补注：[寥落] 稀少。

②第80页，"我已经出离愤怒了"，其中的"出离"，可补注：[出离] 超出。

③第80页，"就将这作为后死者的菲薄的祭品"，其中的"菲薄"，意为"瞧不起"或"微薄"。可补注：[菲薄] 这里是微薄的意思。

④第80页，"然而造化又常常为庸人设计"，其中的"造化"，意为"自然"或"创

造"或"福气"。可补注：[造化]指自然界。

⑤第81页，"我平素想，能够不为势利所屈，反抗一广有羽翼的校长的学生"，其中的"广有羽翼"，可补注：[广有羽翼]到处都有帮凶。羽翼，鸟的翅膀，这里指帮凶。

⑥第82页，"往日的教职员以为责任已尽，准备陆续引退的时候"，其中的"引退"，可补注：[引退]辞去官职。这里是告退的意思。

⑦第82页，"况且始终微笑着的和蔼的刘和珍君，更何至于无端在府门前喋血呢"，其中的"喋血"，可补注：[喋（dié）血]血流满地。喋，血流出来的样子。

⑧第83页，"八国联军的惩创学生的武功"，其中的"惩创"，可补注：[惩创（chuāng）]惩罚，惩治。

三、字面普通而意义特殊语词补注

（1）《教科书》必修二《听听那冷雨》（节选）第95页，"商略黄昏雨"，其中的"商略"须补注。

"商略"，查《诗词曲语词汇释》[1]，商略有"准备或做造义"。与本义之作"商榷"解者微异。"数峰清苦，商略黄昏雨"，此言准备雨景也，也是做造雨意也。另如王观《天香》"重音未解，云共雪商略不了"，这里的"商略"是说"造云造雪不已也"。可补注[商略]准备雨景。

（2）《教科书》必修三《鸿门宴》第106页，"沛公至军，立诛杀曹无伤"，其中的"诛杀"须补注。

"诛杀"一词没有注解。不少老师译为"沛公回到军中，立刻杀了曹无伤"。"诛杀"只剩"杀"一个意思。但在司马迁写《史记》时，"诛"和"杀"还未是一个合成词。"诛"解为用言语责之。《国语·周语中》"狄人来诛杀谭伯"韦昭注："诛，责也。"诛为责问，若释为杀则于理不通了。

刘邦工于心计，曹无伤叛己告密，险些让他丧命。一下杀了曹，不解心头之恨，另外也要严刑拷问，找出自己军中潜伏的其他间谍。"诛杀"二字，蕴涵了刘邦对曹无伤采取的一系列措施，也给读者留下广阔想象空间。可补注：[诛杀]责问并杀之。

（3）《教科书》必修四《蜀道难》第60页，"以手抚膺坐长叹"，其中的"坐"须补注。

"坐"一词，许多的选本都不注解。不少老师译为"用手抚摸着胸口坐下来长叹"。这里的"坐"当为"徒，空"，可译为"用手抚摸着胸口空长叹"。类似的例子，如李白《拟古》诗"愚夫同瓦石，有才知卷舒，无事坐悲苦，块然涸辙鲋"。这里的"坐"是不必徒悲苦。又如杜甫《丽人行》"犀箸厌饫久未下，鸾刀缕切空纷纶"，"空"一作

"坐",坐即空也。可补注:[坐]徒,空。

(4)《教科书》必修四《琵琶行》第63页,"弟走从军阿姨死",其中的"阿姨"须补注。

"弟"和"阿姨",两词许多文言选本,因分歧较大,皆不注解。学生也就自然地理解为"兄弟"和"母亲的姊妹",等同现在的意思,实则不对。袁行霈主编的《中国文学作品选》[2]收录了《琵琶行并序》,作了较合理的注释。参考之,可补注:①[弟]女伴。"弟走从军"指女伴改籍为地方军队中的乐伎。②[阿姨]教坊中年长,从事生活管理的女性。

参考文献:

[1] 张相.诗词曲语词汇释[M].北京:中华书局,2008:683.

[2] 袁行霈.中国文学作品选(第二卷)[M].北京:中华书局,2007:469.

(原载《中学语文》,2008年第6期)

《江南的冬景》误注二则

《江南的冬景》是郁达夫先生的一篇成名作品，现选入苏教版《语文必修一》。但教材编者，给课文作注解时，却不够严谨。

一、时代误注

课本第77页"我们总该还记得唐朝那位诗人做的'暮雨潇潇江上村'的一首绝句吧？诗人到此，连对绿林豪客都客气起来了，这不是江南冬景的迷人又是什么？"

课下注解②〔"暮雨潇潇江上村"〕语出五代诗人李涉《井栏砂宿遇夜客》诗。

编者将诗人李涉当成"五代"是错误的。亟待更正！

（一）考之于史书

据《旧唐书》卷154《孔巢父传》记载"元和初……试太子通事舍人李涉知上待承璀意未衰，欲投匦上疏，论承璀有功，希光无事，久为心腹，不宜遽弃。戣为匦使，得涉副章，不受面诘责之。乃进疏于光顺门，戣极论其与中宫交结，言甚激切，诏贬峡州司马"[1]。元和初（是唐宪宗在位的年号，大约是公元806—821年），李涉在朝中担任"太子通事舍人"一职，后流放峡州。

另据《新唐书》卷174《李逢吉传》记载"敬宗新立……罢归不得用，怨望，与太学博士李涉，金吾兵曹参军茅汇居长安，以气侠相许"，后"涉（流放）康州"[2]。可知宝历中（是唐敬宗在位的年号，大约是公元825—827年），李涉为"太学博士"，复流放康州。

而"五代"指：后梁（907—923）、后唐（923—936）、后晋（936—946）、后汉（947—950）、后周（951—960）。最早的后梁应在公元907年，距离公元806年有100年，假如他25岁作官，担任"太子通事舍人"，那么李涉如果活到五代至少有125岁。这有违常理。

（二）考之于唐人的笔记小说

唐代范摅。《云溪友议》中有一篇《江客仁》，在文学史上最早记录了这首诗。诗歌题目是《赠豪客》："春雨潇潇江上村，五陵豪客夜知闻。他时不用相回避，世上如今半是君。"[3]

宋、元、明、清，乃至民国和今天，诸篇所记李涉此诗，均源于《云溪友议》中这篇《江客仁》。后来影响较大的《全唐诗》，也来源于《云溪友议》的记载。范摅是唐代的文学家，可知李涉当为唐代诗人。

（三）考之于唐诗选本

1. 唐代韦庄《又玄集》，收录了李涉的作品。[4] 韦庄（836—910年），字端己，是唐末诗人。那么李涉一定生活在他之前。

2. 清代彭定求等编的《全唐诗》收录了该诗。

"李涉，洛阳人。初与弟渤同隐庐山，后应陈许辟。宪宗（公元806年，年号为'元和'）时，为太子通事舍人，寻谪峡州司参军。太和中（是唐文宗在位的年号，大约是公元827—836年），为太学博士，复流康州。自号清谿子。集二卷，今编诗一卷。"[5]。《全唐诗》写明了李涉是唐朝诗人。

《全唐诗》中收录了李涉赠张祜的《岳阳别张祜》一诗"十年踯躅为逐臣，鬓毛白尽巴江春"。张祜（约792—854年）生活在唐德宗至唐宣宗时期，字承吉，苏州人，在元和、长庆间诗名较大。代表作《宫词》："故国三千里，深宫三十年。一声何满子，双泪落君前。"李涉也应当和张祜年岁相近。

（四）考之于郁氏文本

郁氏说："我们总该还记得唐朝那位诗人做的'暮雨潇潇江上村'的一首绝句吧？"作者肯定了李涉是"唐朝诗人"，非"五代诗人"。

综括以上四方面，我们可断定李涉是唐朝诗人。

二、词语误注

课本第76页"门对长桥，窗临远阜，这中间又多是树枝槎枒的杂木树林"。课下注解⑥［槎枒（yāchà）］形容树枝歧出。

查《现代汉语词典》"桠杈"可写作"丫杈"。可见不能等同"槎枒"。再查"槎"，意为"木筏或同茬"。而"茬"有"茎或根"的意思。故"槎枒"当指茎或枝杈。

希望教科书，能减少误注，及时更改以上二则错注！

参考文献：

[1] 刘昫，等.旧唐书（卷154）[M].北京：中华书局出版社，1975：4097.

[2] 欧阳修，等.新唐书（卷1744）[M].北京：中华书局出版社，1975：5223.

[3] 范摅.云溪友议[M].沈阳：辽宁教育出版社，2000：45.

[4] 傅璇琮.唐人选唐诗新编[M].西安：陕西人民教育出版社，1996：653.

[5] 彭定求，等.全唐诗（第十四册）[M].北京：中华书局，1960：5432.

（原载《阅读与鉴赏》，2008年第3期）

新时期（2006—2015年）《〈论语〉选读》研究述评

梁启超说："《论语》为两千年来国人思想的总源泉。"《论语》作为儒家文化的经典著作，顺应时代的国学热潮，走进中学语文课堂。2006年下半年，国内五种版本的《论语》选读教材编写完毕并投入使用，这是中国大陆首次尝试编辑"文化论著研读"类选修教材。

语文出版社和广东教育出版社教材是《〈论语〉选读》。苏教版和山东版将《论语》和《孟子》合编选读。人教版只是将《论语》选读作为《先秦诸子选读》中最重要的一部分。这五种版本的选修教材是根据《普通高中语文课程标准（实验）》精神编写的。语文版和粤教版在《论语》分类编选方面做得比较优秀。语文版《〈论语〉选读》是这五种版本《论语》选读教材中读者最多、研究最早、成果最多的，本文的研究对象限定为"语文版的《〈论语〉选读》"。

《〈论语〉选读》的研究，是一块未开垦过的新的学术园地，经过学界八年耕耘，取得了丰硕成果。根据中国期刊全文数据库所提供的数字，2006年以来发表的有关论文150余篇（其中硕士论文20篇），专著2部。对这些学术成果进行"学理化的"整理爬梳，可以使我们从整体上得知《〈论语〉选读》的研究现状，找到有待填补的学术空白，为下一步的研究工作提供新的学术起点。

一、从《〈论语〉选读》教材的编写进行研究

（一）教材注译研究

较早关注《〈论语〉选读》教材编写问题的是白沙海，他在《语文新圃》发表了文章：《〈论语〉选读》的白璧微瑕。认为有几处翻译不当，提出异议，只是较简略。

对教材注译进行了全面研究的是贾桂强。他在《语文学刊》先后发表了三篇文章：

《语文版选修〈《论语》选读〉教材编写刍议》《语文版选修〈《论语》选读〉教材编写刍议》(续)和《语文版选修〈《论语》选读〉新修订(2010年第3版)刍议》。认为语文版选修《〈论语〉选读》教科书和配套教参的编写,不够准确、严谨、规范,在以下五个方面亟待校正:一是"错、漏字""误音";二是"漏翻译""缺标点";三是"错标点""误翻译";四是"漏、增答案""补注词义";五是"表述有误""术语混乱"。文章所举事例较多,考据严谨可信,获得了《〈论语〉选读》教材主编张万彬先生的高度肯定。贾桂强的研究成果得到了语文学界的认可,2009年11月,他应邀到杭州参加浙江省高中语文"疑难问题解决"专题研讨会,在会上作了专题报告。会后,他同语文版《〈论语〉选读》教材的主编张万彬先生,就《〈论语〉选读》(2007年第2版)教材的诸多编写问题,交换了彼此的看法,作了深入研讨,这为《〈论语〉选读》后来的修订,奠定了扎实基础。

另外,陈玉彬的硕士毕业论文《〈论语〉选读编排、注译及教学策略研究》对注译有新的补充,他认为:现在的《〈论语〉选读》教材打乱了原著框架结构、重新编排次序是不合理的,应当阅读《论语》原貌。对注译的研究,主要在"补注、纠错和完善注译"三方面的工作。文中指出的偏颇和谬误皆精准可信,举例颇多,可资借鉴。

(二)教材编选研究

教材编选方面,大多文章集中在三个方面:

1. 教材选文顺序要调整和补充。选文顺序要作调整。潘小炜的硕士毕业论文《〈《论语》选读〉教学初探》(指导教师:浙江省语文教研员胡勤),指出教材按主题重新编排可能割裂《论语》本身的系统或者让教师对各主题下章句的处理简单化,按政治、修身、学习与教育、哲学四方面顺序进行编排的教材体例不符合学生认知规律。还有,傅刚强的《〈《论语》选读〉指瑕》认为从高中生的个体特征出发,应调整课序,设定为"学习与教育、修身、哲学、政治"。

选文要作补充的。贾桂强的《语文版选修〈《论语》〉选读教材编写刍议》(续)和《关于语文版选修〈《论语》选读〉"附录"的增补》2篇文章。认为语文版选修《〈论语〉选读》教科书的"附录"应当增补《中国儒学发展概述》一文,指出如果不了解儒家学说的历史演变,学生就很难客观评价儒家学说的社会历史意义并展望其未来发展。

2. 语文版《〈论语〉选读》和台湾版《国学基本教材(论语卷)》编排对比研究。郭初阳的《从〈国学基本教材〉看大陆的传统文化教育》认为《国学基本教材》是在原来教材上,经过近半个世纪的精心打磨而成。而语文出版社《〈论语〉选读》定稿于2007年6月,无论是编写体例,还是所选内容,都显得不够精当。张华的《〈《论语》

选读〉》和〈国学基本教材〉之比较》也持相同观点。

3. 有文章关注了国内五种版本的《论语》选读教材编写的研究。张群超的硕士毕业论文《高中选修课教材〈论语选读〉研究》一文，就江苏教育出版社《〈论语〉〈孟子〉选读》、语文出版社的《〈论语〉选读》，人民教育出版社《先秦诸子选读》等五种教材进行了概览，从教材的编写思想、编排方式，从内容的选择上进行了对比分析，并对《论语》选读教材的编辑目标、内容分类和编制理念提出了自己的看法。

二、从《〈论语〉选读》的教学价值进行研究

《〈论语〉选读》的教学价值在于国学经典的普及。王宁教授的《让国学经典教育进入中学课堂——读语文出版社〈论语〉选修教材》一文，认为语文出版社选编的《〈论语〉选读》教材不仅适合高中生学习，并且还是一部可以用来对国学经典进行普及教育的好书，与之配套的《教师用书》收集了许多孔子和儒家经典的资料，内容丰富全面，有很高的教学价值。

国学经典也要与现实生活主动贴近。周广平、章浙中《〈论语〉文化意义在教学中的实现——〈论语〉选读教学刍议》一文，认为不要把《论语》仅仅看成一个经典的容器，要让经典与现实发生碰撞，引导学生读出《论语》在当今社会所具有的典型的文化意义，让《论语》历经千年之后焕发出新的生机。杜颖老师《把圣哲请下神坛》一文，认为应该把孔子从高高在上、万众景仰的神坛上请下来，让学生读懂这位睿智的老人寻常话语中所包含的人与人交往的最简单道理。

《〈论语〉选读》最终的教学价值不在于训练，而在于文化。陈桂春《在个性化研读中提高精神品质——〈《论语》选读〉教学探讨》一文，认为通过个性化研读《论语选读》，借此可培养学生的精神品质，造就健全品质，提高学生人格素养。郑慧《君子儒：从卑微到高贵的引渡——孔子在《论语》中为读书人寻找的救赎之路》也认为要在探索孔子心路历程的同时，着重思考他所提出的"君子儒"对当代中学生的精神影响。

三、从《〈论语〉选读》的教学内容确定进行研究

语文教学内容只是以语文教材为载体。语文教材并不能直接成为教学内容，只有通过教师的教学实践才能转化为现实的教学内容，两者之间虽然关系密切，但不完全等同。那么，如何确定《〈论语〉选读》的教学内容，其依据是什么？金晓华的硕士毕业论文《对〈《论语》选读〉课堂教学内容的一点思考》一文，认为课堂教学内容的确定是当前《〈论语〉选读》课堂教学存在的最大问题，明确了三个确定依据，分别是学生的需要、文本的特征、教材的编辑意图。持此观点的还有：张秋达《〈《论语》选读〉

教学内容的选定初探——以〈知其不可而为之〉为例》。

如何根据"文本的特征和教材的编辑意图"来确定教学内容，是当前研究的热点。林忠港的《〈《论语》选读〉教学内容的建构》提出了六种建构途径：(1)依照文脉来建构；(2)依照主题来建构；(3)依照行为来建构；(4)依照课眼来建构；(5)依照活动来建构；(6)依照知识来建构，这主要是围绕文本的特征展开的研究。在此基础上，贾桂强《语文版〈《论语》选读〉教学内容之重构》提出了新的建构途径：(1)重构"选文顺序"，重排十篇讲读课文的教学顺序，使教学具有梯度；(2)重构"选文内容"，采用"主问题"建构，使教学富有体系。

而根据"学生的需要"来确定教学内容。王立军的《〈《论语》选读〉最好这样教》认为先整体解读，提炼主题，然后捕捉学生阅读的疑惑点为教学的起点，最后设置精简的教学环节，强调了要结合"学生的需要"来设计教学。这方面，目前的研究还非常薄弱，需要学界大力拓荒。

四、从《〈论语〉选读》的教学策略角度进行研究

（一）教师"怎么教"的层面

1.《〈论语〉选读》教学的宏观层面。有的文章重在"课型"研究。浙江省教研室编写的《〈《论语》选读〉模块教学指导意见》提出了六种课型：教师串讲课型、主题讲座课型、读书报告课型、评点交流课型、课题报告课型、作业练习课型。这六种课型是借鉴各地选修课教学的成功经验而设置的，属于理论层面的权威指导与构想，有极大的参考价值。项余岸《新课程背景下〈《论语》选读〉课堂教学模式分析评述》一文，指出在实际教学中，一线老师运用较广泛的是三种课型：教师串讲课型、评点交流课型和作业练习课型。如何运用好"教师串讲课型"，钱玲红的《用"主问题形式"教《〈《论语》选读〉》认为用"主问题形式"教论语，可化散为整，做到有序。周良华的《〈论语〉选读教学建议》认为要从《论语》整体着眼，并作适当引申，特别要注重传统文化内涵的传承。而金晓忠的《莫让"选修"成"逼"修——〈《论语》选读〉课堂教学现状分析与思考》则认为课型安排要多样化，不能株守一种课型，实际教学中要灵活运用，不能为了"课型"而教学。

有的文章重在"语文味"研究。《〈论语〉选读》教学不能只灌输，一讲到底，要有语文课的气息。如何营造课堂的"语文味"。赵盛成《论述语体的故事性表达与故事视角下的拜访式阅读——〈《论语》选读〉的一种教法》一文，认为要从认识形象、梳理脉络、解读结构三面入手。郑剑霞的〈《论语》选读〉教学得失谈》提出了具体教学方法：用于丹《〈论语〉心得》引入、年谱入手、与现实社会联系、重组语序、鼓励质

疑、结合作文训练。这是来自一线教学的真切体验，具有借鉴价值。高培圣的《教出〈论语〉的文学味》提出"因声求气，再现情感内涵""揣摩语境，想象体悟人物性情""字斟句酌，情理兼用"等策略。该文强调了诵读在"语文味"中的重要地位。

有的文章重在"趣味"研究。《〈论语〉选读》教学容易枯燥无趣，让学生厌倦。如何拉近《论语》与当代中学生的距离，让学生亲近孔子。刘宝华《寻求〈论语〉三味：趣味、意味、回味》认为要调动学生的兴趣，与时俱进改进教学，要利用电影、动漫、微博等现代媒介。该文就如何把《论语》上得有趣提出了较好的策略。陈建华的硕士毕业论文《高中新课程〈《论语》选读〉教学策略研究》提出"情趣教学策略"，我们可以尽量向生活靠拢，找个合适切入点，缩短学生与教材之间的距离。《论语》中最吸引人的是孔子师徒的故事，他们的生活点滴就是《论语》最好的注脚，几乎可以为每篇课文打开兴趣之门。

有的文章重在"新理论"引进研究。郑微笑的硕士毕业论文《对话理论在〈《论语》选读〉教学中的应用〉教学策略研究》认为"对话理论"在教学中的适时引入，可以强化师生的平等关系，提高学生学习的主动性。语文课堂会更充满活力，教学效果会更加优化。张忠森的《〈《论语》选读〉互文性教学》引入"互文性理论"，认为教学中要追求一定的深度，无论是语言的理解，抑或是内容的阐释，还是思想的把握。主要是如何合理吸收前人有关《论语》的研究，或是词语训诂或是思想探讨等。该文令人耳目一新。王冉冉《系统论视域与中学〈论语〉教学》认为《论语》教学，要放在特定的整体系统中进行教学。该文居高临下，可资参鉴。

2.《〈论语〉选读》教学的微观层面。有的文章重在"单篇课文"的教学设计或教学实录研究，这是"点"上的研究。综观发表的相关期刊文章，其中对《沂水春风》的研究案例是最多的，有4篇，《知其不可而为之》《诲人不倦》的研讨案例各有3篇，《高山仰止》《君子之风》《为政以德》的研读案例各有2篇，余下的《周而不比》《仁者爱人》《克己复礼》《中庸之道》的探究案例各有1篇。这些可说是"点"上研究。例如，关于《诲人不倦》的研究：项余岸《细读文本 精彩生成——〈诲人不倦〉教学有感》一文，指出我们的备课绝大多数都是忽视学生的阅读感受而备教材的，从而导致课堂气氛沉闷，学生不喜欢听。贾桂强的《〈诲人不倦〉教学设计》一文，采用"主题型"教学课型，围绕"什么是诲人""诲哪些人""怎么诲人"展开，脉络清晰。从评课角度看《诲人不倦》，贾桂强的《"文""言"并重，感悟文化内涵——肖培东〈诲人不倦〉教学片段赏析》一文认为，《论语》首先是文言文，"言"是不可偏废的，文意和字词句的梳理是重点，但《论语》本身的文化内涵，又是我们要细细感悟的，我们在教学中要"文言并重"，要避免枯燥的说理和繁琐的字词解释，要在反复品读中，使原本枯燥难懂的文言文，变得活力四绽。上述三篇文章，虽然研究的角度各有侧重，但都为一线教师提供了实用的操作借鉴。

也有从"面"上进行研究的。王宁春的硕士毕业论文《〈《论语》选读〉课例研究》通过课例的搜集分析和师生的调查访谈，从教学目标确立、教学内容选取、教学方法选择等方面对目前《〈论语〉选读》的教学现状进行梳理，并在此基础上归纳出《〈论语〉选读》教学实践中存在的五种基本教学模式：教师串讲型、名家视频讲座型、评点交流型、情境教学型和作业练习型。并指出目前《〈论语〉选读》教学中要努力实现三个追求：实现文本的诵读、巧妙设置教学支点和让经典阅读生活化。这是《〈论语〉选读》教学课例研究的第一次理论总结，为此后的研究提供了新的起点。

另外，周良华编著的《周老师教〈论语〉》，也属于"面"上的研究。该书汇录了十课教学实录和教学设计及备课参考。周老师写实录时，特意编了《教材解析与教学思路》，主要讲他对教材的重组思路：把每一篇课文根据主题串起来，使之前后相连贯，一以贯之。该书参考价值很高，给我们当前的《〈论语〉选读》教学及时地提供了一份丰厚的资料和有价值的教学借鉴。

（二）学生"怎么学"的层面

上述文章都是从教师"怎么教"这一角度来研究的，而从学生"怎么学"的这一角度研究的，还很少。

有的文章，认为应当学习"古代教育"。周正逵在《关于高中"文化论著研读"课程目标的问答》中，为我们提供了研读文化论著的方法，他从"博学之、审问之、慎思之、明辨之、笃行之"得出"一学、二问、三思、四辨、五行"。作为"文化论著"的《〈论语〉选读》固然能用"五步法"进行研读，但还是缺乏更为具体的细致的多样的学习策略。崔佳音《文言文教学方法创新性研究——以〈论语〉选读教学为例》一文，认为通过学习古人之文来汲取养分以启迪智慧，通过阅读圣贤之书来丰富性灵完善品德，要充分发挥学生的自主性，让学生在学习古文知识的同时，能力素质也得到提高，论文虽考察了学生的学习兴奋点，但缺乏具体的可操作的学习策略。

有的文章，借鉴了欧美"学习策略"理论，富有新意。孙凯的硕士毕业论文《语文版〈《论语》选读〉学习策略教学研究》，此前还没有人专门就此展开研究。该文指出学习策略选取的原则：合教材、合文体、合学情和合教情等。具体的学习策略有句读—质疑—对比—探讨、解文—识记—感悟—探究等五种。该研究为学生提供了可行的学习策略，也为教师提供了实用的教学模式。

五、从孔子的形象、思想角度进行研究

有的文章重在"孔子形象人格"研究。秦荣的《〈论语〉：孔子人生的悲喜剧——从形象入手教读〈《论语》选读〉》认为从把握人物特别是孔子形象入手。从形象入手，有新意，无疑会让我们的教学更加精彩。庞仁甫《孔丘是如何成为孔子的》一文，认为应当让学生近距离接近孔子，学习其艰苦求学的精神。陈相元的《试论孔子的人格魅力及其现实意义》认为当前重新探讨孔子的人格魅力，对于促进教师的专业成长、构建新型的师生关系，具有一定的现实意义。

有的文章重在"孔子思想"研究。潘冬庆《孔子矛盾思想的类型及其教学处理》认为在教学中，巧妙利用《论语》中"矛盾"的地方，可作为提高《〈论语〉选读》教学效度的一个有效切入点。这种教学策略，有利于培养中学生的文化名著解读能力。

通过上文对新时期以来《〈论语〉选读》研究的学术论文中焦点问题研究成果的简单综述，可以看出新时期以来《〈论语〉选读》研究，正在蓬勃发展之中。除了以上学术焦点问题，新时期以来《〈论语〉选读》研究的学术论文中还涉及如《〈论语〉选读》中的考查方式，作业设计等问题，由于篇幅所限在此不再一一综述。

（原载《语文学刊》2013年第9期；本文是浙江省2013年教研课题"高中新课程《〈论语〉选读》教材编校与教学内容重构"的研究成果之一，课题立项编号：13B162）

语文版选修《〈论语〉选读》教材编写刍议之一

从2006年9月起，浙江省高中语文新教材的"选修教材"，选用了语文版的《〈论语〉选读》（2007年第2版）。在教与学过程中，笔者发现教科书和配套教参的编校，不够准确、规范，仍有待提高，这主要表现在以下几个细节方面。

一、"错、漏字""误音"

1.《教科书》第2页，①〔季氏〕也称季孙氏。鲁国贵族，世为鲁国正卿，秉持国政。孔子经历了季武子、季平子、季恒子、季康子四世。《教科书》第3页，〔萧墙之内〕后来季氏家臣阳货果然一度囚禁了季恒子。而《教科书》第72页，③〔季孙〕这里指季桓子。"季恒子"和"季桓子"是两个人吗？

查杨伯峻《论语译注》[1]和孙钦善《论语注译》[2]皆作"季桓子"，而无"季恒子"。另《史记·鲁周公世家》[3]"定公五年，季平子卒。阳虎私怒，囚季桓子，与盟，乃舍之"。故"季恒子"有错，当为"季桓子"。教材应统一写作"季桓子"。

2.《教科书》第3页，〔参考译文〕"现在仲由和冉求你们俩人辅佐季氏"。

其中"俩"字后不必也不能再加"人"字。"俩"字不能单独作数词用，而只能用作词缀（词尾），如"母女俩""兄弟俩"等。如要加一"人"字，就应该改"俩"为"两"，写成"母女两人""兄弟两人"等。所以译文"现在仲由和冉求你们俩人辅佐季氏"一句中"俩人"的写法是错误的。

3.《教参》第34页，"1.解释词义——金椟：外面缠绕金钱的木匣"。

其中"金钱"当为"金线"。查《辞源》（合订本）[4]有"金绳"，无"金钱"一词，"藏策於玉匮中，缠金绳五周，纳玉匮於石函中，石函外再缠金绳五周，均封以金泥。"而"金绳"与"金线"义相近，"金线"又与"金钱"字形近，编校者弄错了。当改为"金椟：外面缠绕金线的木匣"。

4.《教科书》第2页，〔国有家者〕有国者，指诸侯。有家者，指大夫。国，诸侯的封地。家，大夫的封地。

其中"〔国有家者〕",漏了一"有"字,当为"〔有国有家者〕"。

5.《教科书》第53页,①〔陈亢〕孔子的学生。字子禽。

"亢"字读音当为"kàng",而不是"(gāng)"。古人的名和字,意义上有联系:或同义、或反义、或相关。例如:樊须,字子迟,"须"和"迟"皆有等待义;孔鲤,字伯鱼,鲤、鱼意义相关。

查《辞源》(合订本)"亢(kàng)"有"抵御"义,"禽"有"捉、逮住"义,"亢"和"禽"意义相关。故可推断,其名当读作"亢(kàng)"。另据杨伯峻《论语译注》"子禽——陈亢(kàng)字子禽。"故"亢"字读音当为"kàng",而非"(gāng)"。

二、"漏翻译""缺标点"

1.《教科书》第28页,〔原文〕子曰:"志士仁人,无求生以害仁,有杀身以成仁。"〔参考译文〕孔子曰:"志士仁人,绝不贪生怕死而损害仁道,只会牺牲生命来成全仁道。"其中原文的"曰"字,在《〈论语〉选修》教科书中都译成"说",此处漏译,当补译为"孔子说"。

2.《教科书》第29页,〔原文〕子贡曰:"夫子自道也。"〔参考译文〕子贡曰:"这正是先生说自己啊。"其中原文的"曰"字,在《〈论语〉选修》教科书中皆译成"说",此处漏译,可补译为"孔子说"。

3.《教科书》书名的形式内外不一。封面和扉页书名为"《论语》选读","论语"二字有书名号,但在正文的页眉上,"论语"二字的书名号没了,只写作"论语选读",漏了"书名号",当补上。

4.《教科书》第49页,〔参考译文〕孔子说"由!教导你的内容都知道了吧?知道就是知道,不知道就是不知道,这就是真正的知道。"

其中"孔子说"当为"孔子说:",漏了":(冒号)",须补出这一标点。

5.《教科书》第53页①〔陈亢(gāng)孔子的学生。字子禽。

其中漏一"〕(右方括号)",当补出标点:

①〔陈亢(gāng)〕孔子的学生。字子禽。

三、"错标点""误翻译"

1.《教科书》第25页,〔参考译文〕如果没有管仲,我们大概已披散着头发,衣襟向左开(,沦为蛮夷)了。

其中"衣襟向左开(,沦为蛮夷)"当为"衣襟向左开(沦为蛮夷)",小括号内的文字是作解释的，多了"，"当删去。

2.《教科书》第54页，[参考译文]"有父兄在世，（应该先听听父兄的意见，）怎么能听到就去做呢？"括号里的逗号也是多余的。这里括号中的话是作为补充说明的一种情况，严格地说，尚不是译文句子的一部分，只有译句中间的停顿，才可用逗号（当然，如果括号中说明的语句较长，中间停顿处可用逗号；如说明的话有两句以上，其间也可用句号）。

3.《教科书》第48页，子夏曰："贤贤易色，事父母能竭其力，事君能致其身，与朋友交言而有信：虽曰未学，吾必谓之学矣。"

其中"信："，当为"信。"在同一个句子中，冒号一般只能用一个，否则会眉目不清。查杨伯峻《论语译注》和金良年《论语译注》[5]皆点断为：子夏曰："贤贤易色，事父母能竭其力，事君能致其身，与朋友交言而有信。虽曰未学，吾必谓之学矣。"

4.《教科书》第4页，[参考译文]季康子向孔子问道："要使百姓严肃认真……应该怎么办？"孔子说："你对百姓庄重，百姓对政令就会严肃认真；你对父母孝顺，对幼子慈爱，百姓就会对你尽心竭力。"

其中"你"当为"您"。在《〈论语〉选修》教科书中还选了一章"季康子问政"：

[参考译文]季康子向孔子问什么是为政之道，说："如果杀掉不守道义的人……怎么样？"孔子答道："您治理国家，哪里用得着杀人呢？您向往善道，百姓也就会从善……一定顺风倒伏。"这里用了"您"，以示对君主的尊敬。

当改为："您对百姓庄重，百姓对政令就会严肃认真；您对父母孝顺，对幼子慈爱，百姓就会对您尽心竭力。"

5.《教科书》第71页，[原文]子曰："吾不与祭，如不祭。"[参考译文]孔子说："我不亲身参加祭祀，祭了就好像没有祭祀一样。"

查杨伯峻《论语译注》第27页，该句有两种译法：①孔子说："我若是不能亲自参加祭礼，是不请别人代理的。"其中"与"解释为"参加"；②孔子说："若是我所不同意的祭礼，祭了同没祭一般。"其中"与"，解释为"赞同"。

《〈论语〉选读》翻译大都参照杨氏的《论语译注》，课文将这两种翻译混在一起，不当。因为孔子不会请人代替自己去参加祭祀，"如不祭"可意译为"是不请别人代理的"。可改为：

孔子说："我若是不能亲自参加祭礼，是不请别人代理的。"

6.《教科书》第20页，[参考译文]孔子怅然叹道："如果天下清明，我就不跟他们一起来从事改革了。"

其中"跟他们"当译为"跟你们"。杨伯峻《论语译注》"如果天下太平，我就不同你们一道来从事改革了。"孔子是说和子路等学生一起从事改革。而教材译为"跟他们"指和"长沮、桀溺"等隐士一起从事改革,岂不谬之千里!

7.《教科书》第16页,[参考译文]"阳货想让孔子拜见自己,孔子不见他,阳货赠送孔子一只小猪(以迫使孔子到他家来答谢)。"

其中"小猪"前当添加"蒸熟了的"的补译。参见杨伯峻《论语译注》和金良年《论语译注》皆译为"(蒸熟了)的小猪"。后者更易让学生理解,总不能送活的猪给孔子吧,孔子可不"牧猪"!

8.《教科书》第39页,[原文]子游曰:"事君数,斯辱矣;朋友数,斯疏矣。"[参考译文]子游说:"服事君主烦琐无度,就会遭到羞辱;与朋友相交烦琐无度,就会遭到疏远。"

译文中的"服事",当写作"服侍"。"服事",查《现代汉语词典》(第5版)"[服侍](伏侍、服事)伺候、照料。"可知通行用词为"服侍",而不是"服事",中学教材应当规范用词,当选用"服侍"一词。

另《教科书》第71页[参考译文]子路问怎样服事鬼神。孔子说:"活人还不能服事,又怎么能服事鬼神呢?"中的"服事"也当改作"服侍"。

四、"漏、增答案""补注词义"

1.《教科书》第16页,[课文解读]二、9.5章,是怎样表现孔子的强烈自信的?17.1章,从"来!予与尔言"可以看出阳货对孔子是怎样的态度?可以根据什么判断孔子对阳货的回答是虚应故事?

《教参》第11页:二、此题意在引导学生从审美的角度咀嚼文本语言。

孔子的自信通过以下方式体现出来……增加了不容置疑的力量。但《教参》漏了后两个问题的答案,现补出:

(1)从"来!予与尔言"可以看出阳货对孔子是很傲慢无礼的,每句话都咄咄逼人。

(2)阳货问了三次,孔子前两次没吭声,阳货只好自问自答,最后一次,孔子虚与周应,随口敷衍了他一句"好吧,我要做官了"。

2.《教科书》第69页,[文言练习]读下面一段古文,参照注文(小字排印的部分)和工具书,解释画线的词语,并回答下列问题。

古文"以分大姬配庚胡公,而封诸陈。""分"下划线,在《教参》第34页,却无该词的解释,当补出。分:许配。

3.《教科书》第25页,[文言练习]说明下面句子宾语前置的情况。

《教参》第15页，分别解释了课本中的句子。但却凭空多出了一句：

亦何常师之有：为表示强调，宾语（"常师"）置于动词（"有"）之前，用代词（"之"）复指前置宾语。"常师之有"即"有常师"。《教科书》中并未选入此句，教参无中生有，当删去。

4.《教科书》第23，页[原文]"何事于仁！"①[事]止，仅。

"事"，怎么有"止"义，难理解。当补注：事通"俟"，置，限止。参见孙钦善《论语注译》[2]"事"（zì自）：同"俟"，置。孔子说："怎么可限止在仁上呢！"

5.《教科书》第4页，南宫适问于孔子曰："羿善射，奡荡舟，俱不得死然。"其中的"羿善射，奡荡舟，俱不得死然"译作"后羿善射，奡力大翻舟，结果都不得善终"。注解⑤[不得其死]不能善终。其死，指自然寿命的正常死亡。⑥[然]用在句末，表示肯定的语气。

《教科书》第57页，"若由也，不得其死然。"[参考译文]"像仲由那样，恐怕不能善终。"句中的"然"如何理解。课下无注解，查杨树达《词诠》[6]"然，语末助词，表断定，用同焉"，并举"若由也，不得其死然"为例证。参见杨伯峻《论语译注》，然，语气词，用法同"焉"。故可补注：[然]用在句末，表断定，同"焉"。

另外"俱不得死然"和"不得其死然"两句中的"其"字，何解？众多译本，均略而不谈，笔者认为，"其"字均可作"代词"。"其"见《辞源》，代词，回指上文的事或人。例如《史记·项羽本纪》"今欲举大事，将非其人不可"。"其死"与"其人"结构一样。故两句中的"其"，补注：[其]代词，回指上文的人。

6.《教科书》第60页，[参考译文]"人纵使想自绝于太阳月亮，那对太阳月亮又会有什么损害呢？"

其中"自绝"一词很难理解，应当补注。参见钱穆《论语新解》[7]"自绝"即自逃光明，自甘黑暗。全句可译作："一个人纵使要向日月自告决绝，对日月有何伤害呀？"比课本译文清豁多了。

五、"表述有误""术语混乱"

1.《教科书》第40页，[课文解读]第三题"每人拟5条思想火花，在壁报上交流"中，"思想火花"是指语录式的句子，是比喻性的陈述。"拟几条思想火花"这种说法，严格地说，是宾语残缺，应在原句后加上"……式的句子"。像现在课本上的表达形式，是不妥当的。

另一处：《教科书》第82页，第5行"历时约二年左右"。既说了"约"，后面就不该再加"左右"。"约"与"左右"这两个词都是表示约数的，当删去一个。

2.《教科书》第14页，③［贾（gǔ）］商人。一说读jià，同"价"。查《〈论语〉选读》教科书，凡通假字皆用"通"字，应术语一致。故改为：一说读jià，通"价"。

另有三例也当校改，《教科书》第25页，⑦［被发左衽（rèn）］被，同"披"，可改作：被，通"披"；《教科书》第64页，［莫（mù）春］即"暮春"，夏历三月，莫，"暮"的本字，《〈论语〉选读》教科书中，并未提到"古今字"，可宽泛地说通"暮"，改作：莫，通"暮"；《教科书》第67页，③［狂狷（juàn）］狷，同"獧"，性情褊急而孤介自守，可改作：狷，通"獧"，性情褊急而孤介自守。

参考文献：

[1] 杨伯峻.论语译注[M].北京：中华书局，1980.

[2] 孙钦善.论语注译[M].成都：巴蜀书社，1990.

[3] 司马迁.史记·鲁周公世家[M].北京：中华书局，1982.

[4] 《辞源》修订组.辞源（合订本）[M].北京：商务印书馆出版，1988.

[5] 金良年.论语译注[M].上海：上海古籍出版社，2004.

[6] 杨树达.词诠[M].北京：中华书局，1954.

[7] 钱穆.论语新解[M].北京：三联书店，2002.

（原载《语文学刊》，2009年第6期）

语文版选修《〈论语〉选读》教材编写刍议之二

2009年11月7—9日，笔者参加了在杭州举行的"浙江省高中语文新课程教材'疑难问题解决'专题研训会议"，见到了仰慕已久的《〈论语〉选读》教材主编张万彬先生。我们就《〈论语〉选读》（2007年第2版）教材的诸多编写问题，交换了彼此的看法。会议主持人（省教研员胡勤老师），请笔者谈谈自己的想法，我针对《〈论语〉选读》教材的疑难问题，提出了自己的一些浅见。因为笔者曾在《语文学刊》（2009年第6期）提出了《〈论语〉选读》教材编写的几点商榷，以下所述，就当作此前商榷的继续吧！

一、《〈论语〉选读》教材的编校不尽如人意，存在"误译"

1.《教科书》第1页，[原文]子曰："为政以德，譬如北辰。"[参考译文]孔子说："运用道德来治理国政，就好像北极星一样。"

其中"运用道德"，当为"用道德"。因为"以德"在原文中做状语成分，"以"是介词，而不是动词。"用"可做介词，而"运用"则是动词。故应当译作"用道德"。

2.《教科书》第3页，[原文]"是社稷之臣也，何以伐为？"[参考译文]"是国家的臣属，为什么要讨伐它呢？"

其中"是"，在原文中，作指示代词，应当译成"这"。查杨伯峻《论语译注》[1]"这正是和鲁国共安危存亡的藩属，为什么要去攻打它呢？"故原句可译作："这（是）国家的臣属，为什么要讨伐它呢？"

3.《教科书》第7页，[原文]"是可忍也，孰不可忍也？"[参考译文]"如果这都可以容忍，那还有什么不可容忍呢？"

其中"忍"，当为"狠心"，参看杨伯峻《论语译注》"一般人把它解释为'容忍''忍耐'，不好；因为孔子当时并没有讨伐季氏的条件和意志"，另外钱穆《论语新解》[2]也持相同见解："本章与次章，皆责季氏与三家，非责鲁君"，当解为"狠心"。可参照杨氏翻译："这都可以狠心做出来，什么事不可以狠心做出来呢？"

4.《教科书》第25页，〔原文〕"岂若匹夫匹妇之为谅也，自经于沟渎而莫之知也！"〔参考译文〕"怎么能像普通男女那样拘于小信，自己吊死在沟渎里而谁也不知道他们呢！"

其中"莫之知"的"之"，当是"管仲"而非"匹夫匹妇"。因为这一章主要写孔子肯定了管仲重视大节大信，不拘小节小信，终显名于世，管仲在"仁"的认知上能通达权变。故，这里应当是讲管仲，而不是普通男女。

翻译可参看杨伯峻《论语译注》："他难道要像普通老百姓一样守着小节小信，在山沟中自杀，还没有人知道的吗？"另李泽厚《论语今读》[3]翻译相似"他怎能像小百姓那样守着小信任，自杀在溪沟里，谁也不知道呢？"

5.《教科书》第68页，〔原文〕子曰："君子和而不同，小人同而不和。"〔参考译文〕孔子曰："君子调和而不混同，小人混同而不调和。"

其中"调和"，意为排解纠纷，使双方重归于好；"混同"，意为把本质上有区别的人或事物同样看待。学生对"和"与"同"的区别，难于理解，笔者在教学的过程中，参讲了杨伯峻《论语译注》的翻译，学生笑逐颜开，很容易理解。杨氏的翻译如下：

孔子说："君子用自己的正确意见来纠正别人的错误意见，使一切都做到恰到好处，却不肯盲从附和。小人只是盲从附和，却不肯表示自己的不同意见。"虽然文言文的翻译要求尽量直译，但是对于像孔子思想中的重要术语"和"与"同"，要极力让学生准确把握其内涵，不能太简流于混乱。

6.《教科书》第2页，〔原文〕"且尔言过矣，虎兕出于柙。"〔参考译文〕"并且你的话也是错误的，老虎兕牛从笼子里跑出来。"

其中"兕"，译成"兕牛"，不当，应作"野牛"或"犀牛"。查《辞源》"兕，兽名""兕似牛""或说兕是雌犀"。不见"兕牛"之说。兕若是牛，那么"兕牛"不是成了"牛牛"吗？实在不通之极！

7.《教科书》第33页，〔原文〕"由也，千乘之国。"〔参考译文〕"仲由吗，拥有一千辆兵车的国家。"

其中"由也"，不当为疑问语气，用"吗"不太妥帖。可参照杨伯峻《论语译注》"仲由啦，如果有一千辆兵车的国家"，或钱穆《论语新解》"由呀！一个具备千乘兵车的大国"。故"由也"，可译作"仲由啦，"或"由呀！"

8.《教科书》第38页，〔原文〕"言不及义，好行小惠。"〔参考译文〕"谈的没一点正经事，只喜欢卖弄小聪明。"

其中"义"译作"正经事"，不当。"正经"有"端庄正派"或"正当的"或"正式的"等意思。"正经事",就是"正当的事情",而孔子说的"义"一般指"道义",而不是"具体的事情"。

翻译可参看孙钦善《论语注译》[4]"谈话丝毫不涉及道义,只喜欢卖弄小聪明"。

我们的讨论中,存在个别的分歧。张主编认为,现在的许多教材将"通假字"和"古今字"混同,用"通"或"同",这种做法是错误的。我则指出,一者教材要化繁为简;另外,高考对此不作要求。最后,我们各自坚持己说,容待以后继续探讨!这也许就是《论语》中所说的"君子和而不同"的境界吧!

张主编说,《〈论语〉选读》的词义训诂,资料很多,个别解释有分歧,没有谁对谁错的问题,只是看你选择什么标准来判断。我以为,至少有两个标准:首先是符合经典的原义,这是根本前提;另外,要有利于一线的教师教学,有利于学生的实际学习。

虽然从选文类型上来看,教材中的选文都只是学习"对儒家思想和孔子其人的阐释评价"的例子,但是,"语文是最重要的交际工具",在语文学习过程中,文言翻译的语言同样影响着中学生的语文成长,不准确的翻译不利于学生文言语感的提高,也影响了对《论语》原典的理解。

因此,在编撰教材时,编者需要请训诂学专家、语法学家、语文教学专家对译文进行修订补充,让文本"存真""保真"。

二、《〈论语〉选读》的《教学用书》应当给每一课,增编简要的思想述评

《论语》选读的教学内容的确定,应当定位在何处?"《论语》是用古代汉语记载下来的以语录式样呈现的中华文化的经典。从语言上来说,它是古代汉语;从形式上说,它是古代特有的对话文体;从内容上说,它是传统文化的源头。所以《〈论语〉选读》应该考虑到三个层次的教学内容:文字、文章和文化。"[5]但这三个层次的教学内容,应当以哪一个为主呢?是文字还是文章,抑或是文化呢?

在第一轮的教学实践中,笔者和同事大多按照传统文言文来处理的,重视语言文字的理解和积累。那时忽略了编者已在每则选段后,给出了重要字词的注解,并配有详尽的文言文翻译,学生借此自读就能基本把握选文大意,而且高考中也不会考某个句子的翻译。《论语》选读中,文字的理解不应当是我们教学的重点。文章呢?就《〈论语〉选读》而言,语录的格局、对话的语体仅仅是古代文章样式的萌芽,只有个别的语录具有文章的特征,讲究谋篇布局,例如《季氏将伐颛臾》《沂水春风》,其他的语录大都不具备文章的特征。所以《〈论语〉选读》教学的重点不在"章法技巧的分析和鉴赏"。

《〈论语〉选读》教学的核心,应当紧扣文化,主要是对"文化传统的评析",提

升学生的思想。教材编者在"前言"中指出"本课程的核心目标是培养正确解读和批判继承传统文化的能力""要以辩证唯物主义和历史唯物主义的立场、观点和方法，对课文内容进行分析和鉴别"，并"探究传统文化在现代社会的地位和作用"。但如何正确解读《论语》的思想内涵呢？张主编曾对我说："研究《论语》的资料可谓浩如烟海，我们不缺资料，缺乏的是面对这些资料时，应当如何来取舍。"作为一线教师，日常的教学工作十分繁重，没有空余的时间去收集《论语》的研究资料，也没有条件找来大量学人关于《论语》的最新研究成果，即使有个别老师找来了，但限于学识，也无法合理的取舍。《〈论语〉选读》教学最大的困难，不是字词句的理解，而是选文的思想点评！

配套的《教师用书》，只给出了每课的练习题答案，至于应当具备的"教学目标""教学要求""教学建议""课时安排"全都没有，缺乏可操作性，实际的指导价值有限。"新课程的推行中，能否给教师们提供强有力的支援，切实减轻语文教师的备课负担，我们以为是新课程能否落实、能否取得预期成效的关键之一。这种支援，包括语文课程目标进一步澄清、细化，包括语文教科书切实做到'课程内容教材化、教材内容教学化'，包括提供多样化的教材、课外读物供教师们根据自己学生的情况选用。"[6]所以，笔者认为《教学用书》应当就每一课，作简要的思想评述，给我们一线教师提供一个权威的解读，至少是主流的解读。否则《〈论语〉选读》教学出毛病最多的，也是最危险的，就是教师自己面对一篇篇选文而苦思冥想出来的教学内容。张主编认为"增加每课的思想述评"困难很大，要等各方面的条件成熟。我也赞同，但可以就容易的地方做起来！

三、《〈论语〉选读》选文的编排顺序，应当调整

《〈论语〉选读》的课程核心目标是"是培养正确解读和批判继承传统文化的能力"，能够正确把握与评价孔子的儒家思想内涵。课程目标的有效达成，要通过具体的教材来实现。

《〈论语〉选读》课文内容，按"政治""修身""学习与教育"和"哲学"四个主题编排。编者"前言"中说"上述分类（四个主题）只是为了阅读上的便利。"看来，编者分类的标准是"阅读上的便利"！但从实际的教学来看，这样的编排顺序极不利于学生的阅读。

首先，这不符合学生的认知规律：人都是先从认识自我开始的，只有自身完善了，才能帮助他人，进而贡献于社会。人的认识总是由浅到深，由少到多。而教材编排的顺序，则是由难到易，由深到浅，先谈政治，然后修身，然后学习与教育，最后是哲学，这很不科学。

其次，这不符合新课程"让学生体验探究"的理念。教材要尽量"学本化"，要让学生感兴趣，最好的方法是从学生的生活圈子入手。笔者在教学《〈论语〉选读》中发现，学生特别喜欢"学习与教育"主题里的选文，例如《诲人不倦》《高山仰止》；也喜欢"修身"主题里的选文，例如《君子之风》《出辞气远鄙倍》。这些都是关乎个人的日常交际，贴近学生的生活，学生很容易进入一个熟悉而亲切的语境中。但是先从"政治"谈起，学生都没有如何治国的真切体会，学生对此很陌生、有些隔膜，也难以融入其中，这挫伤了学生研读《论语》的兴趣。

最后，应当借鉴古代教学的经验。古人一贯主张"修身、齐家、治国、平天下"四个阶段，为什么传统儒家将"修身"放在首位呢？我想这是有学理依据的，至少符合人的认知规律。《论语》的开篇并非谈"政治"，而是讲"学习与教育"。

我认为，教材的顺序可调整如下：课文内容，按"学习与教育""修身""政治"和"哲学"四个主题编排。张主编说，北京师范大学王宁教授也提出选文的顺序要调整，把"政治"放到"修身"后面。但张主编讲，教材的顺序若如此调整，改动过大，要请上级审批，很困难！

四、《教科书》的"附录"，应当增选文2篇，删选文1篇

《教科书》书后有2篇附录：匡亚明的《孔子评传·孔子年谱》和朱自清的《经典常谈·四书》。

1. 增选司马迁的《史记·孔子世家》。教材编者在"前言"中指出，"要顾及作者（孔子）经历，社会状况，文化背景、时代思潮"，所以教材选了匡亚明撰写的孔子年谱。该文考证精当，语言简明扼要，但过于学术化，学生不太感兴趣，读完后，学生对孔子的生平，还是支离破碎的印象。我们第一次拿到教材，第一次教学时，没有上来就讲课文，而是花了近四个课时，来学习《史记·孔子世家》，之后才开始上新课，学生心中的孔子是真实的、有丰富情感的、复杂的大写的人。《论语》阅读障碍的产生大多是因为学生不了解文本产生的时代背景和文化背景，缺省了这些背景，会阻碍学生的有效阅读，应当予以补充。

我以为可增选司马迁的《史记·孔子世家》。司马迁写历史人物，往往暗含爱憎褒贬的感情，有较为鲜明的倾向性。他对孔子的向往和景仰，也在文中处处流露了出来，加之引用了大量孔子的原话，用孔子自己的语言来表现其人，不仅使孔子形象具有真实感，而且也使人觉得亲切感人，有助于学生走近孔子，看到一个鲜活的孔子。

2. 增编"中国儒学发展概述"一文。我本来提议，在教材的"相关链接"一栏，按照儒学发展的几个阶段，依次编写，可构成一部完整的简略的"儒学发展史"，作为教

材的拓展延伸，也可供学生课外的探究学习。"相关链接"一般要围绕课文的主题，或开阔视野，或启发思路。若这样设计，则与每课的主题没了关联，所以张主编认为不如在教材的"附录"中增选"中国儒学发展概述"。

朱自清先生的《四书》，并不是重点讲《论语》，更不是专门阐述儒学的发展，可删去。该附录，没有现成的文章可选，要请专家编写，当然非权威不可。张主编嘱咐笔者回去后，继续关注这方面的研究。

笔者参阅了庞朴主编的《中国儒学》[7]的目录，我以为儒学的发展，至少可有以下九个阶段：①先秦儒学，②秦朝：儒学的第一次毁灭性打击，③汉代：儒学的黄金岁月，④魏晋南北朝：儒学的重振运动，⑤隋唐：儒学再度官学化，⑥宋及辽夏金元：儒学的转型，⑦明代：理学的式微与心学的崛起，⑧清代：儒学的繁荣与危机，⑨近现代：经学的终结与儒学的复兴。

如此一来，《〈论语〉选读》的附录，则修订为3篇：附录一 孔子世家，附录二 孔子年谱，附录三 中国儒学发展概述。

张主编说，书后"附录"的增添，并不困难，也最易做到，希望早日看到这2篇新增的附录。

参考文献：

[1] 杨伯峻.论语译注[M].北京：中华书局，1980.

[2] 钱穆.论语新解[M].北京：三联书店，2002.

[3] 李泽厚.论语今读[M].合肥：安徽文艺出版社，1998.

[4] 孙钦善.论语注译[M].成都：巴蜀书社，1990.

[5] 浙江省普通高中新课程实验工作专业指导委员会.浙江省普通高中新课程实验语文学科教学指导意见[M].杭州：浙江教育出版社，2007.

[6] 王荣生，等.语文教学内容重构[M].上海：上海教育出版社，2007.

[7] 庞朴.中国儒学[M].上海：东方出版中心，1997.

（原载《语文学刊》，2009年第12期）

语文版选修《〈论语〉选读》教材编写刍议之三

从2006年9月起,浙江省高中语文新教材的"选修教材",选用了语文版的《〈论语〉选读》(2007年第2版)。在教与学过程中,笔者发现教科书和配套教参的编校,不够准确、规范,有待提高。于2009年6月在《语文学刊》发表文章:《语文版选修〈《论语》选读〉教材编写刍议》(简称《刍议》),该文得到《〈论语〉选读》主编张万彬先生的高度赞许,并应邀到杭州参加浙江省高中语文"疑难问题解决"专题研讨会,在会上作了专题报告。2009年12月在《语文学刊》发表了另一篇文章:《语文版选修〈《论语》选读〉教材编写刍议(续)》(简称《刍议(续)》),对教材作了进一步的研究。

2010年6月,语文版《〈论语〉选读》(2010年第3版)出版,这一年9月,新高二的学生开始使用这套教材了。笔者详细校勘了一遍,新修订的教材,改动条目大约40条。采纳了笔者2篇文章(《刍议》和《刍议(续)》)中的绝大部分建议(近30条),荣幸之至!笔者将采用了的,其中重要的25条罗列于此,同时也发现了一些新的值得商榷的地方。

一、"错字""漏字"

1. 笔者在《刍议》中指出:《教科书》(第2版)第2页,①[季氏]也称季孙氏。鲁国贵族,世为鲁国正卿,秉持国政。孔子经历了季武子、季平子、季恒子、季康子四世。《教科书》第3页,㉓[萧墙之内]后来季氏家臣阳货果然一度囚禁了季恒子。而《教科书》第72页,③[季孙]这里指季恒子。其中"季恒子"有错,当为"季桓子"。教材应统一写作"季桓子"。

现《教科书》(第3版)已据此统一写作:季桓子。

2. 笔者在《刍议》中指出:《教科书》(第2版)第3页,[参考译文]"现在仲由和冉求你们俩人辅佐季氏"。其中"俩"字后不必也不能再加"人"字。如要加一"人"

字,就应改"俩"为"两"。

现《教科书》(第3版)已据此改为:现在仲由和冉求你们两个人辅佐季氏。

3. 笔者在《刍议》中指出:《教参》(第2版)第34页,"1.解释词义——金椟:外面缠绕金钱的木匣"。其中"金钱"当为"金线"。(《国语·鲁语下》,三国吴·韦昭著)

现《教科书》(第3版)已将"(《国语·鲁语下》,三国吴·韦昭著)中的选段"换成了"(宋·卫湜《礼记·集说》卷一百二十六)中的选段"。

4. 笔者在《刍议》中指出:《教科书》(第2版)第2页,⑲[国有家者]有国者,指诸侯。有家者,指大夫。国,诸侯的封地。家,大夫的封地。其中"[国有家者]",漏了一"有"字,当为"[有国有家者]"。

现《教科书》(第3版)已据此改为:[有国有家者]。

二、"漏翻译""缺标点"

1. 笔者在《刍议》中指出:《教科书》(第2版)第28页,[参考译文]孔子曰:"志士仁人,绝不贪生怕死而损害仁道,只会牺牲生命来成全仁道。"其中原文的"曰"字,在《〈论语〉选修》教科书中都译成"说",此处未译,当译为"孔子说"。

现《教科书》(第3版)已据此改为:

孔子说:"志士仁人,绝不贪生怕死而损害仁道,只会牺牲生命来成全仁道。"

2. 笔者在《刍议》中指出:《教科书》(第2版)第29页,[参考译文]子贡曰:"这正是先生说自己啊。"其中原文的"曰"字,在《〈论语〉选修》教科书中皆译成"说",此处未译,可译为"子贡说"。

现《教科书》(第3版)已据此改为:

子贡说:"这正是先生说自己啊。"

3. 笔者在《刍议》中指出:《教科书》(第2版)第49页,[参考译文]孔子说:"由!教导你的内容都知道了吧?知道就是知道,不知道就是不知道,这就是真正的知道。"其中"孔子说"当为"孔子说:",漏了":(冒号)",须补出这一标点。

现《教科书》(第3版)已据此改为:

孔子说:"由!教导你的内容都知道了吧?知道就是知道,不知道就是不知道,这就是真正的知道。"

4. 笔者在《刍议》中指出:《教科书》(第2版)第53页,①[陈亢(gāng)孔子的学生。字子禽。其中漏"](右方括号)",当补出标点。

现《教科书》(第3版)已据此改为:①[陈亢(gāng)]孔子的学生。字子禽。

三、"错标点""误翻译"

1. 笔者在《刍议》中指出：《教科书》（第2版）第25页，[参考译文]如果没有管仲，我们大概已披散着头发，衣襟向左开（，沦为蛮夷）了。其中"衣襟向左开（，沦为蛮夷）"当为"衣襟向左开（沦为蛮夷）"，小括号内的文字是作解释的，多了一"，"当删去。

现《教科书》（第3版）删去了"（沦为蛮夷）"，其实不必，只要去掉"，"即可。

2. 笔者在《刍议（续）》中指出：《教科书》（第2版）第1页，[参考译文]孔子说："运用道德来治理国政，就好像北极星一样。"其中"运用道德"，当为"用道德"。

现《教科书》（第3版）已据此改为："用道德来治理国政，就好像北极星一样。"

3. 笔者在《刍议（续）》中指出：《教科书》（第2版）第3页，[参考译文]"是国家的臣属，为什么要讨伐它呢？"其中"是"，在原文中，作指示代词，应当译成"这"。

现《教科书》（第3版）已据此改为："这是国家的臣属，为什么要讨伐它呢？"

4. 笔者在《刍议（续）》中指出：《教科书》（第2版）第25页，[参考译文]"怎么能像普通男女那样拘于小信，自己吊死在沟渎里而谁也不知道他们呢！"其中"莫之知"的"之"，当是"管仲"而非"匹夫匹妇"。翻译可参看杨伯峻《论语译注》第152页，"他难道要像普通老百姓一样守着小节小信，在山沟中自杀，还没有人知道的吗？"

现《教科书》（第3版）已据此改为："怎么能像普通男女那样拘于小信，自己吊死在沟渎里而谁也不知道呢！"

5. 笔者在《刍议（续）》中指出：《教科书》（第2版）第68页，[参考译文]孔子曰："君子调和而不混同，小人混同而不调和。"学生对"和"与"同"的区别，难于理解，笔者参照了杨伯峻的翻译，孔子说："君子用自己的正确意见来纠正别人的错误意见，使一切都做到恰到好处，却不肯盲从附和。小人只是盲从附和，却不肯表示自己的不同意见。"

现《教科书》（第3版）改为："君子和谐而不同一，小人同一而不和谐。"

按："和谐"一般作形容词，这里应当用动词。笔者认为，可这样翻译：君子协调而不混同，小人混同而不协调。

6. 笔者在《刍议（续）》中指出：《教科书》（第2版）第2页，[参考译文]"并且你的话也是错误的，老虎兕牛从笼子里跑出来"。其中"兕"，译成"兕牛"，不当，应作"野牛"或"犀牛"。

现《教科书》（第3版）已据此改为："并且你的话也是错误的，老虎犀牛从笼子里跑出来。"

7. 笔者在《刍议（续）》中指出：《教科书》（第2版）第38页，[参考译文]"谈的没一点正经事，只喜欢卖弄小聪明"。其中"义"译作"正经事"，不当。翻译可参看孙钦善《论语注译》[1]"谈话丝毫不涉及道义，只喜欢卖弄小聪明"。

现《教科书》（第3版）已据此改为："一帮人整天待在一起，说话不涉及道义。"

8. 笔者在《刍议》中指出：《教科书》（第2版）第54页，[参考译文]"有父兄在世，（应该先听听父兄的意见，）怎么能听到就去做呢？"括号里的逗号是多余的。

现《教科书》（第3版）已据此改为："有父兄在世，（应该先听听父兄的意见，）怎么能听到就去做呢？"

按：将"应该先听听父兄的意见"变成了注解①［有父兄在，如之何其闻斯行之］孔子的意思是，应该先听听父兄的意见。

9. 笔者在《刍议》中指出：《教科书》（第2版）第39页，[参考译文]子游说："服事君主烦琐无度，就会遭到羞辱；与朋友相交烦琐无度，就会遭到疏远。"译文中的"服事"，当写作"服侍"。另第71页，[参考译文]子路问怎样服事鬼神。孔子说："活人还不能服事，又怎么能服事鬼神呢？"中的"服事"也当改作"服侍"。

现《教科书》（第3版）已据此将"服事"改为"事奉"（即侍奉）。但笔者以为，还是选现在通行的常见"侍奉"一词更好。查《现代汉语词典》[2]无"事奉"词条，而页1246，有"侍奉"词条。从现实教学角度考虑，将"服事"改为"侍奉"更合宜。

四、"漏、增答案""补注词义"

1. 笔者在《刍议》中指出：《教科书》（第2版）第16页，[课文解读]二、9·5章，是怎样表现孔子的强烈自信的？17·1章，从"来！予与尔言"可以看出阳货对孔子是怎样的态度？可以根据什么判断孔子对阳货的回答是虚应故事？《教参》第11页：二、此题意在引导学生从审美的角度咀嚼文本语言。孔子的自信通过以下方式体现出来……增加了不容置疑的力量。但《教参》漏了后两个问题的答案，现补出：①从"来！予与尔言"可以看出阳货对孔子是很傲慢无礼的，每句话都咄咄逼人。②阳货问了三次，孔子前两次没吭声，阳货只好自问自答，最后一次，孔子虚与周应，随口敷衍了他一句"好吧，我要做官了"。

现《教科书》（第3版）已据此补出：①从"来"和"予、尔"的称谓可以看出阳货对孔子居高临下、盛气凌人的态度，既表现阳货不能平等待人，也表现阳货对孔子处世态度的不以为然。②孔子虚应故事的态度可以从两个方面判断。一是孔子对会面采取尽量回避的态度（"孔子不见""时其亡也而往拜之"）。二是两人回答的具体情形。主要是阳货自说自话，在此过程中孔子未做赞同或反对的任何表示。而孔子最后的回答极为简略，顺水推舟，既不反驳，也不做具体承诺。

2. 笔者在《刍议》中指出：《教科书》（第2版）第23页，[原文]"何事于仁！"①[事]止，仅。"事"，怎么有"止"义，难理解。当补注：事通"倳"，置，限止。译作："何止于仁呢！"

现《教科书》（第3版）已据此改为："这哪里是致力于仁呢？"

按：将"事"解释为"致力"，不知依据何在。可参照杨伯峻《论语译注》[3]译作"哪里仅是仁道！"

3. 笔者在《刍议》中指出：《教科书》（第2版）第4页，注解⑤[不得其死]不能善终。其死，指自然寿命的正常死亡。《教科书》第57页，"若由也，不得其死然"。两句中的"其"字，何解？众多译本，均略而不谈，笔者认为，"其"字均可作"代词"。

现《教科书》（第3版）已据此补注：第4页，注解⑤其，指代上文的羿和奡。第57页，未出注。

4. 笔者在《刍议》中指出：《教科书》（第2版）第60页，[参考译文]"人纵使想自绝于太阳月亮，那对太阳月亮又会有什么损害呢？"其中"自绝"一词很难理解，应当补注。参见钱穆《论语新解》[4]"自绝"即自逃光明，自甘黑暗。全句可译作："一个人纵使要向日月自告决绝，对日月有何伤害呀？"比课本译文清豁多了。

现《教科书》（第3版）已据此改为："人纵使想自行断绝（与太阳月亮的关系），那对太阳月亮又会有什么损害呢？"

按："（与太阳月亮的关系）"应改为"（与太阳月亮的关系，自逃光明，自甘黑暗）"，更清豁明白。

五、"表述有误""术语混乱"

1. 笔者在《刍议》中指出：《教科书》（第2版）第40页，[课文解读]第三题"每人拟5条思想火花，在壁报上交流"中，"思想火花"是指语录式的句子，是比喻性的陈述。"拟几条思想火花"这种说法，严格地说，是宾语残缺，应在原句后加上"……式的句子"。像现在课本上的表达形式，是不妥当的。

现《教科书》（第3版）已据此改为：每人拟5个格言式的句子。

2. 笔者在《刍议》中指出：《教科书》（第2版）第14页，③[贾（gǔ）]商人。一说读jià，同"价"。查《〈论语〉选读》教科书，凡通假字皆用"通"字，应术语一致。故改为：一说读jià，通"价"。另有二例也当校改：《教科书》页25，⑦[被发左衽（rèn）]被，同"披"，可改作：被，通"披"；《教科书》页67，③[狂狷（juàn）]狷，同"獧"，性情褊急而孤介自守，可改作：狷，通"獧"，性情褊急而孤介自守。

现《教科书》（第3版）已据此改为：一说读jià，通"价"。删去了"狷，同"獧"。

六、建议增补：司马迁的《史记·孔子世家》和《中国儒学发展概述》

1. 笔者在《刍议（续）》中指出："我以为可增选司马迁的《史记·孔子世家》。司马迁写历史人物，往往暗含爱憎褒贬的感情，有较为鲜明的倾向性。他对孔子的向往和景仰，也在文中处处流露了出来，加之引用了大量孔子的原话，用孔子自己的语言来表现其人，不仅使孔子形象具有真实感，而且也使人觉得亲切感人，有助于学生走近孔子，看到一个鲜活的孔子。"

现《教科书》（第3版）已据此增补了：司马迁的《史记·孔子世家》。

2. 2009年11月9日，笔者参加了在杭州召开的浙江省高中语文"疑难问题解决"专题研讨会，在会上作了专题报告。会后，笔者同语文版《〈论语〉选读》教材的主编张万彬先生，就"附录"的编写作了深入研讨，我们一致认为应当增加一篇关于"中国儒学发展概述"的选文。后来，笔者在《刍议（续）》一文中谈到"该附录，没有现成的文章可选"。

为此，笔者查阅了大量文献资料，综成一稿，增补了该篇"附录"（见《语文学刊》2010年第1期），但《教科书》（第3版）并没有选入笔者的这篇文章。希望编者将来能增补关于"中国儒学发展概述"的文章，诚以为盼！

七、值得商榷之处

笔者就《〈论语〉选读》（2010年第3版）中存在的一些问题，与教材编者商榷。

1.《教科书》第53页，①［如切如磋，如琢如磨］切，切削，加工玉器的方法。磋，磨，加工象牙的方法。琢，雕刻，加工骨器的方法。磨，加工石器的方法。

其中"切"和"琢"解释均有误。查《故训汇纂》[5]"切"，治器之名。《尔雅·释诂》"骨谓之切"郭璞注。又"切"，治骨也。《玉篇·刀部》。查第1454页，"琢"，治玉也。《尔雅·释训》《说文·玉部》《玉篇·玉部》《广韵·觉韵》。都将"琢"解作"治玉也"。

另参看孙钦善《论语注译》第11页，杨树达《论语疏证》[6]第22页，钱穆《论语新解》第20页均注释："治骨"为"切"；"治玉"为"琢"。

故教材的注解当改为：切，切削，加工骨器的方法。琢，雕刻，加工玉器的方法。

2.《教科书》第67页，①［中庸］主要指折中、适当、不走极端。

其中"折中"一词，易让学生联想到"折中主义"，不利于正确理解"中庸"的确切含义。故建议删去"折中"一词。

3.《教科书》第77页，⑧［鄹］同"陬"；第81页，⑪鄣，同"障"；⑬［旍旄羽被矛戟剑拨］旍，同"旌"，旗子的一种，竿头缀牦牛尾，下有五彩羽毛，用以指挥或开道；⑲［营惑］同"荧惑"，迷惑。

通假术语，要与全书一致，可将"同"改作"通"。

4.《教参》第3页，"教材最后有两个附录。《孔子年谱》可以与课文内容互相参照"。

现《教科书》（第3版）已经删去了《孔子年谱》，换成了《孔子世家》，故应改为"《孔子世家》可以与课文内容互相参照"。

5.《教参》第15页，"孔子的仁爱是以尊尊亲亲为基础的有差等的爱"。

其中"差等"，让人费解。查《汉语大词典》[7]（第2卷）"差等"是即"等级"，但不常用。可改成：孔子的仁爱是以尊尊亲亲为基础的有等级的爱。

6.《教参》第31页，"曾点描绘了一幅雍容暇豫的盛世气象"。

其中"暇豫"，令人不解。查《汉语大词典》[7]（第5卷）"暇豫"意为"悠闲逸乐"。例如，《国语·晋语二》"优施起舞，谓里克妻曰：'主孟啖我，我教兹暇豫事君。'"韦昭注："暇，闲也；豫，乐也。"可补注：雍容暇豫（暇豫即"悠闲逸乐"）。

7.《教参》第170页，"起着震聋发聩的作用"。

其中"震聋发聩"的"震"，查《现代汉语词典》[2]只有"震耳欲聋"，意思：耳朵都快震聋了，形容声音很大。这里的语境义当为"用语言文字唤醒糊涂的人"可知当为"振聋发聩"，须改之。

参考文献：

[1] 孙钦善.论语注译[M].成都：巴蜀书社，1990.

[2] 中国社会科学院语言研究所词典编辑室.现代汉语词典（第5版）[M].北京：商务印书馆，2005.

[3] 杨伯峻.论语译注[M].北京：中华书局，1980.

[4] 钱穆.论语新解[M].北京：三联书店，2002.

[5] 宗福邦，等.故训汇纂[M].北京：商务印书馆，2003.

[6] 杨树达.论语疏证[M].南昌：江西人民出版社，2007.

[7] 罗竹风.汉语大词典[M].上海：汉语大词典出版社，1986-1993.

（原载《语文学刊》，2010年第11期）

语文版选修《〈论语〉选读》教材编写刍议之四

从2006年9月起，浙江省高中语文"选修教材"，选用了语文版的《〈论语〉选读》（2007年第2版）。在教与学过程中，发现教科书和配套教参的编校不够准确、规范，有待提高。笔者于2009年6月在《语文学刊》发表了第一篇刍议文章：《语文版选修〈《论语》选读〉教材编写刍议》，此文获得了《〈论语〉选读》教材主编张万彬先生的高度肯定。2009年12月，在《语文学刊》发表了第二篇刍议文章：《语文版选修〈《论语》选读〉教材编写刍议（续）》，对教材作了进一步的研究。

2010年11月，在《语文学刊》发表了第三篇刍议文章：《语文版选修〈《论语》选读〉新修订（2010年第3版）刍议》，新修订的教材，改动条目大约40条。其中采纳了笔者2篇文章（《刍议》和《刍议（续）》）中的绝大部分建议（近30条）。

从2010年到2013年，在三年教学实践中，笔者对语文版《〈论语〉选读》（2010年第3版）的编写又作了深入研究，现将这些日常积累的成果刊布于此，以期推进教材编写的完善。

因为此前已经发表了三篇"教材编写刍议"的文章，这篇文章已是第四篇，故名之曰《语文版选修〈《论语》选读〉教材编写刍议之四》。

一、翻译有误

1.《教科书》第2页，"节用而爱人"，[参考译文]"节约用度并惠爱人民"。

其中"爱人"当译为"爱护官吏"。古代"人"字有广狭两义。广义的人指一切人群；狭义的人只指士大夫以上各阶层的人。这里和民（使民以时）对言，用的是狭义。

2.《教科书》第4页，"其身正，不令而行"，[参考译文]"在位者自身端正，不下命令事情也能行得通"。

其中"其"当译作"如果"。译成"在位者"，误。王引之《经传释词》卷五："其，犹'若'也。"书证如《左传》僖公九年曰："其济，君之灵也；不济，则以死继之。"襄公三十一年《传》曰："其输之，则君之府实也；非荐陈之，不敢输也；其暴露之，则恐燥湿之不时，而朽蠹以重敝邑之罪。"《汉语大词典》"其"的第四义项："连词。……（3）表示假设。如果；假如。"

3.《教科书》第4页，"子为政，焉用杀？"［参考译文］"您治理国政，哪里用得着杀人呢？"

其中"焉"相当于"何"，"用"相当于"以"。"焉用"当译作"为什么"。《论语·子路篇》皇侃疏曰："焉，犹何也。"《经传释词》"用，词之'以'也。《一切经音义》七引《仓颉篇》曰：'用，以也。''以''用'一声之转。凡《春秋·公羊传》之释《经》，皆言'何以'；《谷梁》则或言'何用'。"

"焉用"犹"何以"，亦犹"为什么"。课文误译。以"用"同现代汉语的"用"字，误。可采用杨伯峻《论语译注》的译法："为什么要杀戮？"

4.《教科书》第24页，"老者安之，朋友信之，少者怀之"，［参考译文］"对老者，使他们安逸；对朋友，信任他们；对年轻人，关心他们"。

其中"之"当译为"我"。皇侃《论语义疏》一家通云："孔子答愿己为老人必见抚安，朋友必见期信，少者必见思怀也。若老人安己，己必是孝敬故也。朋友信己，己必是无欺故也。少者怀己，己必有慈惠故也。"皇训"老者安之，朋友信之，少者怀之"句中的三个"之"为"己"，是以"之"代"孔子"。

朱熹《集注》："老者养之以安，朋友与之以信，少者怀之以恩。一说：'安之，安我也。信之，信我也。怀之，怀我也。'亦通。"甚是！"之"可用于自称，如《雍也篇》："予所否者，天厌之，天厌之。"二"之"皆"我"的意思。

"老者安之"的"安"字，当训为"喜欢"，《汉语大词典》"安"的第十个义项是："犹善。喜欢，爱好。"《左传·庄公十年》"公曰：'衣食所安，弗敢专也，必以分人'。"俞樾《群经平义·春秋左传一》："衣食所安，亦谓善也，言虽己之所善，而必以分人也。"《国语·晋语一》："孝、敬、忠、贞，君父之所安也……"《论语·为政》："察其所安。"朱熹集注："安，所乐也。""乐"即"喜爱，喜欢"之意。

此句可译为："老年人喜欢我，朋友们信任我，年轻人怀念我。"

5.《教科书》第38页，"各于其党"，［参考译文］"各自取决于他所属的类别"。

其中"于"当译为"有"。不明"于"字之义。皇侃《论语义疏》："过，犹失也。党，党类也。人之有失，各有党类。"正训"於"为"有"。裴学海《古书虚字集释》："於犹有也。於训有，犹于训有也。""於""于"训"有"之例甚多，如《韩非子·解老》"无功则生於德。"《史记·五帝纪》"普施万物，不於其身。"《管子·轻重丁》"管仲问於桓公：敢问齐方于几何里？"

6.《教科书》第49页，"知之为知之，不知为不知"，［参考译文］"知道就是知道，不知道就是不知道"。

其中"为"当译为"说"。王引之《经传释词》卷二"家大人曰：为，犹'谓'也。"黄侃于天头批曰："'为'即'谓'之借。'谓'又'曰'之借。"《韩非子·内储说下》"商臣闻之，未察也，乃为其傅潘崇曰：'奈何察之也？'"王先慎集解："为，谓字通。"

两个"为"字，当训"谓"，是"说"的意思。《荀子·子道篇》："故君子知之曰知之，不知曰不知，言之要也。"又《儒效篇》："知之曰知之，不知曰不知，内不自以诬，外不自以欺，以是尊贤畏法而不敢怠傲，是雅儒者也。"可见"知之为知之，不知为不知"中的两个"为"同"曰"，是"说"的意思。

皇侃《论语义疏》："若不知云知，此则是无知之人耳。若实知而云知，此乃是有知之人也。""云"亦犹"说"。

7.《教科书》第52页，"若圣与仁，则吾岂敢？"〔参考译文〕"说到圣和仁，那我怎么敢当？"

其中"敢"当译为"能"字。裴学海《古书虚字集释》："敢犹能也。《战国策·魏策一》'楚虽有富大之名，其实空虚；其卒虽众多，言（言，然也）而轻走易北，不敢坚战。'《史记·张仪传》'敢'作'能'。《史记·项羽纪》'沛公不先破关中，公岂敢入乎？'《汉书·高帝纪》作'公巨能入乎？''巨'与'讵'同，'岂'也。……"故"岂敢"当译为"怎能（做到）"。

8.《教科书》第53页，"吾与女，弗如也"，〔参考译文〕"我同意你的看法，是不如他"。

其中"与"当译为"和"。译文增字迂曲求解，且句子生硬不顺，不可取。《论衡·问孔篇》述文作："吾与汝俱不如也。"《后汉书·桥玄传》"仲尼称不如颜渊"，注引《论语》"赐也，何敢望回？子曰：'吾与汝。俱不如也'。"《集解》包曰："既然子贡不如，复云吾与女俱不如者，盖欲以慰子贡也。"以上"吾与汝"后皆有"俱"字，则"与"为"连词"无疑。

孔子说自己也不如颜回，或者为谦辞或为实说。且孔子此言并非将自己与颜回作总的、全面的比较，而是专就"闻一知十"这种"悟性"方面说的，应当可以的。

9.《教科书》第71页，曾子曰："慎终，追远。"〔参考译文〕曾子说："谨慎地对待丧礼，恭敬地追思远代的祖先。"

其中"慎"当译为"虔诚"。《汉语大词典》释"慎"为"恭敬虔诚"。《尔雅·释诂》："慎，诚也。"《诗经·白驹》："慎尔优游。"《巧言》："予慎无罪。"《巷伯》："慎尔言也。"传笺皆训"诚"，可译为"虔诚"。

二、不合情理

1.《教科书》第1页，"为政以德"，[参考译文]"用道德来治理国政。"

其中"德"当译作"仁爱"。"德"译"道德"不正确，用"道德"怎么治理国家。

朱骏声《说文通训定声》"又爱民无私曰德。《庄子·缮性篇》：德，和也。"《庄子·缮性篇》"夫德，和也；道，理也。德无不容，仁也；道无不理，义也。"故德可训为"仁"，犹"爱民无私"。《汉语大词典》"德"的第三个义项："善行、仁爱、仁政。"其第二书证即为《论语·为政》："为政以德，譬如北辰，居其所而众星共之。"

2.《教科书》第24页，"与师言之道与"，[参考译文]"这是同盲乐师讲话的规矩吗？"

其中"言"当为"助词，无实义"。

这是同盲人讲话的规矩吗？子张理当看到，孔子并没有同师冕说别的什么话，他怎么会提出这种问题。

误把"言"字当作实义动词，又把"与"字理解为介词"和、同"。其实，这个"言"字应为助词，无实义；"与"则为动词，"对待"的意思。《史记·燕召公世家》："庞煖易与耳。"可证"与"有"对待"义。

所以，此句的正确翻译应该是："接待盲人的正确方式，就该是您刚才做的这样吗？"这就与上下文都衔接了，因为孔子的回答："是的，这本来就是协助盲乐师的规矩。"

3.《教科书》第29页，"女奚不曰：其为人也，发愤忘食，乐以忘忧，不知老之将至云尔"。

历来都把这章中"子曰"几句看作孔子的自我描述，于是大加赞扬。这是不合情理的。首先，对叶公的提问，子路为什么"不对"？从孔子要子路回答的内容看，叶公向子路打听的是孔子的为人和生活情况。从事理上说，子路不是答不出，而是不愿作答，原因则是不明白叶公此问的缘由，因而担心答得不好，于是只好"不对"。

其次，孔子知道子路不对后，不是若无其事，而是询问子路为什么不怎样怎样答，这是为什么呢？合理的推测是，他对子路不对，没有把子曰的那些内容告诉叶公，是很感到遗憾的，就是说，觉得他可能因此失去了一个机会。子曰的那些话，从内容上看，在学生面前这样炫耀自己，还要学生转告他人，这完全不合孔子的性格。整部《论语》证明，孔子确实很自信，但十分谦虚，这种炫耀式的自我描述，显现的却不是自信，而是不谦虚，并且是很不谦虚。

故笔者认为，不可把本章中"子曰"那些话看作是孔子认真的自况。那么，他是说谁呢？孔子用这三句话作描述了他心中的理想人格。

此章表现了孔子的一个根本思想：在实际所过的"苦"的生活中，有德之人，仁者，并非不能够自得其乐。李泽厚说，"此'乐'即'仁'，乃人生境界，亦人格精神"，所言极是。也只有以苦为基础的乐，才同时是仁，才堪称一种人生境界，一种人格精神。

4.《教科书》第49页，"是礼也"，[参考译文]"这正是礼啊"。

其中"礼"当译为"知礼"。人们反问孔子是知礼吗？答的却是"这就是礼"。未免前言不搭后语。

按："是礼也"的"礼"是动词，犹"知礼"。古汉语名词用为动词，多在其前加一动词，构成动宾结构。这样，问答才相应，反问的是"谁说孔子知礼呀"，孔子回答说："这就是知礼呀。"

朱熹《集注》说："孔子自少以知礼闻，故或人因此而讥之。孔子言是礼者，敬谨之至，乃所以为礼也。"朱释"礼"为"为礼"，正以"礼"为动词。

5.《教科书》第53页，"举一隅不以三隅反，则不复也"，[参考译文]"举一方给他看而他不能联想到其他三方，就不再教他了"。

其中"不复也"当译作"就不再多说了"。举一反三，这是很聪明的人才能达到的，主要是用来夸奖、赞叹某人才智过人，不能要求每个学生都有这个水平。课文的译文，让人误解孔子拒绝招收这样的学生，不符合孔子的"有教无类"的教育理念。

林语堂《孔子的智慧》中便将其翻译成"孔子教人，如果不是心求通而未通的，是不去启发他；举述给他个道理，却不能触类旁通推演出相似道理的，就不再对他反复费辞了。"

孔子的弟子中有许多是达不到此等境界的，例如樊迟，就被孔子多次批评愚钝，但孔子还是不断地教导他。

孔子在这里说"不复也"应当是"我就不再多说了"，言下之意是让学生回去再领悟。

6.《教科书》第68页，"恶果敢而窒者"，[参考译文]"憎恶果敢却固执不通的人"。

其中"窒"当译作"凶狠暴戾"。课本将"窒"既译"固执"，又译"不通"，在一个句子中，一字不能兼有二义。"窒"是什么意思呢？《广雅》："怪，很也。"王念孙《广雅疏证》："怪，《玉篇》：'怪，恶性也。'《论语·阳货篇》：'恶果敢而窒者'窒与怪通，言很戾也。"《汉语大词典》释"很戾"为"①凶暴乖戾"，又释"乖戾"为"悖谬"，犹"悖理荒谬"。故"窒"为"凶狠暴戾"之义。虽果决勇敢却凶狠暴戾，故人厌恶之，此即"恶果敢而窒者"的含义。

7.《教科书》第86页，"君子固穷，小人穷斯滥矣"，注解⑩[固穷]"在困窘时坚守节操。固，坚持，坚守"。

其中"固"当译作"安"。朱熹《四书集注》："程子曰：'固穷者，固守其穷。'亦通。愚谓圣人当行而行，无所顾虑，处困而亨，无所怨悔，于此可见，学者宜深味之。"程子训"君子固穷"为"君子固守其穷"，"固"训"固守"不当。孔子曾说"富而可求也，虽执鞭之士吾亦为之"（《述而》），"富与贵，是人之所欲也"（《里仁》），他怎么会"固守其穷"，即坚守困穷，不思改变呢？难道他要自己和从者永远陷于"绝粮"的困境不肯摆脱吗？

"晋始伯而欲固诸侯，故解有罪之地，以分诸侯。"（《国语·鲁语上》）韦昭注："固，犹安也。""民为邦本，本固邦宁。"（《书·五子之歌》）孔传："言人君当固民以安国。"《汉语大词典》释"本固邦宁"为"人民安居乐业则国家太平。""固"犹"安"，"固民"犹"安民"。

"固"字，《辞源》《辞海》《汉语大词典》皆有"安定"之释。"固穷"之"固"当训"安"，乃"安定"之义。"固穷"与"安贫"义近，与"安穷"义同。韩愈《复志赋》："仰圣德以安穷兮，又何忠之能输？""固穷"犹"安穷"，乃"安于穷困"之义。

孔子说"君子固穷"，乃言君子居于穷困之中，当泰然处之，保持心态的平静与安定，不怨天尤人，不丧失节义。孔子见子路因穷而愠，愤愤不平，怒气冲冲，故告诫他要安贫乐道，已化解其愠。

三、词义补注

1.《教科书》第20页，"四体不勤，五谷不分，孰为夫子"，［参考译文］"四肢不劳动，五谷分不清，谁是老师？"

课文未明确：丈人冲着谁说"四体不勤，五谷不分"的，须补出。历来注家多认为是指责子路；"批林批孔"时期，则有人说是批评孔子。

杨伯峻译文"你这人，四肢不劳动，五谷不认识"，笔者认为：此前子路对丈人并无失礼表现，从后文看，这位丈人又是个很有教养的长者，他不会无缘无故地怒斥子路的，而且同后句"孰为夫子"的问话不协调。钱穆先生在其《论语新解》中说，此章的"四体不勤，五谷不分"两句，是丈人"讲他自己"，并说："据下文，丈人甚有礼貌，似不会邂逅子路即予面斥。"

故推测如下：丈人先说这两句，是为了表示歉意，说：我年岁大了，腿脚不方便，很少走动，眼睛也看不清了，所以不可能认识哪个人是你夫子。这样更符合情理。

2.《教科书》第39页，"君子不以言举人，不以人废言"，［参考译文］"君子不因为言论可取就选用一个人，也不因为人不可取就拒绝他的言论"。

这里的"君子",课本没有翻译。君子,在这里是指为官当政者,还是指有德之人?笔者认为,孔子说这话是有针对性的,从讲的是"举人"和"废言"看,"君子"当是指为政者,包括君主。因为对一般人来说,难得有"举人"和"废言"的问题需要处理,孔子不会就此作一般道德告诫;对官员则恰好相反。

"举人"不是一般意义上的"推举人",而是特指选拔、提升官员。孔子反对拿"言"作标准,那么他主张拿什么做标准呢?是"德"(在当时,"德"概念中蕴含着"才")。于是,下句乃是上句的补充,不能因为某人品德差就断定他的言论是错误的,不予接受。

这一章的内容属于政治思想,依传统理解,这一章的主旨教人要"胸怀坦荡,待人正直",可说是解偏了。故本章可译为:为政者不因为言论可取就提拔一个人,也不因为某人没有地位不可取就拒绝他的言论。

四、术语混论

《〈论语〉选读》教科书,凡通假字皆用"通",应术语一致。《教科书》页81,⑪[保鄣]用作防御的城堡,引申指起防御作用的事物。鄣同"障"。可改为⑪[鄣]通"障"。另有⑲[营惑]同"荧惑",迷惑。可改为⑲[营惑]通"荧惑",迷惑。

后记:

在写作此文的过程中,参阅了栾锦绣的《咬文嚼字读〈论语〉——为杨伯峻、李泽厚、傅佩荣、徐志刚指瑕》[1]和赵又春的《论语名家注读辨误》[2]。

参考文献:

[1] 栾锦绣.咬文嚼字读《论语》——为杨伯峻、李泽厚、傅佩荣、徐志刚指瑕[M].北京:中国青年出版社,2011.

[2] 赵又春.论语名家注读辨误[M].长沙:岳麓书社,2012.

(原载《语文学刊》2013年第11期。浙江省2013年教研课题"高中新课程《〈论语〉选读》教材编校与教学内容重构"的研究成果之一,课题立项编号:13B162)

语文版选修《〈论语〉选读》教材编写刍议之五
——关于语文版选修《〈论语〉选读》"附录"的增补

2009年11月9日,笔者参加了在杭州召开的浙江省高中语文"疑难问题解决"专题研讨会,并在会上作了专题报告。会后,笔者同语文版《〈论语〉选读》教材的主编张万彬先生,并就"附录"的编写作了深入研讨,我们一致认为应当增加一篇关于"中国儒学发展概述"的选文。后来,笔者在《语文版选修〈《论语》选读〉教材编写刍议(续)》(见《语文学刊》2009年第12期)一文中谈到"该附录,没有现成的文章可选"。为此,笔者查阅了大量文献资料,综成一稿,增补了该篇"附录",有不当之处,敬请方家指正!

儒学是孔子所创立、后儒所继承发展的以仁爱为核心、以三纲五常(君为臣纲,父为子纲,夫为妻纲;仁、义、礼、智、信)为主要内容的儒家学说。儒学在中国历史上的影响是无与伦比的,已经成为中华民族精神的主干,也是民族凝聚力的主要源泉。

一、先秦:儒学的奠基时代

儒学形成于春秋末期,由孔子与其学生所共同创立,以仁为核心,并提倡义、礼、智、信、勇等道德,当时成了显学。先秦时代,儒学与墨学、道学、法学、名学并列,为诸子百家之一。

《汉书·艺文志》对儒家的概况作了简单介绍:"儒家者流,盖出于司徒之官,助人君顺阴阳明教化者也。游文于六经之中,留意于仁义之际,祖述尧舜,宪章文武,宗师仲尼,以重其言,于道为最高。"司徒是古代六卿之一,是主管教化的官。儒学经典为"六经":《诗》《书》《礼》《乐》《易》《春秋》。主要内容是仁义,其源可远溯尧舜,后有周文王、周武王,孔子是集大成者。

孔子死后,儒学分为八派,以孟子、荀子的影响为最大。孟子立足孔子体系重"仁"的一面,提出了在中国历史上影响广泛的"仁政学说",即以儒家关于仁的思想治理社会的系统理论;以"性善论"肯定了人的价值在于道德性,把外在的道德规范转化为人的内在本质规定，并由对人在道德修养中主体意识的强调，提出了"天人合一"思想及"尽心知性知天"的认识路线。荀子则主要继承发展了孔子思想中重"礼"的一面，立足于"性恶论"及"明于天人之分"的自然观，阐发了"礼表法里""隆礼重法"的礼治思想；提出了和孟子"存心养性"完全不同的向外求助的道德修养理论。孟荀对"仁""礼"不同的发展方向决定了其后儒家思想发展的不同路线。

早期儒家提倡的道德修养学说在"士"阶层中有着深远的影响，而他们设计的理想政治制度和治国原则，即一统天下和礼义王道为上等，脱离了当时诸侯称霸、群雄割据的社会现实，因此始终没有得到当权者的赏识和重用。所以，早期儒家学说与以后成为实际社会政治制度依据的儒学不同，它还只是一种关于道德修养和政治理想的一般性学说。

二、两汉：儒家经学的独尊时代

秦始皇"焚书坑儒"，对儒学是沉重打击。秦亡以后，汉初学者总结历史教训，认为秦因不崇儒家、不施仁义而迅速败亡。由于陆贾、贾谊、叔孙通、赵绾、公孙弘、董仲舒等学者大力提倡，儒学的社会地位不断提高。特别是董仲舒，在对汉武帝策问时提出："诸不在六艺之科、孔子之术者，皆绝其道，勿使并进，邪辟之说灭息，然后统纪可一而法度可明，民知所从矣。"（《汉书·董仲舒传》）

汉武帝欣赏董仲舒的建议，实行"独尊儒术，罢黜百家"的方针，开始以儒书为经典，以通经取仕，建立了文官制度。董仲舒以阴阳五行与儒学相结合，又吸纳了先秦诸子百家的某些思想成分，丰富发展了儒学，使儒学成为能适应新时代需要的新儒学，即经学。董仲舒把先秦儒家伦理学、社会学，发展为政治哲学，其核心为"大一统"：政治上的大一统，是"屈民而伸君"；思想上的大一统，是"屈君而伸天"。天就是儒学。"伸天"就是"独尊儒术"。君要服从天，天有什么想法呢？大家都不知道，要由儒家出来解说。儒家当然会按儒学来解释天意。

由于利禄的鼓励，汉代儒家竭力研究经书，注解经文，讲授经学，形成了许多经学派别。从大的分，有今文经学和古文经学两大派。由故秦博士或官吏口授，用汉代通行的隶书记录下来的典籍，为"今文经"，依此系统授受的，就是今文经学；而民间秘藏于山岩屋壁的典籍，多为先秦旧籍，用籀文书写，由此所得之经，为"古文经"，依此系统授受者，即为古文经学。今文经学注重阐发经书中的微言大义，尽量利用经书为当时的政治服务，思想比较灵活，多曲解原意，阐发己见；而古文经学则重考证，用章句训诂方法，力求恢复儒学经书的本来面目，了解儒书的本意。

汉代经学的统治，随着经学自身的发展、分化，大致经历了两个时期。其前期，西汉今文经学居于绝对的统治地位，特别是以董仲舒为代表的《春秋》公羊学派，以及孟氏《易》、京氏《易》、夏侯《尚书》等，与谶纬学说结合在一起，成了统治者决定大政方针、神祖奠祭的指导思想，直至东汉初期的光武、明帝、章帝时期。其后期，则是古文经学的盛兴时代。由西汉末年刘歆大力倡导古文经学开始，郑兴、郑众父子，贾逵、马融等相继为之发扬，至东汉末年的郑玄，又兼采今文经学的某些长处，综合今文经学和古文经学，取优汰劣，遍注群经，成为汉代经学集大成者。

三、魏晋隋唐：儒、道、佛的碰撞与对话

两汉经学发展至后期，"烦琐注经"成了学术思想发展的沉重枷锁，所谓"故幼童而守一艺，白首而后能言。"（见《汉书·艺文志》）魏晋时期，以老庄学说注释、理解儒家经典的玄学代经学而起，并用以纠正经学的烦琐学风，很快占据了思想界的统治地位。

玄学的发展多借助于两汉经学，王弼、何晏注释《周易》《论语》，都是"援道入儒"，儒学不但未被排除出玄学，反而在玄学中占有重要地位。玄学家们对儒学的核心纲常名教并不否定，只是作了异于经学的解释，王弼、何晏的"名教即自然"、郭象的"名教出于自然"固然是对儒家所倡名教纲常的肯定，即使阮籍、嵇康的"越名教而任自然"，也仅是反对儒家礼教的烦琐形式，与老庄的彻底否定截然不同，实际上更提高了儒家名教的精神境界。经过玄学与道家思想的融合及互补比汉代进到更深的层次和境界。

隋唐时期，儒学与佛道二教进行了激烈斗争。唐代大儒韩愈提出"文以载道"的主张，排斥佛、道，振兴儒学。他认为儒家有传道的"道统"，从尧、舜、禹、汤、文、武、周公、孔子，一直传到孟子。孟子死后，没有人传，韩愈以弘扬儒道为己任，把儒家道统传下去，他以"道统说"作为与佛道斗争的理论武器。继韩愈之后，于儒学有大贡献者是李翱，他远承子思、孟轲，近接韩愈。李翱在对抗佛教的同时，也吸取佛之理论以为己用。韩愈、李翱，同尊子思、孟子，又共同弘扬《中庸》《大学》的思想学说，使《孟子》与《大学》《中庸》在儒家经典中的地位显著提高。至宋儒将此三者与《论语》并举为《四书》，又使《四书》与《五经》居于同等地位，韩李二人乃有启源之功。道统说，性情说，以及对于佛、道二教的理论吸取，均为宋明理学的重要源头。纵观中国儒学的总体发展，由汉唐经学转向宋明理学，韩愈、李翱正居于承前启后的重要地位，堪当理学先驱。

四、宋元明：理学的一统天下

理学，亦称"道学"。它是儒学在新的历史时期新的发展形态。它的形成，可上溯至中唐时期的韩愈。韩愈在《原道》中提出了一条贯穿古今的道统，即由尧、舜、禹、汤、文、武、周公、孔子、孟轲，直至韩愈，一脉相承，为儒家之道统。

宋初三先生胡瑗、孙复、石介为之唱和，认为此道乃"万世常行不可易之道也"（石介语）。北宋中期，周敦颐、邵雍、张载、程颢、程颐，相继为说，各成学派，明确提出了"理气""道器""无极""太极"等一系列范畴，从而为理学（此时多称"道学"）思想体系奠定了基础。"二程"把《礼记》中的《大学》和《中庸》两篇抽出来，和《论语》《孟子》配合在一起，合称《四书》，成了儒家经典中的要典，后来竟和《五经》并列。

到南宋朱熹，则集理学之大成，他构筑了一个由宇宙观、社会历史观、人性论、道德论、知行观等几乎无所不包的博大精深的思想体系，使理学成为控制社会各个领域的统治思想。朱熹所撰《四书集注》，从宋代到清末，都是封建士大夫以及平民知识分子步入仕途的必读教科书。

以"二程"、朱熹为代表的"程朱理学"，和以陆九渊、王阳明为代表的"陆王心学"，是这一理学思想潮流的两大基本流派。这一期间的佛学与道家学说，虽然各有脉络流传，但远不及魏晋隋唐那样盛行，那样具有政治势力。其表现形态也往往与理学有密切关联。而"理学"之所以具有新的表现形态，之所以构成儒学发展的一个新阶段，也正在于它吸取了道家思想与佛家思想的滋养，特别是在宇宙观、本体论、理性思维等方面，明显地表现了佛道思想的影响。因此，宋明理学既是前代儒学在新的历史时期的发展，同时也是儒学与佛、道二家经过四五百年的斗争与交融的必然结果。

五、清代：儒学的繁荣与危机

理学发展到明末，部分学者开始看到其空谈心性，不务实用，导致国弱民贫的弊病，并欲起而矫正之。但因时代所限，最终皆未能挣脱理学藩篱。

到了清初，历史进入一个"天崩地坼"的大动荡时代。遂有一大批儒者，继东林遗风，倡经世致用之学，批判总结几百年来的理学思想，形成了新的学术思潮。其中为首的便是人们熟知的三大家——顾炎武、黄宗羲、王夫之。他们在儒学上的贡献，一则是倡导经学，提出以经学代替理学；二则是主张治经必须从文字训诂、典章制度等方面的考证入手，开启清代汉学之风；三则是对宋明理学在学术上和理论上进行深入批判和总结。当时应顾、黄、王之倡而起，提倡实学的，还有颜元、李塨。他们反对静坐读书，强调实践力行，独明周礼六艺之教，全面抨击理学。

在新的学术风气影响下，许多儒生抛弃理学，转向经学。胡渭、阎若璩经详密考证，分别写出了《易图明辨》和《古文尚书疏证》，前者证明宋儒奉为神明的《太极图》乃是改头换面的道教作品，后者证明理学基本经典之一的《古文尚书》，是晋人王肃造的伪书。在学术界引起极大轰动，理学阵地动摇了。

乾隆朝，清政府大兴"文字狱"，思想领域网罗甚密，逼得知识分子不敢研究现实问题，也不敢研究敏感的历史问题，他们只好把精力投入古代经史的考证。清代儒学的主要成就，在于对儒家经典的考据、训诂与整理。因为这一成就集中地表现于乾隆、嘉庆时代，故学术界通称乾嘉学派。又因其学风质直朴实，追崇汉代古文经学之风，故又称汉学或清代的古文经学，与宋学或清代的今文经学相对称。

乾嘉学派是一种时代文化，如果从学术倾向与学术特征来分析，则可分为三大派，一是惠栋父子为首的吴派，以"博学好古"为宗旨，辑了不少逸书。二是戴震为首的皖派，以"无征不信"为宗旨，达到极高的成就。戴震的《孟子字义疏证》不仅是考据名作，也是哲学名作。他沉痛地说："酷吏以法杀人，后儒以理杀人。"他对程朱理学的深刻、尖锐批判，在当时有巨大的进步意义。三是以焦循、阮元为代表的扬州学派，它集吴皖二派的优点，既博且精，在名物训诂、数学天文等方面都取得优异的成绩。

乾嘉以后，随着考据学的烦琐化，日益脱离实际，乾嘉汉学在晚清开始式微。一部分士人抛弃训诂名物的古文经学传统，转而研究与政治结合较紧密的今文经学，特别是公羊学。鸦片战争前夕，公羊学者龚自珍、魏源提出了改革朝政的要求。龚自珍认为，严重的社会危机将导致一场大动乱，清政府要保持自己的统治，必须进行自上而下的改良。魏源认为要对付外敌侵略，要打开国门，要"师夷长技"。龚、魏的思想在理学与古文经学统治的沉闷的知识界，起着振聋发聩的作用，有着广泛而深远的影响。

晚清今文经学的集大成者是康有为。1891年，他根据公羊学说写出并刊行了《新学伪经考》和《孔子改制考》。他认为东汉以来的古文经学，是刘歆为了王莽"新朝"伪造的，真正的经是今文经，那是孔子假托古代圣王言行，用以改革政治的各项主张。于是将孔子打扮成托古改制的圣主，创造性地建立了变法维新的理论体系，获得了空前成功，并领导了轰动中外的戊戌变法运动。但这次改革运动仅仅进行了一百天，便在西太后的军事镇压下失败了。康有为把儒家孔、孟思想与近代西方民主政治学说和哲学理论联系在一起的过程中，虽有许多牵强附会乃至幼稚可笑的地方，但不可否认，其中包含着某些使传统儒学向现代转化的探索和努力。如果说，现代新儒学是指把儒学与西方近代思想文化融通起来的话，那么康有为则应当是第一人。

六、近现代：儒学的衰落与复兴

鸦片战争后，中国进入了半殖民地半封建社会，民族矛盾、阶级矛盾空前尖锐复杂。但是，儒学还依旧安坐在中国的官学位置上，作为正统意识形态，它所外化的礼教体系，仍然支配着当时的社会道德和民间习俗。

近代历史上，首先起来批判孔子，讨伐儒学的是太平天国领袖洪秀全，他说："推勘妖魔作怪之由，总追究孔丘教人之书多错。"（《太平天日》）并且编造上帝在天庭审问和鞭挞孔丘的神话。因此太平军所到之处，常常拆孔庙，焚儒书。可是他们在实践中恰好是大大发展了孔子思想中的糟粕，太平天国后期，大封王侯，等级宗法观念泛滥便是明证。

1911年的辛亥革命推翻了帝制，建立了共和，中国历史掀开了新的一页。封建帝制社会瓦解了，儒学失去了政权靠山，地位迅速下降，至"五四"新文化运动，儒学在先进思潮的批判中声名狼藉，几乎成了封建保守的同义语。1927年，南京国民政府成立后，蒋介石想以儒学控制人心，重建秩序，以维护其一党独裁的政治统治。他说，孙中山的思想是中国传统尤其是儒学道统的真正继承者，三民主义就是从仁义道德中生发出来的。1934年，南京政府明令规定每年的8月27日孔子诞辰为国家纪念日，全国奉命举行盛大的孔子诞辰纪念会，鼓吹文化复古主义。对于国民党利用儒学进行的法西斯统治宣传，中国共产党和自由知识分子都起而反对。中国共产党在批判各种文化复古主义的同时，也着力建设新文化。1940年初，毛泽东发表《新民主主义论》，阐明新民主主义的文化，"就是人民大众反帝反封建的文化；在今日，就是抗日统一战线的文化"。新文化建设上，要批判地继承传统文化，要有选择地吸收外来文化。

1949年新中国成立后，国内逐步以中国化的社会主义和共产主义思想代替各种非社会主义、非共产主义的思想。连带所及，儒学在政治生活中的地位自然下降，并逐步退出意识形态的主导地位，仅仅成为专家学者的研究对象。非意识形态化的儒学研究在1949年后，国内有过几次大的起伏。

1957年毛泽东正式提出"百家争鸣、百花齐放"的方针的一段时间里，学术界或多或少谈到了儒家学说的价值与政治理念问题。但那时的儒学研究，具有浓厚的左倾色彩，以学术迎合政治的倾向日趋严重。到了六十年代，随着国内外环境的急剧严峻，不久便发生了"无产阶级文化大革命"。在"文革"早期，运动的中心还不在儒学本身，还没有触及孔子与儒学的思想观念问题。而到七十年代初，随着林彪反党叛国罪行的暴露，引起了毛泽东的高度警觉。在毛泽东看来，林彪和国民党一样，都是尊孔反法的。因此，为了巩固无产阶级专政，就必须评法批儒。1974年，在全国范围内开展了一场群众性的深入的批林批孔运动。在这样一种政治气氛下，一些批判孔孟之道的文章的学术水准，多是政治的口号，少有客观的研究，学术价值几乎等于零。

1976年，中国历史发生了重大转折，一举粉碎"四人帮"，结束了长达十年之久的文化大革命。不久，随着匡亚明、庞朴等人评介孔子与儒学的文章的相继发表，国内新一轮孔子与儒学研究热潮开始出现了。不过，起初主要是纠正长时期强加给孔子和儒学的一些与历史事实并不相符的罪名。到了1989年，国内外政治形势又发生了一次重大变化，国家大力弘扬民族文化，许多学人提倡复兴儒学。季羡林在他的代表作《从宏观上看中国文化》一文中，大胆预言，二十一世纪中国人可以用中国文明尤其是儒家学说去拯救西方，拯救人类。

在八十年代国内文化热中，一个最引人注意的现象是学术界重新开展对新儒家的研究。这一研究既开拓了人们的视野，同时也给八十年代文化热中的儒学复兴论者提供了理论和事实上的依据。

从学术史的观点看，所谓现代新儒学主要是指五四运动以后产生于中国的一股文化保守主义学术思潮。被指为新儒学的代表人物虽不尽相同，但大体不外乎梁漱溟、张君劢、熊十力、冯友兰、贺麟和钱穆等。这批学者面对西方文化的冲击和五四运动全盘反传统的刺激，觉得中国的未来应以弘扬先秦原始儒家精神为根基，接续宋明儒家心性义理之学为核心，谋求以中国传统文化为本位，充分吸收西方的科学与民主，在中国建设"三统（道统、学统、政统）并建"的现代文化，以期儒家思想在现代乃至未来中国能有一个大的发展。

1949年之后，马克思主义成为中国社会的指导思想。上述儒家的代表人物因种种原因大多留在了大陆，然而他们的弟子尤其是熊十力的弟子唐君毅、徐复观等人则转移到台湾、香港等地继续儒学研究。新儒家在大陆沉寂了三十年之后，却于八十年代随着中国改革开放而再次引起大陆学人的重视。1985年，第三代新儒家的重要传人，美国哈佛大学教授杜维明来到北京大学讲学访问达半年之久，积极宣传儒学在现代社会的价值，大陆学术界开始正视新儒学的存在及其价值。现代新儒家在融合中西、实现中国哲学现代化方面所作的探索和所取得的成果，对于未来中国思想文化的建设无疑具有重要的现实意义。

儒学过去的辉煌，后来的衰微，现在的复苏，都表明它的生命力；儒学是包含着中国人生命气质的一种世界性文化资源，它像一座富矿，蕴藏着对现代人的精神生命、未来人类社会发展有积极意义的恒常价值。我们对儒学的责任不是褒贬和摒弃，而是开采和提炼，通过自觉的文化选择，促成它的积极转换，使它在人类未来的文化发展过程中萌生出新的意义和生命！

（原载《语文学刊》，2010年第1期）

第三章　基于"学情"的命题管窥

在教学中,"教什么"往往指向"考什么",不研究"考什么",也就教不好学生,也就难以营造高效课堂。"考什么"要特别关注学情,学生应当学到什么程度,学生最终获得怎样的生长,促进学生在语言建构与运用、思维发展与提升、审美鉴赏与创造、文化传承与理解等方面的全面发展。

浙江省近五年高考试题乡土特色分析

新课程改革以来，教材开始出现革命性变化，其标志之一，便是一纲多本的出现。而且各家出版社都在选文上下足了功夫，教材的时代特征，现代气息，乡土特色更为突出。"教育部统一高考，分省命题"的政策，使语文高考试题乡土特色的出现成为必然。从2004年语文分省自主命题开始至2008年，全国已有20多个省市进行了语文自主命题。由于分省命题是以"发挥地方资源优势，体现地方特色"为主旨，所以各省命题人都不可避免地在高考试卷中打上自己的印记，从而使高考语文试卷呈现出百花齐放的局面。浙江省语文高考试题从2004年开始自主命题至今已五年，同样深受本土文化的影响，带有浓郁的地域文化的色彩。

一、浙江语文高考试题乡土特色出现的背景

重在培养创新精神和实践能力的基础教育新课程改革，已经在全国范围内进行大面积的实验和推广。但由于各省课程改革的推进速度各异，校本课程的实施使基础教育具有了更多的地方特色，因此全国统一的高考卷已不能完全适应各地教学和课程改革的需求，局限日渐突出。1993年全国高考散文阅读文本《青菜》中，作者所说的"青菜"是特指一种名为"青菜"的蔬菜，不是泛指所有的蔬菜，所以北方的一些考生对文中"青菜"与"黄瓜"的差别不大理解，从而导致由于生活经验的不同而造成理解上的差异。

实行分省自主命题，各省市可以针对当地的教育教学实际和学生的能力水平，在考试命题上具有更强的指向性，使各省更好地根据省情和教育发展的实际，在考试科目、内容、形式、难度等方面进行改革和探索，有利于推进地方基础教育改革尤其是新课程改革，有利于扎实地推进素质教育。

毋庸置疑，在命题指向上突出地方性还可以推动高中教材的地方化，引领教材改革和课程改革。目前高中教材实行"一纲多本"，各省市可以根据《教学大纲》编写和选择使用自己的教材，开设更多的选修课程，在强调基础性的同时，注重多样性、选择性

和地方性。新课程改革的这些特点与自主命题所进行的考试内容改革方向一致，可以统筹进行，实现良性互动。

二、高考语文试卷乡土特色的内涵

1. 立意上，地方卷应通过命题反映该地区对语文教学的深刻理解，要对深化素质教育改革，构建具有地方特色的教育体制有引领和指导的作用，要体现该地区教育教学改革和考生群体的实际水平。

2. 试卷结构、题型设计与全国卷有不同之处。

各省在试卷考查的知识点、考点赋分、题型均可有自己的安排。

上海卷自1998年至今试卷结构为阅读和写作两大部分，所占分值为80分和70分，形成了检测语文认知和能力结构为指向的集认读与理解，分析与综合，鉴赏与评价为一体"注重文化内涵，考查综合素养，读写两壁，古今阅读等分，力求鲜活大气"的上海特色。

3. 试卷选材要彰显地方特色。要反映该地区人民的精神风貌，反映该地区社会、经济、科技文化的传承和进步。

三、近五年浙江省语文高考试题乡土特色命题分析

1. **选材上注重人文性和审美性，激起学生的文化认同，浙江高考语文题把浙江的自然、社会、人文资源纳入选材视野**。在文言文、现代文阅读材料中，注重了材料本身的人文性，凸显中国文化精神与当代现实生活的结合，关注材料的浙江特色。或为浙江名人名作，或内容涉及浙江的名山大川，或关涉浙江的政治、经济、历史、文化等。2004年浙江卷选用了著名散文家、浙江台州市国土资源局局长刘长春散文集《大地笔记》中的散文《白鹤翔集的记忆》作为现代文阅读题；2004年浙江卷的作文请以"人文素养与发展"为话题写一篇文章，其话题材料"某省公众的人文社会科学素养总体达标比例仅为7.5%，与该省的经济发展颇不相称。该调查认为：人文素养反映了一个人的基本修养和品质，体现了人们处理人与自然、人与社会、人与人之间关系的价值观；缺乏人文素养，失落人文精神，必然会制约个人乃至社会、国家、民族的可持续发展。因此，我们在建设物质家园的同时，应高度重视精神家园的建设"，某省即浙江省；2005年浙江卷选用的语料是一篇涉及浙江人饮茶的习俗和陆羽的《茶经》；2006年浙江卷文言文阅读是明代的浙江人方孝孺的《蚊对》；2008年浙江卷阿·马·高尔基（俄）的小说《乌米》，虽不属浙江文人的作品，但在第21题，涉及浙江作家鲁迅的小说《祝福》，"鲁迅《祝福》中的'我'既是不可或缺的人物形象，又是主人公祥林嫂命运的见证，其重要

性与本篇中的'我'相似。请赏析《乌米》中'我'的形象与作用"。

这些都引起了考生对浙江地方特色的关注，它既考查了学生的知识水平，又考查了学生对浙江人文地理的了解程度，还考查了学生的综合素质，很好地体现了浙江卷的地方特色。

2. 知识点结合浙江地方特点进行考查。语音题的考核，就可考虑地方语言面貌，设题以起到纠偏和引导教学的作用。如浙江许多地方不分n和l，如把"兰花"说成"难花"，把"恼怒"说成"老路"，2004年浙江卷第1小题就选择了这样的字词："招徕（lái）青睐（lài）"；有的不分h和w，如把"小胡"说成"小吴"，把"老黄"说成"老王"，2005年浙江卷第1小题选择了"龌龊（wò）运筹帷幄（wò）"；在韵母方面，前鼻音和后鼻音不分，如把"金银（jīnyín）""经营（jīngyíng）"，2006年浙江卷第1小题"在亵（xiè）渎一切、消费一切的氛（fēn）围中，经典正在被调侃、嘲讽、戏说所消解，人们心中只残留下少得可怜的一点美好回忆"；舌尖前音和舌尖后音不分等，考查这些内容对纠正该地人的语音发音能起到很好的指向作用。

近义词或成语的考察，可结合浙江的当前社会生活，例如2007年浙江卷第2小题：

依次填入下列横线处的词语，最恰当的一组是：

①面对"两会"代表、委员的依法_____，有的官员虽然还不能圆满答复，但都表现出虚心接受、认真反思的态度。

②在5月4日结束的第三届中国国际动漫节上，杭州市有关部门与中国动画学会签订了合作_____，准备共同培养动漫人才，开发动漫资源。

③距离同济大学校庆还有5天，世界各地的校友_____将启程，前往上海参加庆典，共贺母校百年华诞。

  A.质对 协议 不日 B.质对 协约 翌日

  C.质询 协约 翌日 D.质询 协议 不日

其中的"②"涉及杭州的热点事件。

又如2008年浙江卷第3小题：下列各句中，加点词语能被括号中的词语替换且不改变句意的一项是：

A.中国高等教育用不到十年的时间实现了从精英教育到大众教育的跨越，但大发展过程中，难免会泥沙俱下，出现各种各样的问题。（鱼龙混杂）

B.她不属于学院派，自然少受那些清规戒律的约束，其创作往往天马行空，充满神奇瑰丽的想象。（金科玉律）

C.最近，浙江手机上网资费全面下调，广大用户对此额手称庆。专家预测，未来通过手机收看体育赛事或许会成为一种潮流。（弹冠相庆）

D.NBA季后赛中，由于缺少了主力姚明，火箭队内线空虚，在防守上往往顾此失彼，实力明显削弱。（捉襟见肘）

其中"C"项结合浙江的当前生活热点，透着时代气息。

语用题的设置，也可结合地方特点出题。2005年浙江卷在语言表达方面选择了《茶经》来彰显自己的区域文化，试题是这样的：

阅读下面的文字，然后回答问题。（6分）

我翻阅《茶经》①，寻思着是什么样的感动让陆羽写下了这本书②？是喜欢喝茶③？还是在品酌之中体会茶汁沿喉缓缓而下④，与血肉之躯融合之后的那股甘醇⑤？

茶是本无名姓的人替它取了名，是拟人化了。不管名字代表它的出身、焙制过程，抑或冲泡时的香味，总是人的【甲】深情厚意（自作多情）。人就是霸道，喜欢用自己的一套逻辑强加到茶身上，连累得茶也有尊卑高低了。

喝茶时顺便看看林中茶，是件有意思的事。蜷缩是婴儿，舒放自如为【乙】豆蔻年华（韵味最佳），肥硕即是阳寿将尽。一撮叶，看一生。

(1) 将标点不恰当的两项填入下面的□中。（只填序号）(2分)

② ③

(2) 从表达效果出发，就甲、乙两处是否要替换成括号内的词语作出判断并简要分析。（4分）

[甲]处：要替换。"自作多情"为贬义词，与下文"霸道""强加"的感情色彩相吻合，而"深情厚意"为褒义词。

[乙]处：不替换。"韵味最佳"不能照应上下文中的"婴儿"与"阳寿将尽"，比喻前后不协调。

这是一道出新的好题。它新在要求考生熟悉浙江的人文、地理、特点，能考查学生对生活和对社会的关心程度。其次，对学生的语文应用能力是一种深入考查。

四、新课标下的浙江语文高考命题趋势及对策

随着高考命题权限的下放，命题组织走向区域化，命题形式趋于多样化，高考分省命题必然出现多元化、多样化和地方化的趋势。这就为浙江高考自主命题带来了丰富的创新元素和创意空间，可以充分发挥浙江地方资源优势，彰显浙江地方特色。

1. 今后，浙江语文高考在总体体现《考试说明》基本精神的基础上，将继续融入本省的一些个性化要求，不断体现区域自主创新色彩，在一定程度上体现浙江在推行语文新课程改革和实施素质教育的过程中，结合地方特色所提出的一些具体要求和实现途径。在试卷的具体呈现形式上继续结合地方特点进行渐进式自主创新，融入适当的浙江

区域文化特色。这样既可保证全国统一高考的基本要求和价值取向，又可适当顾及和适应浙江地方教育发展的实际要求。

2. 在考试内容上浙江语文高考试题将继续彰显地方特色。今后浙江高考命题，在考试内容上还将顾及本省的乡土风情，并直接反映到高考试题中来。这些考试内容，贴近考生生活实际，在热爱家乡，热爱自然，保护世界遗产等方面都有积极意义，既符合高考要求，又彰显地方特色，在强调全球意识的同时，也将越来越注重考查地方的历史文化。

3. 目前，国内众多学校开始重视乡土教材的编写，我们要编好用好乡土教材，语文教师要深入研究课标教材，并结合新版教材进行研究，关注浙江特色的鲜活素材，只有这样，才能准确地把握新课标的精神实质，抓住重点和难点进行复习备考，才能有的放矢，事半功倍。

总之，无论是语文教材的编写还是语文高考，共同的趋势都要求贴近生活。要重视语文与浙江人文、历史的现实联系。把学生从应试教育的泥沼引导到素质教育的轨道上来，为国家培养创新型人才，适应本土社会经济发展需要的目标，这应当是高考试卷乡土特色的旨归。

（2008年9月10日）

浙江省近五年高考文言文阅读考查盘点

从2004起，浙江省高考自主命题，迄今已五年。这五年高考文言文的考查是怎样命题的，以及考查了些什么内容呢？我们都很有必要对之作出分析总结，以便备战来年的高考文言文的考查。

要拿到高考文言文的分数，我认为要做足两方面的工作：平时扎扎实实地夯实文言文基础和总结、明晰历年的高考试题。详细地考察浙江省自2004年以来的历年文言文考查题（见表1），我们至少可以明晰以下一些方面：

表1 2004—2008年浙江高考文言文阅读考查情况一览表

浙江卷	选文标题	出处或作者	所考实词	所考虚词	设题	分值
2004年	《许逖传》	《宋史》	家、坏、知、可	其、以、而、乃	7道	20分
2005年	《书褒城驿壁》	（唐）孙樵	胶、除、虞、条	则、以、且、之	7道	20分
2006年	《蚊对》	（明）方孝孺	质、贵、畜、陵	也、而、其、于	7道	20分
2007年	《王定国诗集叙》	（宋）苏轼	忝、期、畏、衰	乎、且、以、焉	7道	20分
2008年	《白居易传》	《唐才子传》	致仕、累、燕、艰难	其、乃、于、与	7道	20分

一、尽量避开了史传中选材的方式

只有2004年高考文言阅读材料选自《宋史》，此后的四年，都不从史传中选材，而唐、宋、明时期文人作品增加，打破了全国卷一直以人物传记为材料的常规，有效地防止了猜题、押题的出现。

二、选文体裁丰富

有史传类作品，有论说类作品，有序文。这些文章以写人叙事为主，故事情节相对集中，词语不求华美，抒情议论不空泛玄奥，都是比较浅易的文言文。

三、文言实词的考查有所提升

出现了一些双音实词，例如2008年高考文言卷的"致仕""艰难"。另外所考的文言实词，都有几个义项，甚至更多的义项，比较难判断。文言实词解释不正确的一个，以及其正确的解释（见表2）。

表2　文言实词考查一览表

浙江卷	所考实词	错误解释	正确解释
2004年	坏	使……毁坏	损坏的
2005年	除	废弃	台阶
2006年	质	资质	本质
2007年	畏	担忧	敬服
2008年	致仕	做官	辞官

5套试卷一共考查了20个文言实词，考查覆盖面广，词语无重复，考生平时要有必要的词语积累，有较大的阅读量。

四、文言虚词的考查属于正常范围

高考所要求的18个文言虚词：而、何、乎、乃、其、且、若、所、为、焉、也、以、因、于、与、则、者、之。"其"考到3次，"以"考了3次，"而"考到2次，"乃"考了2次，"则"考到1次，"且"考了2次，"之"考了1次，"也"考了1次，"于"考了2次，"乎"考了1次，"焉"考了1次，"与"考了1次。还剩6个虚词没有考过，分别是：何、若、所、为、因、者。2009年的文言文高考，要加强这6个虚词的全面复习。

五、设题上出现了多种题型

浙江高考卷2004—2006年的文言文的设题都是选择和翻译这两种题型。但2007年的文言文卷设题除了选择题和翻译题之外，出现了断句题型，2008年的文言文设题延续了前一年的"选择题、翻译题和断句题"3种题型。浙江2009年将有一种新的题型出现，就是"文章思想内容和作者观点态度的评价"（据2009年浙江省普通高考考试说明，可称之为"简析题"）。2009年11月下旬，浙江省在湖州等地进行了高考卷的模拟考，首次采用了该题型：

阅读《论语》中的一段文字，然后回答问题。（4分）

（桀溺）曰："滔滔者，天下皆是也，而谁以易之？而与其从辟人之士也，岂若从辟世之士哉？"

……

夫子怃然曰："鸟兽不可与同群，吾非斯人之徒与而谁与？天下有道，丘不与易也。"桀溺和孔子的言论表达了他们对现实截然不同的观点态度。

（1）你认为楚狂接舆会赞成谁的观点？颜回会赞成谁的观点？（1分）

（2）你赞成谁的观点？为什么？（3分）

参考答案：（1）楚狂接舆会赞成桀溺的观点，颜回会赞成孔子的观点。

（2）赞成孔子的观点。①孔子的言论反映了儒家改革社会的良好愿望和积极入世的思想。儒家不倡导消极避世，正因为社会动乱、天下无道，才更需要有志之士为改革社会现状而努力，这是一种以天下为己任的责任感和忧患意识。②假如乱世之中，人人明哲保身，那么乱就得不到抑制，其乱更甚，知其不可而为之实则体现了一种承担、奉献和牺牲精神。③人生中总会遇到各种看似"不可为"的难题，倘若都以退避的姿态对待，问题永远存在，"为之"才有希望。

赞成桀溺的观点。①乱世之中，不能靠一己之力来改变社会，这是必须正视的现实，这一点上不能自欺欺人。②洁身自好、修身养性、保存实力，以待治世，这在乱世中不失为一种以退为进的方法。③明知不可为而为之，精神虽然可嘉，但事实上是时间和精力的无谓浪费。（备注：只要观点明确，言之有据，且理由至少两点，即可给满分。）

六、赋分保持稳定

浙江高考卷从2004年到2008年，都是选一篇文言文阅读，其分值均是20分。2009年是浙江采用苏教版后的第一次高考，而江苏高考卷一般是选两段文言文阅读，共9道题，江苏卷文言文赋分达到了30分，所以浙江2009年的语文高考卷，文言文的分值必定突破20分。浙江2008年高考卷古代诗文阅读（文言文、诗歌鉴赏和默写名句）总分为30分，而2009年高考卷古代诗文阅读（文言文、诗歌鉴赏、简答题和默写名句）可能突破30分，达到34分左右。文言文分数，我们必须力争拿到其中尽量多的分数，决不能掉以轻心。

预测2009年浙江文言文考查趋势：

其一，文言文选文仍将多样化。在关注非人物传记的文言文材料的同时，也要有意识地多阅读人物传记的文言文材料。

其二，选文字数上将会有所增加，要加大平时的文言文阅读量，提高阅读文言文速度。

其三，考查的形式会有新变化。今年是浙江采用苏教版教材后的第一年高考，试卷结构必然会受江苏卷的影响。江苏卷2008年高考卷，有文言文主观试题，分值超过了客观题，形式有一定的创新，今年浙江的高考文言文试卷最大的亮点就是"文言文主观题"！

（2008年10月6日）

浙江省近四年高考作文之命题剖析

从2004起，浙江省高考自主命题，迄今已四年，作文题目引人注意。从形式上看，开放性和限制性不断调和，审题难度有起有伏。今后浙江省的作文命题将呈现"戴着镣铐跳舞"的特征，更加注重文题的人文性和创新性。我们应对策略上要在注重基础的前提下，不断培养学生的辩证思维能力和创新精神，才能在高考中立于不败之地。

一、命题规律

（一）命题重现

1. 有关部门调查显示：

某省公众的人文社会科学素养总体达标仅为7.5%，与该省的经济发展颇不相称。该调查认为：人文素养反映了一个人的基本修养与品质，体现了人们处理人与自然、人与社会、人与人之间关系的价值观；缺乏人文素养、失落人文精神，必然会制约个人乃至社会、国家、民族的可持续发展，因此，我们在建设物质家园的同时，应高度重视精神家园的建设。

读了上述材料，你有些什么想法呢？请以"人文素养与发展"为话题，写一篇文章，可以记叙见闻、经历，谈谈体验、感受，讲述故事，发表议论，展开想象，抒发感情等。

注意：①所写内容必须在话题范围之内，试题引用的材料，考生在文章中可用可不用。②立意自定，角度自选，题目自拟。③除诗歌外，文体不限。④不少于800字。⑤不得抄袭。

特点：话题作文，试题中提供文字材料，提出写作提示和写作要求。（2004年）

2. 唐诗曰："一叶落知天下秋。"宋诗云："春色满园关不住，一枝红杏出墙来。"

一叶飘零而知秋，一枝勃发而见春。寻常细微之物常常是大千世界的缩影，无限往往收藏于有限中。

请以"一枝一叶一世界"为话题，自拟标题，写一篇文章。

注意：①所写内容必须在话题范围之内。②立意自定，角度自选。③除诗歌外，文体不限。④不少于800字。⑤不得抄袭。

特点：话题作文，试题中提供文字材料，提出写作提示和写作要求。（2005年）

3. 据《列子》记载：子贡倦于学，告仲尼曰："愿有所息。"仲尼曰："生无所息。"古今中外，还有诸多相关的论述，例如：

人就是不断地进行创造性的工作，工作是使人得到快乐的最好办法。（康德）

我这一生基本上只是辛苦地工作。（歌德）

天子乃祈来年于天宗……劳农夫以休息之。（《吕氏春秋》）

休闲不是偶尔玩一次，而应是人们三分之一的生活。（旅游专家）

人们应该学会超前休息，也就是说在疲劳之前，适当休息效果最佳。（医学专家）

读了上述文字，你有何感想，请以"生无所息/生有所息"为话题写一篇文章。可讲述你自己或身边的故事，抒发你的真情实感，也可阐明你的思想观点。

注意：①所写内容必须在话题范围之内，可任写一个方面，也可兼写两个方面；②立意自定，角度自选，题目自拟。③除诗歌外，文体不限。④不少于800字。⑤不得抄袭。

特点：话题作文，试题中提供文字材料，提出写作提示和写作要求。（2006年）

4. 还记得你的童年吗？随着年龄的增长和思想的成熟，那些美丽的梦想、单纯的快乐似乎在一步步离我们远去。

苍茫的丛林间，玛雅文明湮没了；丝绸之路上，高昌古国消逝了。人类在消逝中进步。

行走在消逝中，既有"流水落花春去也"的怅惘，也有"谁道人生无再少"的旷达……

读了上述文字，你有何感想？请以"行走在消逝中"为话题写一篇作文，可讲述你自己或身边的故事，抒发你的真情实感，也可以阐明你的思想观点。

注意：①所写内容必须在话题范围之内。②立意自定，角度自选，题目自拟。③除诗歌外，文体不限。④不少于800个字。⑤不得抄袭。

特点：话题作文，试题中提供文字材料，提出写作提示和写作要求，集中突出"你"。（2007年）

（二）命题剖析

从2004年开始，有11个省市"自主命题"，"全国卷"有4套供其他省市分用，这样，新中国成立后的高考首次出现了15个高考作文题五彩缤纷的新局面。浙江省也是当年题苑中一枝鲜艳的花朵。从全国来看，作文题虽然大多数命题还是沿袭了多年的"话题作文"形式，还多是"道德引领"内涵，但我们有理由相信，全国数百万考生同写一个作文题的"大一统"时代已经终结，迎来的是万紫千红的高考作文命题的新时代。

浙江省语文高考作文，四年都为"话题作文"形式，在"开放性"和"限制性"的调和方面作出了有益的尝试。2004年是浙江单独命题的第一年，试题的时代性特征，以及地域性特征本身就是"针对性""有效性"的一种具体体现。重在打造学生的文化素养。2005年浙江卷引入了具有传统人文色彩的古诗，让人耳目一新。"寻常细微之物常常是大千世界的缩影，无限往往收藏于有限中。"力求于"小气"中见"大气"，引发考生对自然、社会、人生这个"大世界"作出自己的思考。从另外一个角度来看，作文题的"世界"很大。考生在立意、选材、角度、体裁等方面都可自由发挥，保证了考生有话可说，并且题干本身具有更多的美学色彩，有利于激发考生的想象力与创造性。笔者以为，这种导向是正确的，探索是有意义的。2006年在审题难度上有所降低，但考察学生的文化底蕴及知识积累上却没有放松，而且在一定程度上避免了"宿构""套作"，综观全国2006年高考作文题，浙江省应该算上乘。2007年保持稳定，继续采用话题作文的形式，更注重考察学生的文化思想积淀，作大气魄的文章。

二、命题发展趋势

高考作文通过不断变革与发展，命题的思路逐渐清晰，形成了一个体系，尤其是1999年以来，高考作文的命题已形成了大致稳定的格局，话题作文已渐成气候，它成了高考作文命题发展的一个方向。浙江省四年的命题，也是秉成了历年高考作文的传统，其发展趋势呈现出"戴着镣铐舞蹈"的特征。

1. 关注自然，关注社会，关注生活。从内容上讲，"生无所息/生有所息"更贴近社会生活，"人文素养与发展"虽侧重学生的思维能力、思辨能力，但同时也引导学生关注自然，关注社会。"一枝一叶一世界"不仅面向生活与自然，更须有诗人与哲理的透视。"行走在消逝中"将现实的鲜活性和历史的厚重感融为了一体，给考生搭建了大显身手的平台。

2. 重视对创造性思维能力的检测。创新是时代的要求，时代呼唤创造性人才，高考作文同样渴望创造性思维。当创造性思维的藤蔓不断延伸的时候，它必将结出璀璨创新之果。2004浙江省作文命题就重在考查学生的思辨能力，2005年和2006年则重在考查学生的创新能力，其命题旨趣就是追求思维的发散性、创造性，要求大胆想象，自由发挥，举一反三，触类旁通，让考生有"天高任鸟飞，海阔凭鱼跃"的感觉。

3. 作文体裁形式开放，但有所限制。内容要围绕话题。学生的发挥空间较大，同样的题材，可以有多种的表现形式，文体多种，就可使用自己熟悉的文学样式来表现，给考生提供了较大的创作自由。

4. 突出人文素养。随着"新课标"的全面实施，浙江省作文题取材范围可能延伸到更广阔的生活和情感空间，要求着力体现学生的审美意识、文化素养，命题取材聚焦于人生价值，人生发展，人性认知，人格塑造。2004年的作文聚焦于人文素养的积淀。2005年命题的触角延伸到社会、人生、自然等广阔天地。2006年则渗透深厚的人文关怀。2007年的作文着眼于人类文明的传承，着眼于文化层面，着眼于哲学的深邃性和文学的诗意美。

总之，浙江省四年高考作文命题，其基本原则是稳中有变。笔者认为这种受到师生普遍欢迎的开放性话题作文，很可能还会延续一段时间。但是写作要求恐怕不会像现在这么宽泛，限制性将越来越多，其他省份的命题已经说明了这一点。

三、2008年高考作文命题备考之策略

（一）让学生拿足基础等级分

1. 审题要准确。高考作文注重的是对人才的选拔。不进行作文审题，就无法确立一个起跑线，因此准确审题极为重要。审题已成为一个永恒的话题，几乎是"年年考前谈审题，岁岁考后话走题"。虽说近几年来，高考作文的审题难度已大大降低，但每年总还有相当多的考生在审题上，出现失误。所以我在作文备考中，不管是命题作文还是材料作文、话题作文，都要逐字逐句地读材料和"要求"（或"注意"）。弄清楚题目要你写什么怎么写。

2. 文体要明晰。考生选取自己最擅长的文体，充分发挥自己的写作才华，展露自己的个性特征，是高考作文的一个趋势。但是，淡化文体不等于不要求文体。《考试说明》讲得很清楚："符合文体要求。"一旦确定好文体后，必须做到"规范"，即具有明显的文体色彩，绝不能搞成"四不像"。

3. 内容要充实。高考作文要关注现实生活，因此对它的内容和材料的要求：一是思想性，二是时代性。"内容充实"就是要求考生在写作时要言之有物。首先材料要真实，不能杜撰。其次，在真实可信的基础上，材料要力争新颖独到，尽量避免大众化、雷同化。平时一定要多积累一些鲜活的写作素材，即具有典型性、现实感、新颖度的写作素材。例如2002—2006年中央电视台播放的"感动中国"优秀人物的先进事迹，可以考前收集揣摩，在高考中作为鲜活的事例运用。更要多关注文化类散文，从2004—2007年的命题皆侧重文化层面，2008年很可能延续。

4. 语言要通顺。高考作文是综合性很强的智力活动，它既不同于作家创作，也不完全同于社会书面语言交际，它只是一种测试书面语言表达的手段。如果把近几年高考作文题整理一下，就会发现：审题上的困难越来越小，内容多半贴近考生实际生活，让考生有话可说，而语言表达能力的考查要求相对提高。但从考场作文来看，错别字多、话

语不通、意思含混、思维不清、条理不顺等问题比较突出。因此，我们得在切实提高学生的语言表达能力上下工夫。首先做到通畅，进而做到语言完美。在平时的作文训练中，要力求做到用词准确、贴切，富于变化；可巧用些幽默风趣的词句引用名言佳句，适当用些文言典故；还可注意句式的变换，综合运用整句、散句，从而使语言鲜亮起来。

5. **书写要规范**。书写要力求规范、工整、美观。字如门面，做到了便会"锦上添花"，做不到则会"雪上加霜"。

（二）让学生拿到发展等级分

1. **辩证思考，追求独到发现**。要努力换一个角度看问题，不满足于讲一些明摆着的道理，而要去发现一点其他考生所没有发现的东西。对同一个事物可以多角度、多侧面地思考，要用两点论观察事物，要辩证地思考问题。

2. **讲求文采，创造文章亮点**。文采指的是词句漂亮，行文华丽。但是在更多情况下，指一种韵味，以自然为上。有文采。一是要合理选用句式，或对偶或排比或反问或长短或整散。二是使用多种修辞手法，或比喻或夸张或对比。

3. **敢于突破，展露写作个性**。要把握两点：一是须在审题的条件下，不能不顾作文条件的限制。二是观点新颖，材料创新但不可矫情编造。首先选择自己最擅长的文体，充分发挥自己的写作才华，展露自己的个性特征。其次应当考虑构思的创新。构思最好能打破常规或时空限制，独辟蹊径，与众不同。最后要在内容上出新，运用新鲜的、紧贴时代脉搏的材料，抒写独特感受，再加之奇特又合乎情理的想象，自然会达到创新的标准。

要在高考语文中，立于不败之地，作文阵地决不能放松，得作文者得天下！

参考文献：

[1] 狄永兴.从2006高考命题看2007作文准备[J].语文教学与研究.2007.（02）.

[2] 张波.三年来湖北省高考作文命题研究[J].语文教学与研究.2007.（02）.

[3] 毛荣富.作文散步[M].上海：上海社会科学院出版社.2007.

（原载《语文教学之友》，2007年第10期）

高考小说阅读设题角度探析

多年来散文一直占据着高考阅读的半壁江山,而小说阅读由于受考试时间、试卷长度等限制,很少在高考中考到。但随着新课程改革的推行,文学类文本的阅读出现了新动向。2004年春季高考北京卷(小说《雁阵》)和全国高考辽宁卷(纪伯伦《认识自我》)中的现代文阅读材料都选择了小说,打破了长久以来散文垄断现代文阅读的局面!

到了2007年,春季高考上海卷(小说《父爱无价》)和全国高考宁夏、海南卷(小说《林冲见差拨》)及湖北卷(杨闻宇《日月行色》)中的现代文阅读都选用了小说。2008年全国高考语文试题中小说阅读备受青睐,选考小说的有宁夏、海南卷(欧·亨利《二十年以后》),江苏卷(汪曾祺《侯银匠》),浙江卷(阿·马·高尔基《乌米》)和广东卷(若昂·吉马朗埃斯·罗萨《河的第三条岸》)。2009年全国高考语文试卷中,小说阅读继续升温,有宁夏、海南卷(铁凝《孕妇和牛》),辽宁卷(贾平凹《遗璞》),浙江卷(大卫·洛契弗特《魔盒》),安徽卷(宗璞《董师傅游湖》)和四川卷(凯·杰罗姆《想象》)。

从2004年小说闯入现代文阅读以来,共选考了14篇小说。笔者对这14篇小说考题进行了分类析解,归纳出小说阅读的七种设题角度,试图建构小说测评的认知结构体系,从而帮助考生高效备考。其设题角度如下(见表1):

表1 高考小说阅读的七种设题角度

设题角度	各卷题例呈现	评述
语言 考了4次	① 2007年湖北卷第18题:本文的人物语言有哪些特色?请分别举例分析。(6分) ② 2008年广东卷第16题:小说中写道"父亲,孤独地在河上漂流的父亲需要我"。请联系全文,简述"父亲"为什么需要"我"。(4分) ③ 2009年四川卷第14小题:小说主人公称自己是"实习医院"。请谈谈它的意思和表达效果。(4分) ④ 2009年浙江卷第13小题:指出三处画横线词语"似乎"在句中所起的作用。(3分)	此类设题常见形式有: ①本文人物语言有哪些特点?请分别举例说明。 ②从语言运用角度,鉴赏文中画线句子(理解文中子含义)。 ③某个词语在文中所起的作用。

续表

设题角度	各卷题例呈现	评述
场景 考了5次	① 2004年北京春季高考卷第22题：除了"雁阵"，本文还有哪些自然景物描写？这些描写起了怎样的作用？(4分) ② 2007年湖北卷第16题：本文开头两段的场景描写有哪些特点和作用？(4分) ③ 2008年全国卷Ⅲ第12题：小说两次写到"一阵冷飕飕的风"，有什么作用？(6分) ④ 2008年浙江卷第19题：指出第5自然段中景物描写所采用的手法，并简析该段景物描写的作用。(5分) ⑤ 2009年浙江卷第12题：概括第一段所写景物的特点并简析其作用。(4分)	此类设题常见形式有： ①找出文中有关环境描写的句子。 ②针对某段环境(场景)描写说出其有哪些特点和作用。
情节 考了6次	① 2004年辽宁卷第18题：请简要概括赛艾姆"认识自我"的过程。(4分) ② 2007年上海春季卷第1题：第一自然段提供的信息，对小说情节发展推动作用最大的一项是……(2分) ③ 2007年全国卷Ⅲ第12题：小说第一段写林冲刚到牢营，就有犯人介绍牢营的情况，这样写有什么作用？请简要分析。(6分) ④ 2008年江苏卷第12题：小说第二段("侯银匠中年丧妻……很精到")，对全文情节展开有什么作用？请具体说明。(4分) ⑤ 2009年四川卷第15题：这篇小说的故事情节是怎样展开的？请概括回答。(4分) ⑥ 2009年安徽卷第11题：这篇小说的主要情节是什么？(4分)	此类设题常见形式有： ①文中某段落对全文情节展开有什么作用？ ②某事物、人物在小说中有什么作用？ ③用简明的语句概括故事情节。
技巧 考了6次	① 2004年辽宁卷第20题：文中成功地运用了寓庄于谐的艺术手法，请简要赏析。(4分) ② 2007年上海春季卷第1题：获得儿子肖像画后，作者对父亲有一系列细节描写，请简要说明其作用。(4分) ③ 2007年湖北卷第17题：本文在构思上具有先抑后扬的特点，请作具体说明，并分析其作用。(4分) ④ 2009年四川卷第16题：这篇小说的细节描写有何作用？请结合文中画线部作简要分析。(8分) ⑤ 2009年安徽卷第13题：按照下面的要求，分析这篇小说中的表现手法。(1)董师傅每晚到湖边闲坐的细节描写，有什么作用？(2)从修辞手法的角度，对文中画线句子的景物描写进行赏析。(6分) ⑥ 2009年辽宁卷第11题：(2)小说两次写到小孩的凉鞋，各有什么作用？(6分)	此类设题常见形式有： ①作者运用了怎样的表达方式(如描写的特点、叙述人称的选择等)、表现手法(如象征、对比等)和修辞手法来表情达意。 ②作者运用了怎样的结构(如铺垫、照应、设置悬念等)和材料来谋篇布局。

续表

设题角度	各卷题例呈现	评述
主旨 考了3次	① 2007年湖北卷第19题：简要概括本文女主人公的形象特点与文章主旨。(4分) ② 2009年四川卷第17题：结合小说主旨，你怎样理解医生为我开出的"处方"？小说以处方作结有何妙处？(6分) ③ 2009年浙江卷第14题：联系全文，在空格内写一句话，要求连贯、生动，能揭示主旨。(不超过15字)(3分)	此类设题常见形式有： ①用自己的话概括作品的主旨或将语言运用题中的"连贯、生动"等考点与小说的主旨结合起来考查。 ②结合全文主旨，谈谈你对某一句话(或某一个问题)的理解或看法，间接考查小说的主题。
形象 考了13次	① 2004年北京春季高考卷第20题：文中表现了"驼爷"哪些优秀思想品质？(结合具体描写，分点说明)(6分) ② 2004年辽宁卷第19题：回答下列问题。(6分)(1)请根据原文简要描述赛艾姆外貌的具体特征。(2分)(2)这一外貌特征是怎样呈现出来的？请简要分析。(4分) ③ 2004年辽宁卷第21题：请扼要评价赛艾姆这一人物形象。(4分) ④ 2007年全国卷Ⅲ第13题：差拨是一个什么样的人？作者采用了什么表现手法刻画这个人物，请简要分析。(6分) ⑤ 2008年江苏卷第13题：文中画线的两处，分别表现了侯银匠什么样的情感？(4分) ⑥ 2008年广东卷第17题：结合作品，请简要分析"母亲"这一人物形象。(5分) ⑦ 2008年全国卷Ⅲ第13题：小说中的鲍勃具有什么样的性格？请简要分析。(6分) ⑧ 2008年浙江卷第18题：本文着意勾勒了乌米的形象，请从两个方面概括乌米的主要性格特征。(各不超过两个词)(2分) ⑨ 2008年浙江卷第21题：鲁迅《祝福》中的"我"既是不可缺少的人物形象，又是主人公祥林嫂命运的见证，其重要性与本篇中的"我"相似。请赏析《乌米》中"我"的形象与作用。(6分) ⑩ 2009年浙江卷第16题：赏析文中贝格斯太太的形象。(不超过100字)(5分) ⑪ 2009年安徽卷第12题：概括小说中董师傅这一人物形象的特点。(7分) ⑫ 2009年辽宁卷第11题：(3)从小说看，遗璞村人有哪些性格特点？请作简要概括分析。(6分) ⑬ 2009年全国卷Ⅲ第11题：(2)小说中的孕妇具有什么样的性格？请简要概括。(6分)(3)牛在小说中有什么样的作用？请作简要分析。(6分)	此类命题常见形式有： ①指出小说对人物进行描写的具体方法，并说明好处或者作用等。 ②结合作品，简要分析某某人物形象的性格特征。 ③分析文中人物或事物在小说中的作用。 ④对文中某人物进行客观公正的评价。

续表

设题角度	各卷题例呈现	评述
探究 考了9次	①2007年上海春季卷第6题:小说最后提到拍卖师的"遗憾",请说说你读出了怎样的遗憾并简述理由。(5分) ②2007年全国卷Ⅲ第14题:对第三段"林冲等他发作过了,去取五两银子,赔着笑脸,告道"这句话,明末清初文学批评家金圣叹评点道:"虽是摇出奇文,然亦实是林冲身份。"一句小说内容,探究"然亦实是林冲身份"指的是林冲的哪一种身份,表现的是林冲什么样的性格和心理。(8分) ③2008年江苏卷第15题:小说题为"侯银匠",但写侯菊的文字多,请结合全文探究作者这样安排的理由。(6分) ④2008年广东卷第18题:有人说,"河的第三条岸"在现实中并不存在,它象征着"父亲"超越世俗的人生追求。如果这样,那么"我"对"父亲"的这种追求持何种态度?请联系全文,谈谈你的看法。(6分) ⑤2008年全国卷Ⅲ第14题:小说描写了警察吉米和通缉犯鲍勃"二十年以后"赴约的故事,在"情与法"的冲突中,两个人都面临艰难的抉择。有人说鲍勃值得同情,有人说他罪有应得;有人说吉米忠于职守,有人说他背叛了友谊。你的看法呢?请就你认同的一种观点加以探究。(8分) ⑥2009年浙江卷第15题:有人建议把标题"魔盒"改为"贝格斯太太",你认为哪一个合适,谈谈你的看法。(5分) ⑦2009年安徽卷第14题:这篇小说意蕴丰富,给人以多方面的启迪。请结合作品,分别对下面两个问题进行探究。(8分)(1)文末说"他很快乐"。请举例说明董师傅快乐的缘由。(说出两点即可)(2)小说中将"校园渐向公园靠拢"作为人物活动的背景,请结合这一背景,谈谈这篇小说给你带来什么启示。(围绕某一方面谈即可) ⑧2009年辽宁卷第11题:(4)小说最后描写了蛮儿一帮年轻人炸掉了遗璞,并用它去修水渠。作者在结局上的这种处理是否合理?请结合小说具体内容,谈谈你的看法和理由。(8分) ⑨2009年全国卷Ⅲ第11题:(4)孕妇并不认识石碑上的字,也不会写字,却十分努力地描画着它们,后来还感叹:"字是一种多么好的东西啊!"小说这样来写孕妇,有人认为让人感动,也有人认为有些做作。你的看法呢?请结合全文,谈谈你的观点和理由。(8分)	此类设题常见形式有: ①联系文本(生活实际),谈谈你的看法(你同意作者的观点吗?说说你的理由)。 ②结合全篇小说,探究作者这样安排的理由。 ③探究小说标题在小说中的作用。

从上表可知:高考小说阅读的考点,主要有:从小说内容方面,如场景、情节、主题、形象及作用等方面设题,其中"形象"和"情节"是考查重点;从语言、艺术手法等方面设题,如对文中重要词句的理解、细节描写和修辞手法等,其中"细节描写"是

考试重点；从评价与探究方面设题，命题着眼于意蕴感悟、标题探究、情节处理等。

笔者认为小说阅读复习的重点应放在小说的文学形象、情节结构、细节描写和评价探究等四个方面。在复习过程中要强化"细读"，读出深度，读出精妙，读出个性，甚至读出创意。另外，要大力提升"探析"能力，在寻常处发现奇崛，并用通畅、简明、恰切的语言分条组织答案。

今后高考小说阅读的考查：第一，在文本选择上，一般侧重于人文性具有文学熏陶功能，渗透育人理念，思想健康，内容积极，能给人以教育意义的小说；第二，受考试时间的限制，小说的取材当以微型小说为主，或者是中、长篇小说的节选，字数一般在1500字左右；第三，由于各省自主命题，所选小说的命题材料可能会具有传统的、鲜明的地域文化特征，如2008年江苏卷选择了本省作家汪曾祺的小说《侯银匠》；第四，小说重在概括故事情节、鉴赏人物形象、分析环境描写，不同于散文重在理解词句、把握思路、分析概括内容、分析评价作者的观点态度。[1]

参考文献：

[1] 冯渊.语文要怎么考[M].上海：上海社会科学院出版社，2014.

（原载《语文周报》，2014年11月）

高考文言文信息筛选题中的四大误导项设计方法浅析

近年来高考文言文选段多为史传类文章，信息筛选题是史传类文章阅读中常见题型。命题人设计时常以理解人物的性格、品行、人生主张等为考查内容，带有一定的综合性。所以，解答此类试题首先要整体感知，把握文意，然后分析理解文中与题目选项相关的重要句子的意思，再推敲各选项文句所表达的内容是否与题干短语相对应。而探究命题人设计误区的方法，则为我们突破信息筛选这一难题提供了一条捷径。笔者以2009年的高考文言文试题为例，从中归纳出命题人设计误区的四种方法：

一、张冠李戴

近年来高考文言文阅读试题的选文多为人物传记类文段，这类选文往往涉及几个人物、几件事情；而题干的要求多为"以下句子分别编为四组，全都表现某人……的一组是"。命题人在设计错项时，就时常采取"张冠李戴"的方法，即把次要人物所做之事"嫁接"到题干要求的主要人物身上，从而造成了陈述对象的错位。

如2009年江西卷第11题：下列各组句子中，全都表现卖酒者乐善好施的一组是

①辄家取瓶，更注酒，使持以归　②吾侪保甲贷乙金
③立出四百金偿之，不责券　　　④且大饮啖，酬吾金也
⑤尽取所偿负还之　　　　　　　⑥置酒，召所买田宅主毕至

②原文是"聚饮者曰：'吾侪保甲贷乙金，甲逾期不肯偿，将讼，讼则破家，事连吾侪，数姓人不得休矣！'"，可见非卖酒者的行为。④原文"客多负，私怏怏曰：'卖酒者乃不长者耶？然吾已负，且大饮啖，酬吾金也。'"也非卖酒者所为。命题人把这两件事"嫁接"到了卖酒者身上，从而造成了陈述对象的错位。

二、答非所问

人物传记类选文中的主人公在某一方面的表现，往往是特定的几件事，而题干常将不符合题干要求的例句混编到选项之中，如果考生对题干要求不仔细推，一瞥而过，就

极易受其误导。

如2009年全国卷第9题：以下句子中，全都表明魏德深深受百姓拥戴的一组是
①常为诸县之最　　②皆歔欷流涕，语不成声　　③未尝辄敢出门
④诣阙请留德深　　⑤以贵乡文书为诈　　⑥诣使讼之，乃断从贵乡

①原文是"然在下各自竭心，常为诸县之最"，是说下级官吏都操心做事，营造的器械常常是各县中最好的。这与题干"深受百姓拥戴"毫无关联。③原文是"君实屏处于室，未尝辄敢出门"，是说赵君实藏在家里，不敢轻易出门。显然不是表明魏德深深受百姓拥戴的一项。只要考生审清了题干对表现方式筛选的指定要求，就能一下子排除干扰。

三、主旨混杂

传记类文段在选择材料时一般贯穿着这样一条内在的红线，那就是弘扬中华民族的传统美德，这与"以德治国"的时代主旋律是暗合的。而传统美德的内涵是博大精深的，选文中主人公优秀的思想品德往往也呈现出多样性。命题人很看好这一点，"美德是个筐，事事往里装"，殊不知题干要求筛选的只是"某一种"传统美德，这就造成了"主旨混杂"的筛选误区。

如2009年辽宁卷第5题：以下句子中，全都表明孙谦为政清廉的一组是
①谦慰喻而遣，一无所纳　　②俸秩出吏民者，悉原除之
③治烦以简，狱无系囚　　　④每去官，辄无私宅
⑤已衰老，犹强力为政　　　⑥居身检素，夏日无帏帐

③项"治烦以简，狱无系囚"是指孙谦为政的方式和政绩。⑤项"已衰老，犹强力为政"是指孙谦虽然年纪老，但仍然努力从政，比较勤奋。上述两者虽涉及美德，但显然与题干要求表现的主旨"为政清廉"不合。考生如果无视题干对"主旨"的要求，见"美德"就选，就极易落入命题人设计的陷阱。

四、内涵不清

题干对人物的某种品质或才智的说法，有时是明晰的，无须多费周折，但有时是隐含的，需要考生悉心揣摩。命题人有时便利用考生对题干某些说法内涵把握不清的认知缺陷，有意把一些似是而非的例句混杂其中。

如2009年山东卷第11题：以下六句话分别编成四组，全部直接体现诚信的一组是
①遂罢兵而去　　②群臣守职，善恶不逾，百事不怠
③故人来，方与之食　　④遂自驱车往，犯风而罢虞人

⑤曾子欲捕彘杀之　　　　⑥乃更令明号而民信之

"直接体现诚信"是指"具体的诚信表现",不能是"诚信的结果"或"相信"等。①句是诚信的结果。⑥句是说改变号令才使民众相信,并非体现诚信。做这类题时,就需要咬清概念,不能模糊了事。

以上对命题人设计误区方法的探究,旨在"知彼",重在增强我们准确识别错例的能力,提高解答信息筛选题的准确率。

(原载《语文月刊》,2009年第12期)

高考作文母题备考指津

通过对近几年来高考作文命题的仔细分析，笔者发现，高考作文试题的命制不外乎励志、成长、处世、哲理、文化及时事等6种类型。对这6种命题组专家重点关注的作文类型进行分析，必将极大地提高我们备考的效率和信心。

一、励志篇

励志类高考作文试题除了2005年天津卷"留给明天"、2006年天津卷"愿景"、2007年辽宁卷"我能"之外，很少直接体现在作文试题中，而更多的是内含在学生的作文中。

人生在世，不如意事十之八九，在遭遇生活的种种磨难之后，有所发现、有所领悟，勇敢地站起来，做生活的强者。例如，2009年高考安徽卷"弯道超越"的材料作文，敢于竞争，勇于超越。

该类文章的主题，一般围绕：立志、梦想、拼搏、坚持、勤奋、忍耐、信念、磨炼、行动、追求成功、挑战苦难等。例如，2009年高考北京卷作文试题"我有一双隐形的翅膀"，带我飞、给我希望、飞向远方。

1. 直面挫折。例如：2004年高考全国卷Ⅱ作文试题"遭遇挫折和放大痛苦"，人生不可能没有痛苦和挫折，这个话题正是引导我们正视挫折，正确地面对失利。

2. 一步与一生。例如：2007年高考四川卷作文试题"一步与一生"，树立正确的人生观、世界观和价值观，对学生一生的成长至关重要，引导年青一代迈好生活中的关键一步。

3. 担当责任。例如：2009年高考天津卷"我说90后"，不管怎样，90后终将担当起社会和历史赋予的重任。

励志类文章的写作方法也比较简单，当我们确定了所要写的文章的主题后，只要把一个或几个相关人物奋斗、拼搏的经历用具有感染力的语言表达出来即可。但千万要注意,这类写法有太过简单和套路化的倾向,写作的时候要尽量用结构、语言、文体等多方面来丰富它。

二、成长篇

成长是我们每个人都有的经历,与我们的生活最为密切,也最能写出具有真情实感的文章,所以成长类试题颇受命题专家关注。

通过对近些年高考作文试题的分析,我们发现,高考作文命题专家主要关注以下几类成长类母题下的子话题:(1)包容,例如2004年高考北京卷;(2)放手、自立,例如2007年全国卷Ⅰ;(3)愿望,例如2006年高考天津卷;(4)克服成长中的苦难,例如2007年高考上海卷;(5)正确认识自己与别人,例如2004年高考重庆卷;(6)对成长过程的认识与感悟,例如2005年高考湖南卷。

另外,还有一些成长下的子话题,值得我们关注:(1)奋斗。大部分成功人士都有过令人想象不到的痛苦经历,但最终凭借个人的远见卓识和不懈奋斗,最终登上了众人难以企及的事业巅峰。这种经历值得我们尊敬。(2)代沟。它是我们成长道路上不可绕开的话题,它是两代人之间在价值观念、生活习惯等方面的差异。有代沟很正常,但怎么认识、处理代沟却是我们中学生应该关注的。(3)梦想。它是我们成长的第一课,也是我们成长的力量。不想当将军的士兵不是好士兵,没有梦想的人很难成功。(4)坐标。在成长的过程中,我们会遇到很多诱惑,也会面临很多选择。怎么抵制这些诱惑,作出正确的选择,也是我们成长中的难题。而把握好我们成长中的人生坐标,无疑是我们抵制诱惑、做好选择的关键。(5)放弃。适时地放弃、剥离一些沉重的东西轻装上阵无疑是一种明智的选择等。

虽然我们对有关成长类的命题作了一些归纳,但远远不能涵盖成长的范围。比如,成长的代价、成长的记忆、成长与学习等,都是很好的命题。这些还要靠大家在平常的学习中自己归纳、掌握、消化。

三、处世篇

高中阶段正是一个人由少年到成年的转变期,在这一转变过程中,每个人都会遇到各种各样的问题,怎么为人处世就是其中的一个。借高考来考查"处世"主题是命题专家重点关注的内容之一。

在成长过程中,学会赞赏他人的智慧,可以使我们在以后的学习及工作中更容易获得良好的人际关系;学会以柔克刚的智慧,可以使我们在身处劣势时战胜强大的对手;学会善于揽责的智慧,可以使我们成为具有责任感的人;学会信守诺言的智慧,可以使我们得到他人的信任和认可；学会适时自嘲的智慧，可以使我们以更为积极的心态面对生活……另外，学会理解、尊重、帮助、感恩、善良、自尊、自信、合作、沟通、变通、宽恕、包容、谅解、真诚、爱心，等等，都是为人处世的智慧和表现，也是高考作文命题专家在命题时常常考虑的内容。

1. 位置与价值。 在生活中，必须认清自己的位置和价值，这样心态才会平和，工作才会积极，为人才会谦虚，生活才会多彩。例如2005年高考全国卷Ⅱ的作文试题。

2. 自信。 例如2007年高考辽宁作文卷"我能"，强调要树立一种奋发向上的信心、勇气，无论什么情况下都要积极主动地去面对困难。

3. 尊重、信任。 尊重是一门处世哲学，也是一种处世技巧。它展现的是交往的过程、情感的聚焦、思想的撞击……尊重别人不仅显示自己做人处世的智慧，还会使问题得到很好的解决。

4. 学会感恩。 2009年高考浙江卷"绿叶对根的情意"材料作文，"绿叶"和"根"喻指的可以是子女与父母、学生与老师、游子与家乡、个人与祖国（含传统文化）等，前者对后者有依恋、感恩之情。

四、哲理篇

在高考作文命制中，哲理类试题也是一个显著存在。不仅因为很多道理易于通过哲理类故事、寓言、名言警句等表现出来，而且因为哲理类试题有利于考查广大考生的思维品质与写作能力（包括审题能力）。通过对近些年高考作文试题的分析，我们发现，高考作文命题专家一般通过以下几种方式来命题：

1. 寓言故事。 命题专家通过寓言故事把社会生活中比较深刻的现象、道理蕴藏在简短的故事里，通过故事，让学生谈自己的看法感悟，从而引出讽刺或劝诫的教育意义。这既是道德教育的功能，又有利于考查学生独立思考的能力，深受命题专家的青睐。例如2009年高考全国卷Ⅰ材料作文"小兔子学游泳失败了"，反映了"动物管理局"和"野鸭教练"盲目施教、不能因材施教的问题。

2. 名言警句。 利用名言警句，从而告诉我们一个道理。例如2004年高考全国卷Ⅰ作文试题：阅读下面的文字，根据要求作文。

①走你自己的路，让别人去说吧！（但丁）②常问路的人不会迷失方向。（波兰谚语）③应当耐心地听取他人的意见，认真考虑指责你的人是否有理。（达·芬奇）④相信一切人和怀疑一切人，其错误是一样的。（塞纳克）

面对各种说法，有人想：我该相信谁的话呢？也有人想：还是相信自己最重要。请以"相信自己与听取别人的意见"为话题，自定立意，自选文体，自拟标题，写一篇不

少于800字的文章。所写内容必须在话题范围之内。（关键看怎么选择，本题的辩证思维非常明显）

3. 题目本身就包含着很深的哲理。例如，2005年高考作文试题，天津卷"留给明天"（包含有明天更美好的哲理意味）、辽宁卷"今年花胜去年红"（包含有新事物必然战胜旧事物、对明天充满向往的发展观）；2006年高考作文试题，江苏卷"人与路"（切合了当代青年思考的问题—人生之路该怎么走）、辽宁卷"肩膀"（脱离了人体器官名称的简单含义，而具有了支撑、依靠等哲理意义）等。

五、文化篇

文化是体现一个国家国民素质的关键，是重中之重，而且，语文学习的大方向应该是传承中华文化、创新中华文化。文化作为一个整体或母题，是通过文化中的各个层面表现出来的。研究这些层面就是研究高考作文命题趋势和原则，就是研究我们备考的方向和重点。

1. 地域文化类。2004年，高考试题分省命题，第一年就涌现出众多具有地域文化特色的好题。2004年具有京派特色的、透露出首都和时代强烈气息的北京卷"包容"，反映海派文化和国际性大都市的上海卷"忙"，以及作为经济大省却在文化素养方面还有欠缺的浙江卷"文化素养与发展"等，都呈现出明显的地域特色。

2. 文化现象类。命题专家对当前正在发生的文化现象也非常关注。比如2005年高考上海卷"当今流行文化生活对自己的影响"材料，2006年全国卷Ⅱ"网络阅读与图书阅读"材料，2009年高考江苏卷作文试题"品位时尚"，都体现了对当前文化热点话题的关注。

当然，文化现象层出不穷，每年都有新的文化现象出现。到目前为止，以下几种文化现象，希望大家注意：（1）文化反思。例如，我们是否因为急功近利而丧失了诚信等，2009年高考全国卷Ⅲ的材料作文"彭宇救人成了被告"的事实，我们应当如何看待这样的现象。（2）文化环保。我们在进行生态环保的同时，更要倡导文化环保，为我们的子孙后代创造绿色的文化环境。（3）文化隔膜。因为文化、语言、心理等方面的原因，造成的对他乡文化的排斥。（4）文化人物类。在高考作文中，每年都有大量文化名人入题的情况。例如，2004年高考福建卷的作文，"选择下面所列的一个人物或文学形象作为话题"、2009年高考上海卷"郑板桥书法"的材料作文。

六、时事篇

纵观近几年高考作文题，高考作文正在告别过去务虚的诗意迷失，选择那些更能直接贴近现实生活的时代命题。不能一心只读圣贤书，要与时俱进，要两耳多闻窗外事，否则很难写出高分作文，要吃大亏。

例如，2008年高考全国卷Ⅰ"2008年5月12日14时28分，四川省汶川县发生里氏8.0级特大地震……"的材料作文。考察的与其说是我们在考场上的作文能力，毋宁说是我们平时对于生活的体察能力，因为，要说出自己的感动和思考，道听途说是不够的，需要我们真的用心去体会，体会灾难中人们的无助和挣扎，勇气和毅力……

2009年高考江西卷：评论"兽首拍卖"事件。这个话题曾在报上网上吵得沸沸扬扬。如果平常不关注时事、新闻，不看新闻、不看报，对兽首拍卖是何事都不清楚，就绝对会两眼一抹黑，无从下笔。如果你平时关注了，看得多了，这个题目下笔就有神，绝对会妙笔生花。

这就给出一个信号，学生不能简单死读书，读死书，更要读社会这本书。要在日常的写作中多去"写实"，去写客观真实的社会现象，去践行"文章合为时而著，歌诗合为事而作"的理念，去进行判断分析，阐述特定的价值理念与文化思想。

（原载《新作文·中学作文教学研究》，2010年第5期）

现代诗歌赏析之备考策略

初步鉴赏文学作品的内容、语言、表达技巧，是新《考纲》中的一项重要内容。其中的热点考题是关于诗歌的鉴赏，而现代诗歌的鉴赏倍受人们的关注。现代诗歌，又称新诗，是与小说、戏剧、散文并列的一种文学体裁，它按一定的音节、声调和韵律，用凝练的语言、充沛的感情、丰富的想象，高度集中地表现社会生活和人物的精神世界，形式上一般分行排列，具有高度的概括性、鲜明的形象性、浓烈的抒情性以及和谐的音乐性。

那么，如何来解答现代诗歌的鉴赏题呢？笔者主要从以下四个方面来谈谈。

一、找意象

意象是诗歌的基本元素，阅读诗歌，首先要了解的便是意象。意象一词是中国古代文论中的一个重要概念。所谓的诗歌意象，就是用来寄托主观情思的客观物象，也就是自然景物或社会事物。而自然景物一般占主要的，譬如"野火烧不尽，春风吹又生"中的"草"，"秋风吹不尽，落叶满长安"的"落叶"，"春色满园关不住，一枝红杏出墙来"的"红杏"等。多个意境组合在一起，就形成意境。譬如马致远《秋思》中的"枯藤、老树、昏鸦、小桥、流水、人家"这些意象就组合成了一个凄清、伤感、苍凉的意境。

在现代诗歌阅读中，寻找诗歌意象，是一道经常出现的题目。例如：

欣赏下面一首现代诗，回答问题。

盼 望

艾青

一个海员说，
他最喜欢的是起锚所激起的
那一片洁白的浪花……
一个海员说，

最使他高兴的是抛锚所发出的

那一阵铁链的喧哗……

一个盼望出发，

一个盼望到达。

上海(选自《归来的歌》四川人民出版社) 1979年3月

1. 这首诗的两个象征性意象是"＿＿＿＿＿＿＿＿"和"＿＿＿＿＿＿＿＿"。
2. 诗中所描述的海员们的两种"盼望"表达了什么？

第一题的考点便是寻找意象。通过阅读，不难发现，这两个象征性意象分别是"浪花"和"喧哗"。

那么，如何寻找诗歌中的意象呢？其实很简单，就是从诗歌中找那些寄托了作者情感，蕴含人生哲理的事物。比如余光中的《乡愁》中的"邮票、船票、坟墓、海峡"这些寄寓了作者浓浓情感的东西，便是典型的意象。若要概括诗的意境，则要将景物特色、作者情感综合起来考虑，找到诗歌所营造的一种情绪氛围即可。

二、炼主题

"文章合为时而著，歌诗合为事而作。"一首优秀的诗歌，作者绝不会无病呻吟，而是要借诗句来表达自己对生活的感触，对人生的思考，这就是诗歌的主题。诗歌主题往往与情感糅合在一起，常见的有，例如：同情人民疾苦、对国家民族前途命运的担忧、建功立业的渴望、保家卫国的决心、报国无门的悲伤、山河沦丧的痛苦、年华消逝、壮志难酬的悲叹、愁苦心情、羁旅愁思、思亲念友、寄情山水、青春易逝等。阅读一首诗歌，提炼主题，是最基本的能力之一。例如：阅读下面一首诗歌。

父亲（节选）

那是我小时候

常坐在父亲肩头

父亲是儿登天的梯

父亲是那拉车的牛

忘不了粗茶淡饭

把我养大

忘不了一声长叹

一壶老酒

给出了两道题目：

1.《善良的种子》一文侧重凸显父亲的善良；而《父亲》(节选)则侧重表现了什么？
2. 划线的诗句运用了什么手法？刻画了父亲怎样的形象？

第1题就是提炼主要内容，这首诗的主题是写父亲的勤俭。那如何提炼诗歌的主题呢？第一，看题解有不少诗歌，主题就在题目中，譬如余光中的《乡愁》。第二，是看开头，有些诗歌的主题就在诗的第一节中，因为诗的第一节往往是诗的总领，譬如上面这首《父亲》，读完第一节中三四两句"父亲是儿登天的梯，父亲是那拉车的牛"，就知道了父亲是勤奋的。第三，是看诗结尾，看看结尾有没有进行概括。第四，还要善于从诗歌中抓关键词，反复品味，进行概括。

三、悟情理

情感是文章的灵魂，诗歌也不例外。"在心为志发言为诗，情动于中而形于言。"诗歌本身就是一种传达情感、志向，寓含人生哲理的文学样式。因此，阅读诗歌，就要走进诗人的内心，与诗人进行心灵上的沟通和对话，品悟诗人的情感世界，领会诗人所要告诉我们的深刻道理。

故而，阅读现代诗歌，体悟诗歌字里行间的情理，是非常重要的一项内容。如何去体现现代诗歌中的情理呢？关于诗歌情感，大抵上有报国、思乡、怀人、咏景、愁绪等。至于诗歌中的哲理，一般都与真、善、美有关，这要根据具体诗歌来体悟。例如，阅读下面一首诗，冰心告诉人们：

> 聪明人，
> 抛弃你手里幻想的花罢！
> 她只是虚无缥缈的，
> 反分却你眼底春光。
>
> ——《繁星》（一三七）

这道题就是品道理的，答案为：要脚踏实地，丢掉幻想，勇敢面对现实，在现实中求进步。

四、会赏析

阅读现代诗歌，不仅要能读懂它，也要会赏析它。赏析现代诗歌看起来挺难的，其实不然，它与我们赏析古代诗歌基本上一样。一般可从语言、手法、主题、景色、情感、道理等角度去赏析。例如：

读（节选）

人之一生，读之一生

从春读到夏，从小读到大

读雨，方知万物可以滋润，心灵能够洗涤

读雪，能领悟到雪的纯洁，感受到冬的春意

读风，就能触摸时代的脉搏，聆听天地的呼吸

读霞，才能于苍茫中发现辉煌，展示自己的不屈

读花，你学会倾听

读树，你学会成长

读山，你学会攀登

读海，胸怀将变得辽阔

读月，方知阴晴圆缺

读日，便不再惋惜日近黄昏

用心品读，细细感悟

阴雨中能读出晴空

枯黄中能读出翠绿

沙漠中能读出清泉

黑暗中能读出晨曦

(有删改)

1. 阅读上面这首诗歌，请从文学欣赏的一两个角度进行赏析。

解答这道题，要多角度进行品析。譬如从主题进行赏析，可解答为：诗歌以"读"为题，内蕴深刻，读自然实为品读人生、感悟人生。教会我们正确对待人生中的酸甜苦辣，正确对待人生中的成功与失败，喜悦与悲哀，从而树立一种积极、乐观向上的人生态度。

譬如从语言、哲理角度进行赏析，可解答为：诗歌语言含蓄隽永，没有华丽辞藻的雕饰，同时给人以人生的思考与启迪。如："沙漠中能读出清泉，黑暗中能读出晨曦"等句子，富含哲理，昭示了一种积极向上的情感。

譬如从表现手法角度进行赏析可解答为：诗歌运用排比句式增强了语言上的气势。同时运用了大量的对比手法，如："阴雨"与"晴空"；"枯黄"与"翠绿"；"沙漠"与"清泉"；"黑暗"与"晨曦"等都形成了内容与色彩的鲜明对比，产生了很好的表达效果。

譬如从景色这一角度进行赏析可解答为：诗歌意象丰富、意境开阔。诗歌融入了雨、雪、风、花、树、山、海、月、日、沙漠、云霞等自然之景且赋予它们多彩的内涵，可谓一景一画面，一句一人生，细细感受，回味悠长。

(2016年8月16日)

高考修辞的考查方式与备考策略

"正确运用常见的修辞方法"这一考点在高考《考试大纲》中归入"表达运用"这一部分中,能力层级为D。《考试大纲》规定常见的修辞方法为比喻、比拟、借代、夸张、对偶、排比、设问、反问八种。考查主要表现在三个方面:一是能准确判断修辞的类型,二是能正确理解修辞的作用,三是能灵活地运用修辞手法。

2010年高考的各套语文试卷对修辞的考查多以主观题的形式出现,具有很强的开放性和综合性,充分体现了高考命题重能力、重运用、重综合的特点。本文结合2010年高考的有关试题作如下分析,希望能对同学们复习备考修辞有所帮助。

一、语言运用题中,根据具体语境需要考查运用修辞方法的能力

1. 与仿写相结合,仿写与例句修辞方法一致的句子。

(1)命题式仿写。用一个语言材料作示例,再另外命定内容,按照例句句式仿写。

例1.(2010年高考全国卷Ⅱ)仿照下面的示例,以"博大"为话题,另写三个句子,要求内容贴切,所写的句子形成排比,句式与示例相同。

成熟是一种临危不乱的从容;成熟是一种宠辱不惊的淡定;成熟是一种卓尔不群的大气。

【参考答案】博大是一种海纳百川的心胸;博大是一种雄壮阔达的气度;博大是一种高远无尽的境界。

(2)开放式仿写。提供完整例句,要求仿形式,但不限定仿写的内容。

例2.(2010年高考全国卷Ⅰ)仿照下面的示例,自选话题,另写三句话,要求使用比喻的修辞手法,句式与示例相同。

谦恭是一种圆润而不腻耳的音响;谦恭是一种甘甜而不燥舌的美味;谦恭是一种明亮而不刺眼的光辉。

【参考答案】成熟是一种清新而不华丽的乐章;成熟是一种畅快而不滞塞的小溪;成熟是一种美丽而不杂乱的画卷。

(3)续写式仿写。根据例句的内容和句式,续写一个或多个句子,使之与上文构成一段语意完整的文字。

例3.(2010年高考安徽卷)某校开展"名著导读·我喜爱的作品"活动,三位同学交流了各自的看法。请仿照甲同学的表述,将乙、丙同学的发言补写完整。

甲同学说:我喜欢有丰富知识的作品,这样的作品能开阔我们的视野,增长我们的见识。

乙同学说:我喜欢有深刻思想的作品,这样的作品能 (1) 。

丙同学说:我喜欢有审美情趣的作品,这样的作品能 (2) 。

【参考答案】(1)启迪我们的智慧,提升我们的境界。(2)陶冶我们的情操,净化我们的心灵。

(4)其他形式的仿写。近年来,高考仿写题在不断花样翻新,出现了类似写对联一类新题型。

例4.(2010年高考重庆卷)有人用"千里为重,广大为庆"来解释"重庆"二字。请你以此开头,续写一副对联。要求能够体现重庆精神,上下联续写部分分别在8~20字之间。

千里为重,_____

广大为庆,_____

【参考答案】千里为重,眼放世界,可腾飞东西南北。广大为庆,胸怀五洲,能容纳中外古今。

例5.(2010年高考湖北卷)欣赏漫画《低碳生活》("低碳生活"指低能耗、低污染、低排放的生活方式)。请仿照画面二、三的文字,补写其余两处。要求:①紧扣画面内容;②写两个5字句;③句末押韵。

_____食物少煎烤 住房环保型_____
_____清蒸油烟少 节能灯照明_____

【参考答案】(一)衣衫自己洗,小件不劳你。(四)急事你出马,平日你休假。

2. 与扩写相结合,扩写时,在一定的情景中运用适当的比喻、排比、比拟等修辞方法。

例6.(2010年高考浙江卷)余光中先生说:一个方块字是一个天地,美丽的中文不老。许多汉字自身的构成就能诠释含义、激发联想。请仿照示例拆拼汉字,并用富有文采的语言描述它。要求是:至少运用一种修辞方法。

【例1】墨:大地滋养出一个黑色的精灵,在古朴的宣纸上翩翩起舞。

【例2】鸿:江边盘旋的那只孤独的鸟啊,每一声哀鸣都在诉说游子的心曲。

(1)尘:_____
(2)舒:_____

【参考答案】(1)小小的沙土啊,呼朋引伴地在空中翩翩起舞。

(2) 房舍如同母亲一般，给予你光明，给予你温暖。

【备考策略】2010年高考语文试卷中出现的语言表达题几乎都有对修辞的考查，考生复习备考时应注意三点。一是辨清异同。在掌握常考的八种修辞的基础上，考生还应该仔细辨别易混淆的修辞间的异同（如排比与对偶的区别，对偶与对比的异同等），也应了解其他非常用修辞的特点（如通感、回环、移用等），这是"正确运用"修辞的前提和基础。二是明确作用。

只有掌握修辞的作用，才能适时、恰当、合理地加以运用。三是善于运用。考生在平时的写作中要有意识地多使用修辞，只有平时多用多练才能在考试中得心应手，运用自如。

二、诗歌鉴赏题中，结合诗句内容考查修辞方法所表达的内容及效果

例7.（2010年高考浙江卷）阅读下面这首诗，完成22~23题。

定林①（王安石）

漱甘凉病齿，坐旷息烦襟。
因脱水边屦，就敷岩上衾。
但留云对宿，仍②值月相寻。
真乐非无寄，悲虫亦好音。

[注]①定林：寺原名，位于金陵（今南京）。作者罢官后常到此游憩。②仍：又。
简析第三联中诗人表现情感的手法。

【参考答案】运用拟人手法。"宿"和"寻"皆为人的动作，诗人把"云"和"月"人格化。诗人欲和白云对宿，又逢明月相寻，写出在定林流连忘返的愉悦心境。

例8.（2010年高考安徽卷）阅读下面这首诗，完成8~9题。

岁暮①

[唐] 杜甫

岁暮远为客，边隅还用兵。烟尘犯雪岭②，鼓角动江城。
天地日流血，朝廷谁请缨？济时敢爱死？寂寞壮心惊！

[注]①本诗作于唐代宗广德元年（763年）末，时杜甫客居阆州（今四川阆中）。②雪岭：又名雪山，在成都（今四川成都）西。雪岭临近松州、维州、保州（均在今四川成都西北），杜甫作本诗时，三州已被吐蕃攻占。

这首诗使用了多种表达技巧，请举出两种并作赏析。

【参考答案】借代，如"烟尘"代指边境战事；与后文"鼓角"相应，从视觉和听觉两方面突出了战争的紧张，渲染了时局的艰危。用典，如"请缨"，典出《汉书·终军传》；在诗句中暗示朝中无人为国分忧，借以表达诗人对国事的深深忧虑。

例9. (2010年高考四川卷)阅读下面这首宋词,然后回答问题。

减字木兰花
向子䛊

斜红叠翠,何许花神来献瑞。粲粲裳衣,割得天孙锦一机。

真香妙质,不耐世间风与日。着意遮围,莫放春光造次归。

【注】向子䛊,官至户部侍郎,因反对秦桧议和而被免官。

"斜红叠翠"一句,"红""翠"和"斜""叠"对春景的描写各有其妙,请简要分析。

【参考答案】"红""翠"点明了花叶的色彩,以"红"借代花,以"翠"借代叶,含蓄而形象。"斜""叠"描写花叶的形态,"斜"字描绘出花朵的多姿,"叠"字则凸显了枝叶的繁密。

【备考策略】古诗鉴赏中的修辞复习备考要紧紧扣住常考的八种修辞手法,掌握其特点及构成要素,并将它们分类:描绘类有比喻、夸张、借代、比拟(生动形象),结构类有对偶、排比(突出强调),表达类有反问、设问(增强语气)。这样有利于分析修辞方法的表达效果和根据要实现的特定表达效果而确定所要使用的修辞方法,做到有的放矢,灵活运用。

三、现代文阅读题中,结合文章内容考查修辞方法所表达的内容及作用

1. 直接考查修辞。

例10. (2010年高考上海卷)阅读散文《天目山》。第①段中画线句运用比喻的表达效果是_____。

【参考答案】形象地写出了母亲眼眶里饱含着泪水,表达了母亲的悲伤之情。

2. 暗中考查修辞。

例11. (2010年高考浙江卷)阅读李丽娟的小说《静流》。文中画线的四个句子在写法和作用上有哪些共同点?

【参考答案】①运用比喻,以有形写无形(答"具体可感、生动形象"也可);②独立成段,过渡自然简洁;③叙事者"我"通过评说,表达感受、看法。

【备考策略】在现代文阅读中考查修辞手法,大多考查其表达效果,所以我们在备考过程中,重点是理解并掌握不同修辞手法的不同的作用。如:说明比喻的作用时,可用"化深奥为浅显""化平淡为生动""化抽象为具体""化烦冗为简洁"等词语;说明夸张的作用时,可用"突出特征,感情强烈""烘托气氛,增强感染力""创造气氛,增强想象力"等词语。

(原载《中学语文报》,2010年11月)

高考语文 39 例病句探析

2010年高考对"辨析并修改病句"考点的考查整体情况如下:

一、题量、题型及分值

18套卷中有14套卷考查了"辨析并修改病句",只有上海卷、福建卷、江苏卷和重庆卷没有设题考查。14套设题考查的卷中有13套全采用了四选一的单项选择题的考查形式,分值均为3分(安徽卷是修改病句的主观题,分值为5分)。13套试卷中,天津卷的题干要求是选出"没有语病、句意明确的一句",其余12套卷题干的要求都是选出"没有语病的一句(或一项)"。

二、考点分布

13套设题考查的试卷共设计了39个错例,其中江西卷第4题A项具有语序不当和搭配不当两个知识点,以及山东卷第5题D项含有搭配不当和表意不明两个知识点,即共有41个语病。其考点分布情况如下(见表1):

表1 病句考点分布

病句类型	语序不当	搭配不当	成分残缺或赘余	结构混乱	表意不明	不合逻辑
错例	3	12	12	7	6	1

三、规律探究

1. 突出时代性。选材涉及政治、经济、文化、教育、艺术、体育、旅游、交通、信息、新闻等多个领域,点击了地沟油事件、上海世博会、低碳生活、文明亚运、飞行器"天宫一号"、汶川灾后重建等社会热点,注重不同学科、不同领域知识的相互渗透,这不仅增加了试题的文化(尤其是区域文化)含量,也使试题更具有语文特质,更贴近学生的生活实际,给考生一种扑面而来的时代气息。

2. 强化结构性。在2010年高考语文科《考试大纲》明确要求能辨析并修改的六种病句类型中:"语序不当""搭配不当""成分残缺或赘余""结构混乱"属于结构性错误;"表意不明""不合逻辑"属于语义性错误。2010年13套设题考查试卷中的39个错例"结构性错误"和"语义性错误"的考查比例约为34∶7,透射出命题者强化结构性病句考查的导向。

3. 注重辨析性。对"辨析并修改病句"考点的考查包括"辨析"和"修改"两个层面的要求。2009年16套设题考查的试卷中全采用了"辨析"类试题,并没有"修改"类试题的考查。而2010年13套设题考查的试卷中,安徽卷采用了"辨析和修改"形式,值得关注。

四、归类解析

2010年高考13套设题考查的试卷共设计了39个错例,为便于剖析,现对这些错例作如下归类解析:

(一) 语序不当

(1) 一旦确定了某个特定节日的纪念物,商家、企业就可以设计、生产、经营相关的物品,电视、报纸、杂志等媒体就有了重点宣传的目标。(湖北卷第4题B项)

(2) 虽然现在所学的一些专业课,对我们很陌生,学起来比较吃力,不过我相信,在老师的帮助下,只要下苦功,就一定能够学好。(湖北卷第4题C项)

(3) 素有"庐山第一景"之称的石门涧,是庐山的西大门。这里一年四季泉水叮咚,鸟语花香,青松翠柏,云蒸雾绕。(江西卷第4题A项)

【透析】(1)句语序不当,应为"企业、商家"。(2)句为主客颠倒,应为"对我们来说很陌生"。(3)句语序不当,"青松翠柏,云蒸雾绕,鸟语花香,泉水叮咚"。

(二) 搭配不当

(1) 这个法律职业培训基地由省司法厅和南海大学合作建立,是全国首家有效联合政府行政职能和高校教育资源而成立的培训机构。(全国卷Ⅰ第3题C项)

(2) 该厂狠抓生产质量,重视企业文化,十几年来凝聚了一批技术骨干,所生产的内衣产量成为全国同行业销售额率先突破十亿大关的一个著名品牌。(全国卷Ⅱ第3题B项)

(3) 昨天上午,一位老人突然晕倒在购物中心,后经迅速赶到的120急救中心医护人员以及商场保安、在场群众的救护下,老人得到及时抢救,最终脱离了危险。(山东卷第5题D项)

（4）那个年代的手抄本很难得，书中的故事对我产生了潜移默化的影响，爱国心、人生观、事业心、爱情观以及手抄本那漂亮的字迹也让我非常喜欢。（全国卷Ⅱ第3题D项）

（5）李先生认为服饰公司侵犯了自己的权利，将之诉至法院，要求停止伤害，并提出30000元人民币的经济索赔和2000元人民币的精神损害抚慰金。（全国卷Ⅲ第14题B项）

（6）挪威国宝级乐队"神秘园"将再度来京演出，实现了外国演出团在京演出超过7次的纪录，在其演出的艺术历程中也是唯一的一次。（北京卷第3题B项）

（7）"低碳生活"这一理念，经过我国改革开放以来经济建设的成功和失败的实践，无可争辩地证实了这一理念的正确。（广东卷第3题B项）

（8）成千上万的亚运志愿者都在忙碌着，他们在共同努力，完成举办一次令亚洲乃至全世界都瞩目的文明亚运的理想。（广东卷第3题D项）

（9）随着网络技术迅猛发展对信息流通形式形成的巨大刺激，产生了网络互动这个平台，开拓了民意表达的公共空间，增强了政府和人民的良性互动。（辽宁卷第14题B项）

（10）曹操的性格具有双重性，他的雄才大略与奸诈凶狠对于任何一个扮演他的演员来说都具有挑战性，也是个难得的表演机会。（四川卷第4题A项）

（11）有专家认为，保护圆明园遗址的首要任务绝不是复建，哪怕是"部分"复建，而是研究、发掘后她展现出的遗存或废墟的价值。（浙江卷第4题D项）

（12）素有"庐山第一景"之称的石门涧，是庐山的西大门。这里一年四季泉水叮咚，鸟语花香，青松翠柏，云蒸雾绕。（江西卷第4题A项）

【透析】（1）句中，"培训基地是培训机构"，主宾搭配不当。（2）句中，"所生产的内衣产量成为一个著名品牌"搭配不当，改为"所生产的内衣在全国同行业销售额率先突破十亿大关，成为一个著名品牌。"（3）搭配不当，将"经"改为"在"，或者将"下"去掉。（4）"爱国心、人生观、事业心、爱情观以及手抄本那漂亮的字迹也让我非常喜欢"搭配不当，改为"书中的故事对我的爱国心、人生观、事业心、爱情观产生了潜移默化的影响，手抄本那漂亮的字迹也让我非常喜欢"。（5）"提出精神损害抚慰金"搭配不当，将"提出"改为"支付"。（6）句中，"实现了纪录"搭配不当，将"实现"改为"创下"。（7）句中，两面对一面，删去"和失败的"。（8）句中，"完成理想"搭配不当，"完成任务"或"实现理想"。（9）句中，搭配不当，前一分句改为"网络技术的迅猛发展对信息流通形式形成了巨大刺激"，"开拓"前加"这一平台"。（10）"他的雄才大略与奸诈凶狠"与"也是个难得的表演机会"搭配不当，可改为"演这个角色也是个难得的表演机会"。（11）句中，"遗存或废墟的价值"不搭配，删去"遗存""或"。（12）句中，"这里"和"青松翠柏"主谓搭配不当。

（三）成分残缺或赘余

第一，成分残缺。

（1）近期发热患儿增多，我院已进入门诊超负荷状态，为使就诊更有序，决定采取分时段挂号，敬请谅解。(全国卷Ⅰ第3题D项)

（2）记者近日发现，公园晨练的老年人中流行一种由松树精华做成的"神仙茶"，对这种带点儿树皮味的绿色茶剂赞不绝口。(北京卷第3题A项)

（3）当今的环境保护技术不仅做到了生产过程不浪费资源，不污染环境，保证产品使用的清洁高效，而且产品使用后废弃物的有效回收和循环利用。(湖北卷第4题A项)

（4）随着经济全球化进程不断加快，国际人口流动更加频繁，推动全球人力、资本、信息等生产要素的加速流动、优化。(湖南卷第4题A项)

（5）有氧运动是以增强有氧代谢能力为目的的耐力性运动，它可以有效地锻炼呼吸系统和心血管系统吸收、输送氧气。(湖南卷第4题B项)

（6）会议围绕充分发挥学生信息员的作用、加强教学质量监控、促进教风和学风建设，健全了学生信息源组织机构，布置了今年评教评学的主要工作。(辽宁卷第14题D项)

（7）记者来到卧龙镇人民政府南侧的中国卧龙大熊猫博物馆前，只见这座被称为"中国唯一的大熊猫博物馆"坐落在风景秀美的山下，周围流水淙淙，绿树成荫。(山东卷第5题B项)

（8）世博园开园以来，无论是风和日丽还是刮风下雨，参观的人流络绎不绝。截止5月9日17时30分，累计检票入园已达19.59万人次。(山东卷第5题C项)

（9）解决地沟油回流餐桌的根本在于加快地方立法，一方面制定强制统一收购餐厨垃圾的方法，另一方面通过立法协调环保、城管、工商等部门对餐厨废油的管理力度。(浙江卷第4题B项)

（10）近来，有些地方发生了利用短信诈骗银行卡持卡人的案件，且欺诈手法多样，出现了借口中奖、催款、退税等为名的新型欺诈。(浙江卷第4题C项)

第二，成分赘余。

（11）长沙、株洲、湘潭城市群建设的启动，对道路、交通、媒体、通信等行业提出了新的要求，与此相关，长沙商业圈无疑也将面对重新洗牌的机会。(全国卷Ⅲ第14题D项)

（12）我国计划在2011年向太空发射目标飞行器"天宫一号"的实验，这一消息引起世界各国极大关注，被全球各大媒体争相报道。(四川卷第4题B项)

【透析】（1）句中，"决定采取分时段挂号"，宾语残缺，在后面补上"……的办法"。（2）句中，缺主语，"他们"。（3）句中，成分残缺，在"而且"后补上谓语"做到了"。(4)句中，缺少主语，谁"推动全球人力、资本、信息等生产要素的加速流动、优化"不清楚。(5)句中，缺少宾语，在"输送氧气"补上"的能力"。(6)句中，成分残缺，在"学风建设"后加"等议题"。(7)句中，成分残缺，在"坐落"前加"的博物馆"或者"的建筑"。(8)成分残缺，应改为"截止到5月9日17时30分"，或者"截至5月9日17时30分"。(9)句中，成分残缺，在"解决地沟油回流餐桌的根本"的后面加"问题"。(10)句中，缺宾语，在"出现了借口中奖、催款、退税等为名的新型欺诈"后面补出宾语"手法"。(11)句中，成分赘余，删去"的机会"。(12)句中，成分赘余，删去"的实验"。

（四）结构混乱

(1)大师的这段经历非常重要，但流传的说法不一，而所有的当事人、知情人都已去世。我们斟酌以后拟采用大师儿子所讲的为准。(全国卷Ⅰ第3题A项)

(2)最近相关部门对两个小区的住房进行空气质量检测，结果有一半住房甲醛超标，而引发甲醛超标最主要的原因是居民不合适的装修造成的。(全国卷Ⅲ第14题A项)

(3)许多水果都有药用功效，如柠檬中含有柠檬酸、柠檬多酚及维生素C等成分就具有很强的抑制血小板聚集的作用。(湖南卷第4题C项)

(4)10月份以来，江东村家家户户房前屋后银杏树叶飘舞，满地金黄，吸引了来自全国各地慕名而至的游客。(江西卷第4题C项)

(5)剑潭村委会班子认为，在现代化形势下，财富的充足和可持续增长需要以知识的充实为前提，要让村民真正富起来，关键在于知识起决定性作用。(辽宁卷第14题A项)

(6)灾后重建三年目标任务两年基本完成的原因：一是十八个对口援建省市支援的结果，二是灾区干部群众自力更生所取得的成绩。(四川卷第4题D项)

(7)纪念馆分序厅、抗倭、抗英、抗法、抗日、尾厅等六部分组成，充分显示了中华儿女不畏强暴、自强不息的民族精神。(天津卷第4题D项)

【透析】(1)句式杂糅"拟采用大师儿子的说法"或"拟以大师儿子所讲的为准"二选一。(2)句式杂糅，"原因是居民不合适的装修"或"是居民不合适的装修造成的"。(3)句式杂糅，在"柠檬中含有"后面加"的"即可。(4)"来自""慕名而至"杂糅，可改为"全国各地的游客慕名而至"或"吸引了来自全国各地的游客"。(5)句式杂糅，最后一分句改为"关键在于知识"或者"知识起决定作用"。(6)句式杂糅，去掉"的原因"。(7)句式杂糅"纪念馆分序厅、抗倭、抗英、抗法、抗日、尾厅等六部分"或"由……六部分组成"。

（五）表意不明

（1）对于那些指责这些学说缺乏理论支持、说她不以实验而以先验方式作一般性推理的人，这表明他们对这一学说缺乏深入认识，还没有掌握其精髓。(全国卷Ⅱ第3题C项)

（2）连年亏损的美国《新闻周刊》正待价而沽，境内外华人都鼓动中国人出手收购，将这份引以为豪的美国期刊经营权收入囊中。(北京卷第3题C项)

（3）刘老先生热心支持家乡的教育、慈善等公益事业。他这次返乡，主动提出要与部分福利院参加高考的孤儿合影留念。(广东卷第3题C项)

（4）为了使这项住房政策真正受惠于低收入家庭，香港政府制定了非常严格的申请程序，一旦发现诈骗，处罚极其严厉。(江西卷第4题D项)

（5）昨天上午，一位老人突然晕倒在购物中心，后经迅速赶到的120急救中心医护人员以及商场保安、在场群众的救护下，老人得到及时抢救，最终脱离了危险。(山东卷第5题D项)

（6）天津东临渤海，华北诸河汇流海河，东流出海，是沿海各省通往京城和华北腹地河流交通的枢纽。(天津卷第4题A项)

【透析】（1）句中，"这"指代不明，改为"则"。（2）句子表意不明，在"引以为豪"前加上"美国人"。（3）句中，"部分福利院参加高考的孤儿"有歧义，是部分福利院还是部分孤儿？（4）句中，"受惠"的对象不明确。可修改为"为了让这项住房政策真正使低收入家庭受惠"。（5）歧义，"迅速赶到的"统辖"医护人员"还是"医护人员和商场保安"不清，两种理解都可以，可改为"商场保安以及迅速赶到的120急救中心医护人员"。（6）因偷换主语造成结构混乱，"天津"是第一个分句的主语，"华北诸河"是第二个分句的主语，两个分句之间没有关联，无法辨清谁是"河流交通的枢纽"。

（六）不合逻辑

（1）我突然记起黄发垂髫初懂事理的时候，母亲告诫我的一句话：早起的鸟儿有食吃。(天津卷第4题C项)

【透析】（1）句中，"黄发"指老年人，而"垂髫初懂事理"则指儿童，放在一起不合逻辑。

【备考建议】

尽管语病的原因很多，但考查命题都是严格限制在考纲所列的6种语病之内，认真完成近几年高考试题尤其是前一年的试题，并加以归类分析是非常有成效的！

(原载《中学语文报》，2010年7月)

作文命题的现实语境及新变化
——评2015年高考浙江语文卷作文题

2015年笔者有幸参加了浙江省高考作文评卷,共批阅了三千多份作文卷,感触颇多。现在不揣浅陋,写下来,希望对明年的高考备考有所裨益。

2015年浙江高考作文题,由两段材料构成:前一段材料讲"作品的格调趣味与作者的人品应该是一致的",后一段材料讲"作品的格调趣味与作者人品有可能是背离的"。与去年的作文题相比,没有"综合上述材料"的要求,考生可以就这两种观点,选择一种展开议论即可,或者把两者综合起来,比去年具有更大的开放性。

近年来,浙江高考作文要求结合自身经历,结合生活,立足身边事,抒发真情实感。社会各界对这次作文题,颇有些争议。"他们站在各自的经验立场,以单向度的思维,说个人的感受、看法,如果倾听者缺乏对基础教育写作教学的完整认识,对它的历史发展、当下和已经出现的转型看不清,势必导致写作教学无所适从或者走向事情的反面。"[1]

一、作文命题的"现实语境"

浙江大学陶然教授认为:"看一个作文题目,我们需要放在一个大的现实语境中,才能理解这个题目的意义在什么地方。"(高考阅卷培训时的讲话)否则孤立去看这个题目,可谓见仁见智。这次作文的命题要放在以下语境来看:

1. **偏于感性,忽略理性**。偏感性与偏理性本身无高下之分,不同人有不同的才气,有人喜欢写小清新类的,有人喜欢写观点明确,立意深刻类的。但是如果一个省的作文甚至全国中学生作文,都偏向一个方向,则是有问题了。目前浙江省的作文,一味偏感性,写"你的故事",学生为了把自己放进去,便生造例子。我们在批阅时,还要去分辨其故事真实与否。这一类的文章,走小清新路径,对于考生将来的实际生存能力并无太大帮助。

孙绍振教授说:"学生误把抒情散文当为唯一的选择,导致了辞藻堆砌成风,滥情淹没思想,议论文写作能力日趋薄弱。……高校不管文科还是理科,其教学和考核都是以理性思维为主。故在美国和欧洲，入学考试均系理性议论，美国托福式的作文命题以两难现象为主，法国的作文命题干脆就是哲学化的。地处亚洲的新加坡甚至明确规定高考作文不得写抒情散文。随着世界各国的命题模式不断被介绍到国内，国内命题与世界接轨的追求逐渐明显起来。高考作文命题的开放，就不限于形式上的材料和话题，而是从感性抒情向理性议论开放。"[2]逻辑思维和理性意识欠缺在我国中学生中极为普遍，这严重影响了中学生的整体素质和个人发展。

2. 文体杂糅，百搭方式。 现在大量学生写作文章，写的大多是文化散文路径类，像余秋雨、于丹二人的文化散文、心灵鸡汤式的文章。这样的文章比较好操作，比较百搭。这种杂糅文体，使"明确文体"成为虚悬的规则。

3. 成人要求，逻辑理性。 高中毕业生已接近成年人，他们对社会的认识能力，比我们想象的要高许多。如果去关注一下他们的文综题目，其达到的深度远超出我们的水平。他们写的作文，需要有一定的逻辑理性深度。

对于高考作文所承载的东西，人们希望所有考生都能写，并且写好，这是不现实的。高考要考查的是学生在多种写作能力中的一种，例如叙述的能力、议论的能力等。可以每年每次偏重一种，今年高考作文则偏重写作中的"议论能力"，考查"初步理性思辨能力"。

二、作文命题的"新变化"

浙江卷近五年的命题，主要基于"小我"经验的表达，有强烈的道德倾向。从2010年的"角色转换之间"，2011年的"我的时间"，2012年的"站在路边鼓掌的人"，2013年的"童心早泯"到2014年的"门与路"，都暗含着强烈的道德诉求。立足于"我该做一个怎样的人"来命题，迫使考生作出"高大上"的道德表达，思考如何表达才能取悦阅卷者。

而2015年浙江省的高考作文题，尽管继续采用新材料作文题型，但呈现出新的变化：

1. 限定范围，规定性增强。 如"对此你有什么看法"，让考生针对"作品格调趣味与人品"现象发表见解：或赞成文如其人，或认为文未必如人，或赞成辩证地看。只要是讨论人品与文品的关系，围绕着这三种观点展开讨论，都算切题。任何一种观点，都没有高下之分。审题难度不是很大，重在学生的分析说理、表达的能力。

但是今年的审题还是有一定难度的，材料中引用了金代元好问《论诗绝句》。元好问的这首绝句余下的部分是："高情千古《闲居赋》，争信安仁拜路尘。"这里所说的"安仁"就是《闲居赋》的作者潘岳，潘岳在《闲居赋》里写尽了闲居家中的安乐情景，文章飘逸出尘，可是当达官显贵的车马已经离开很远、荡起浮尘的时候，他还跪拜不起。学生要辨认、理解诗句，需要一定的古诗阅读功底。

对那些基本上不按照题目所给的观点展开讨论，自说自话的状态，一般在35分之下处理。例如有的考生去写：距离产生美、慧眼识人、透过现象看本质、如何做人、坚守慎独、观人是一种艺术等，属于偏题了。

2. 明确要求，文体要纯粹。 如"阐明你的看法"，旨在鼓励考生的个性化"发声"，避免人云亦云。近年来首次提到了"文体明确"。一直以来，浙江卷都是"文体不限"，导致老师和学生都对文体不甚重视，考生习惯于写所谓的"大散文"。实则是文体杂糅，四不像的文体。

3. 重视积累，阅读重宽度。 作文设定的话题较为"专业"，需要相应的文化积累，倘缺乏足够的阅读，则难免捉襟见肘。近代文章大家吴曾祺说："大抵鉴别主于识见。驱使恃乎笔力，剪裁赖乎意匠，变化本乎性灵。四者相须缺一不可。"这四样东西之前，吴曾祺强调："首先要'储才'，'储才之法'，可蓄之于平时，而不能取之于临时。尝见弟子，懒不读书，枵然无有，一旦振翰操纸，彷徨四顾，神志萧索。"（《涵芬楼文谈·储才第一》）阅读积累太少，制约了学生的发挥。有的考生甚至张冠李戴，出现硬伤，严重影响作文得分，例如："我自横刀向天笑，去留肝胆两昆仑。"出自当代著名作家鲁迅。这句话正是他这一辈子最好的写照……

"生如夏花之绚烂，死如秋叶之静美。"或许也只有漫步于燕园的季老才能写出这样平淡出奇的文字了。一朵花，一只猫，一个人，最安静的环境，最安静的文字，最平静的内心。

4. 突出思辨，走向理性。 "作品格调趣味与人品"彼此关系的分析、思考，是写作的重中之重。考生能否有效证明一个观点，让读者心悦诚服，这是一篇议论类文章成功与否的标志，也是判分的重要依据。但有的考生，投机取巧，只是头尾联系材料，中间自管自，游离开去，这样的作文一律判为离题之作。低水平的考生会在罗列现象上做文章，中等水平的考生会想方设法自圆其说，高水平的考生会更多地考虑如何说服读者。

三、考场作文的"三种路径"

笔者批阅了三千多份作文卷，百分之九十以上的作文是议论文，得高分的也大部分是议论文。当然有极个别的是记叙文，但高分极少。这些作文综合考察，加以分类，笔者发现有下三种写作路径：

1. "深入型"的文章。 从"是什么—为什么—怎么做"。例如有的学生写"作品与作者"，写到"作家都随着其阅历的增长而成长，他的作品也随着他的成长而成长。普遍来说，人在年轻时所写的文章往往富于激情和幻想，文章风格多浪漫热烈，而人一旦进入中老年期,对人世拥有了大量体验,所写出来的文章更注重现实伦理,也更加平静深远。"考生能够就这个问题,结合材料深入下去,而不是仅仅举几个例子来说明。

2."拓展型"的文章。有的考生,从"文学作品—艺术作品—医生的手术—教师的课堂",拓展开去。"如果将眼界脱离艺术家,放眼于社会,手术何不是医生的作品,课堂何不是老师的作品?如果一个医生没有医德,教师没有师德,断断是不会进入手术室,走上讲台的。每个人都是作者,每个人的人生都是自己的作品。思想的高度,行为高尚的必有长久流传的美好,思想低俗的人,其人品自然好不到哪里去,又何谈其作品?"

3."创新型"的文章。另类的高分作文,某考生写了一篇"小说型"的作文。地道的北漂,通过一位老北漂的遭遇,反思并发出呼吁,而作家这个梦只能藏在我心中,如果不能写想写的东西,作家又有何意义。这是一篇带有虚构色彩的小说,很纯粹,不杂糅,而且契合"人品与文品"的话题。阅卷组经过商量,给了52分的高分,在记叙类的作文中实属难得。

四、商榷之处

"对此,你有什么看法?"出题者的本意,是要限定考生的话题范围,避免无边界的泛化写作。但从批改的情况来看,也产生了一个问题:学生大多只是就这个材料来谈,变成了就事论事。而一线教师的作文指导,一般要求学生立足材料,在其基础之上能够生发开去,站在更高层面看问题。是否脱离了一线教学的实际,这是我困惑的一个地方。

"明确文体",实则考生只有一种选择,就是只能写议论文体。从批卷的实际来看,百分之九十的考生写的都是议论文,当然有的并非纯粹议论文。有的考生写了记叙文,大多得了低分。要求"明确文体",也许出题者想要表达的是我不限制考生的文体选择自由,但实则限定了,"明确文体"可否写成"议论文体",这是我困惑的另一个地方。

参考文献:

[1] 胡勤.作文的类型、价值取向与有效性[J].语文学习.2014(7-8).

[2] 孙绍振.理性思维导向及其对抒情性思维的超越[J].语文学习.2014(7-8).

(原载《语文学习》,2015年第8期)

文章合为生活而写
——关注2009年高考作文

6月7日上午，高考第一科语文考试刚一结束，高考作文题立即引发人们的热议。笔者认为2009年全国及各省自主命题的作文题题型虽然多样，但是大都比较关注现实问题，关注学生自己的生活，这给我们今后的作文教学指明了方向。

一、关注社会生活

纵观今年高考作文题，高考作文正在告别过去务虚的诗意迷失，选择那些更能直接贴近现实生活的时代命题。比如，江苏卷让考生"品味时尚"；山东卷让考生"见证"；海南卷要考生谈"诚信和善良"，这些命题都与生活息息相关。不读死书，要与时俱进，但是那些两耳不闻窗外事，一心只读圣贤书的学生恐怕很难写出高分作文，要吃大亏。其中江西卷的"兽首拍卖"的议论文，这个话题曾在报上网上吵得沸沸扬扬。如果平常不关注时事、新闻，不看新闻、不看报，对兽首拍卖是何事都不清楚，就绝对会两眼一抹黑，无从下笔。如果你平时关注了，看得多了，这个题目下笔就有神，绝对会妙笔生花，即使不会写，只要看了轰动一时的这则新闻评论，这个题目也较容易写了。

与江西卷如出一辙的辽宁卷和上海卷，也重在考查学生了解社会的程度。辽宁卷的作文在探询"明星代言你怎么看？"，上海卷要求作文展示"金融风暴中的我"，这都是当下的一些热点问题，而且还在继续，如果你视而不见，若无其事，只能害了你自己。如果你平时不爱看书看报，了解事实和新闻动态，以及国内外的变化，在考场上，你抓耳挠腮也无济于事。但是那些关注社会变化的同学，可能会获得意想不到的高分。

这就给出一个信号，学生不能简单死读书，读死书，更要读社会这本书。要在日常的写作中多去"写实"，去写客观真实的社会现象，去践行"文章合为时而著，歌诗合为事而作"的理念，去进行判断分析，阐述特定的价值理念与文化思想。前些年那些"诗情画意"的高考作文题之所以受到普遍批评，正是因为那样的命题，让贴近现实生活的文章失去了依托。

二、关注学生自己的生活

今年的作文题比较贴近学生自己的生活。例如浙江卷要考生根据《绿叶对根的情意》的一段歌词表达的主旨,结合自己的生活体验与阅读积累,自拟题目作文。绿叶对根的情意,可以比喻游子对故乡,国人对祖国,也可比喻孩子对父母,学生对老师,还可把根比作生活的环境、生存的文化土壤,或者写让自己成长的精神滋养等。浙江卷关注学生自己熟悉的真实的成长生活,更贴近学生的内心情感世界,引导学生抒发自己的真情实感。

与浙江卷同样关注学生个人生活的还有天津卷"我说九零后",重庆卷"我与故事"等。作文命题让学生很熟悉,有话可说,作文是对生活的热爱,而不是大量的文字堆砌,空洞的排比句出新,有肉无骨,更要有精神。要能够充分展示学生的独特个性,让作文成为学生自己独立存在的言说。

这些语文作文的命题充分体现了新课程改革注重培养学生的情感、态度和价值观的思路,激活学生库存的知识和经验,鼓励学生用作文进行自由的表达、有个性的表达、有创意的表达,要求学生从过去那种死背材料的模式中走出来,去关注社会,思考人生。

三、引导学生用心感评生活

当前作文教学过分注重"怎样写"的问题,而忽视了"写什么"的问题,这恰是当下作文教学需要去突破的核心问题。中学生的作文,应当有两个指向:一是指向"社会生活";二是指向"自我的个体生活"。生活不能游离于学生的作文之外,不能是水上漂浮的一层油脂,应当是融进水中的甘糖!

今后的作文教学,要引导学生用心观察生活,要多写些自己的生活;要引导学生密切关注社会的变迁,聆听时代的脉搏,对社会多点批判意识和理性思考。[1]那么学生写作文时,角度就会非常容易选取,素材一大堆,轻松自如,非常随意就拿下高分。

参考文献:

[1] 章熊.中国当代写作与阅读测试[M].成都:四川教育出版社,2000.

(原载《江西教育》,2009年第10期)

凸显家国大情怀 立足青年新起点
——评2018年浙江高考作文卷

今年浙江省高考作文题，继续采用新材料作文题，但有以下几大新亮点：

1. 在"用什么文体写"上，给学生松绑。 浙江省2015年高考作文是对"作品与人品"的关系，谈谈看法，写一篇文章阐明观点；2016年高考作文材料是关于"虚拟与现实"，明确规定"写一篇论述文章"；2017年高考作文材料是关于"三本大书"，要求对作家的观点加以评说。2018年，高考作文让学生就"浙江精神""浙江故事""浙江传奇"，结合自己的体验与思考，写一篇文章。不是规定写"论述文"，出乎大家意料。浙江省连续三年，考"论述文"，一定程度上强势扭转了中学生不会说理，只会滥抒情的小散文体的不良文风。物极必反，硬性规定写"论述文"，也会埋没一批擅长写文学性作品的考生。这次"明确文体，不得写成诗歌"，应当说是一大解放。

2. 在"写什么"上，回归现实生活。 从2015年至2017年，浙江高考三年里，在"写什么"上，偏重于"A与B"之间的逻辑思辨，侧重形而上，少了形而下。2018年，高考作文引导让学生关注当下的生活，关注家乡，关注社会，凸显家国大情怀。让青年学子，从思想的云端，回到泥泞的土地。了解"最美妈妈"吴菊萍、"最美司机"吴斌、"最美爸爸"黄小荣等最美人物。践行"干在实处、走在前列、勇立潮头"的浙江精神，做好学生奉献祖国和家乡的引路人。

3. 在"怎么写"上，重视内功。 从2015年至2017年，浙江三年里，在"怎么写"上，都要求学生思辨评论。2018年，高考没有作单一限制，而是放开，让学生有限的自由发挥，明确文体。这次高考作文，能较好地考查出学生的真实写作水平，有效防止宿构和押题，有较高的区分度。学生虽然有了较大的思考空间，但要写得精彩，需要平时的广积淀。考生要写出立意深刻，议论精辟的好文章，难度很大，但要获得42分的基本分不难。

2018年的浙江卷作文基于对"浙江精神"的提炼与概括，回望历史，紧贴时代主题，引导考生站在人生新起点，在宏阔家国大视野中找到个人意义，思考未来人生，有利于人才选拔与教学引导。

（原载"浙江在线"，2018年6月7日）

高考作文评价应删去"有文采"吗？

孙如明老师在《高考作文评价应淡化或删改"有文采"》(见《语文学习》，2009年第6期，以下简称《评价》)一文中指出："中学生写作实践中，重视文采""导致了中学生写作水平的下降""高考评分标准也应该与时俱进，'有文采'也该退出历史舞台了。"笔者读后颇受启发。

但是，学生作文差，是一个长期存在的问题。《评价》一文，将其归结为高考作文评价"有文采"的误导，笔者认为有值得商榷之处。

《评价》首先说："提倡'有文采'不切合中学作文教学目标"，此论大谬。中学生作文教学培养的是学生基本的写作能力，能具体明确、文从字顺地表达自己的意思。其中"具体明确"正是"有文采"中要求的"用词贴切"，而"文从字顺"就要求"文句有表现力"。可见"有文采"并非不顾高中学生学习实际的评价，而是兼顾了中等学生的作文水平，又能让优秀学生脱颖而出。高考作文强调"有文采"并非扭曲了中学生作文的标准！

《评价》其次认为："提倡'有文采'背离了学生作文的实际情况"，提倡"有文采"就会堆砌"优美词句"，就会导致学生作文"形式化和程式化"。这看似有道理，实则走进了观念上的误区。作为文章学术语的"文采"有二义：一指辞藻之美，二指文章语言表现出来的一种审美特征，这种特征从风格上可分为两种：华丽美和朴素美。同是朱自清的散文，《荷塘月色》是华丽美，《背影》则是朴素美。两篇文章都有文采，是各不相同的文采。看"发展等级"规定的"用词贴切，句式灵活，善于运用修辞手法，文句有表现力"，取的是"文采"的第二义。《评价》的作者，误将文采等同"善于运用修辞手法"，仅指辞藻美、华丽美一义，而忽视了"用词贴切，句式灵活，文句有表现力"朴素美的一面。我们要警惕借口"我手写我心"，而将语言的苍白贫乏视作朴素美！苏轼教侄子如何写文章，曾说"凡文字，少小时须令气象峥嵘，彩色绚烂。渐老渐熟，乃造平淡。其实不是平淡，绚烂之极也。"朴素美是一种"绚烂之极，归于平淡的美"，是更高的艺术境界，是对华丽美的超越！我们要引导学生锤炼自己的语言，而不是任其越来越肤浅、寒碜和苍白！

《评价》又说："提倡'有文采'也不符合学生生活实际和学生未来发展的需求。"认为我们现在的写作教学是文学写作教学，是不必要的，《评价》提倡实用文写作教学，并且说"实用文"不需要文采。笔者认为将这两种写作教学对立起来，是不恰当的！"文学写作"固然要"有文采"，但"实用文写作"也要"有文采"！演讲词就是要"有文采"的实用文。例如：马丁·路德·金46年前的演讲词——《我有一个梦想》，现在读来依然铿锵有力，撼人心魄。他的演讲词如此精彩，得力于气吞山河的排比句，丰富奇妙的比喻，富有表现力的文句！

《评价》最后说："国外的写作教学，也不见'有文采'一说"，断言国外的"日常教学和评价标准，更接近实用"，即"都是实用文写作"。并举例说：一位美国高中毕业生参加工作后写了"两份广告""一封抗议信""一封家书"等，都是实用文写作。实用文写作也要"有文采"，笔者前面已论述，不再赘论。我想说的是，《评价》作者仅凭"国外的写作教学，也不见'有文采'一说"，就断定他们的作文评价不讲求"用词贴切，句式灵活，善于运用修辞手法，文句有表现力！"这过于武断，缺少学理支撑！即便国外作文评价中，真的不提"有文采"，但不能就断言他们不要求作文"用词贴切，句式灵活，善于运用修辞手法，文句有表现力"了！只要提了这些评价标准，就是实质上的要求"有文采"！我们分析问题不能只看表面，而弃实质不顾！

2000年高考作文评分首次推出"基础等级"（占40分）和"发展等级"（占20分）两级评分标准。发展等级包括"深刻""丰富""有文采""有创新"等四个方面，共16个评分点，这是对高考作文思想和语言的细化和强化。阅卷采用"一点评分法"，就是以16点中最突出的一点来评分，有一点突出就可以得分，甚至得到满分，并非只看"有文采"。《评价》作者将"有文采"视作发展等级的最主要甚至唯一标准，鼓吹"有文采"应当退出历史舞台了，这是对高考作文评价的误读，是对中学作文教学的误导！

（原载《新作文·中学作文教学研究》，2009年第10期）

作文：请不要"拔高提纯"

笔者在教学《病梅馆记》时，感慨颇多。文中写江宁、苏州和杭州都盛产梅。文人画士有他们独特的审美趣味："以曲为美，直则无姿；以欹为美，正则无景；以疏为美，密则无态。"这些君子却托人暗示卖梅者，要"斫其（梅）正，养其旁条，删其密，夭其稚枝，锄其直，遏其生气"。联想到当下中学生的写作，他们的写作不也都是被框于盆中，被棕绳捆绑的吗？他们不也都是有待"纵之顺之，毁其盆，（重）埋于地，解其棕缚"的病梅吗？

学生时代，大抵记忆最多，体验最深的当属校园生活。但许多的同学除了写过《我的老师》《难忘师恩》之外，其他方面很少涉及。正如浙江省教研室胡勤先生所说"31万考生，好作文寥寥无几，写自己身边生活的文章几乎看不到。其中不乏空洞之作，披着华丽的外衣，满是整容的痕迹"。

当我改学生的作文时，常感到似乎不是学生在写自己的生活，而是老师在批量地制造作文。一行醒目的文字"中心明确，内容充实；感情真挚，思想健康"，框住老师与学生。人们习惯了"好的作文一定要有深刻的意义"。而"意义"的标准不在学生这里，而在作为批改者（教师）手里。而老师的标准又无条件服从高考的评分标准。所以我们学生唯一的话语方式：不论写景状物抑或记人叙事，在文末总是妙笔一点，或赞美或歌颂，文章立刻就被拔高提纯了一大截。故我常不得不告诫学生，宁可要这样的作文（至少可有及格分），也不要闯"雷区"的创新作文。

所谓的"雷区"有许多。例如有某老师布置学生写《中学里最难忘的事》，有个学生写自己偷偷喜欢上了一个女生。结果，不仅没拿到分数，还被老师、父母指责为"思想不健康"。

多年来，中学生早恋被家长和老师视为洪水猛兽，是绝对禁止的。但《诗经》开宗明义讲《关雎》"窈窕淑女，君子好逑"。孔子是儒家的祖师爷，还认为它"乐而不淫，哀而不伤"。那种朦胧的纯真的情感，是春日初开花草。想到初中时代，我也暗暗地喜欢一位性格活泼的女孩，写了一些诗。我相信：每个少年都有珍藏在心底的一份最纯洁的情感。"还是一次晚自习后,我在校门口见到她,顿时觉得血液沸腾起来,心咚咚跳个不停。我跟在她身后直到她骑车远去"。我似乎又回到了快乐的少年时代。中学生尽管还不够成熟,尽管会有不可避免的幼稚与冲动。但我们应该相信,他们具有了一定的自控能力。"我从来不否定早恋,我否定那些视早恋如犯罪的'正人君子'","爱恋如暴风雨一样来得猛烈,但同样请来得理智些吧!""朋友们,给爱买一份责任的保险吧,别把早恋当儿戏。要知道,在爱的天平上,责任是最重的砝码。"这都是理智的真情。

又如教育中存在的种种弊端,学生身处其中,自有许多的感悟。可是高考的关卡在,那里的阅卷者多是高校里的教师或中学里的名教师。教育的种种弊端,也就是教育者自身的弊病。揭教育的伤疤,是自毁前程。这是我的老师告诫学生,我也就秉承师命,又传给我的学生。"又要上学了,又要犯错了,又要叫家长了……"学生的印象中,学习是何其痛苦的一件事。《论语》开篇即说"学而时习之,不亦乐乎!"学习在孔圣人的心中是无比快乐的,就如"有朋自远方来"一样的喜悦。但几千年后的我们将何以面对先贤。学校多是高喊"素质教育",但畏于高考的压力,又狠抓"应试教育"。孔子说"巧言令色,鲜矣仁!"这实则就是给学生一个暗示"说谎"是对的,让所有的人都不觉得自己在说谎了。我们不能怪学生的文章中谎话连篇,要杜绝谎话,要看我们成年人给他们造就一个什么样的环境。教育的"金身",至今完好无损,自然没有人敢去撼动他。

而有些虽在"雷区"之列,却因害怕老师说没有"深刻意义"而不愿吐露心声。在枯燥单调的生活中,友情是冬日温暖的阳光。因为"每天被圈在书桌和课本筑成的围墙内,时间被作业、习题分割、垄断了,失去了许多可以倾谈的朋友"。学生文章本就是"合为事而歌",就是要一吐"胸中块垒"。与少年时伙伴的故事,任岁月流转,将永不可抹去。这些真实的生活,就是作文的源泉。不要怕暴露自己的缺点,人正是因为有这些缺点而可爱,从而获得了长久的生命力。当孔圣人不再言笑时,端坐在神位上时,已不是真实孔子了;当诸葛亮被神话了,能够呼风唤雨时,诸葛亮已经悲哀地死了;当鲁迅走上神坛时,我看到的是先生的愤怒。而伟大的卢梭,不怕世人的鄙视,《忏悔录》将一个真实的人呈现在上帝面前。真实的往往是最有生命力的,塑胶花再美,却比不上野地里不知名的花草。

"为何你戴着面具把自己隔离;为何你戴着面具把现实逃避……",握着生杀大权的高考阅卷者,"我劝天公重抖擞,不拘一格将人才"。无论怎样,让我们的学生去写自己的生活,哪怕再如何的消极,哪怕再如何的琐碎,不能再让写作成为一种他人意志表达的牺牲品。用自己本色的语言,哪怕再简陋,哪怕再稚嫩,也不要再刻意去"拔高提纯",不要再让作文被偷去活的灵气。

(原载《中学语文》,2006年第11期)

"排"靓作文"七剑式"

作文要想得到高分，语言好是最基础也是最重要的手段。有文采是高考语文《考试大纲》"发展等级"评分的内容之一。孔子云："言之无文，行而不远。"近几年高考满分作文中，一篇篇文采飞扬的佳作成为作文的一大"亮点"。而修辞出新，文句有意蕴则让这"亮点"更加熠熠生辉。在众多的修辞手法当中，排比特别引人注目，能给人一种宏伟的气势。

怎样使自己的语言亮丽而富有气度，达到考试作文评分标准中"有文采""有意蕴"的要求呢，运用排比是最好的方法。那么，在考场上又如何能够"排"靓文章呢？以下从修辞的角度谈谈巧用排比的七种方法。

第一剑式：喻振金声

排比句能充分地表情达意，比喻句可使文章内容表达得形象生动而有意蕴，尤其是连续运用比喻来状物抒情的博喻和排比句连用，不仅让文章的内涵丰富起来，而且更显有文采，加深读者的印象。例如：

（1）创新是石，擦出星星之火；创新是火，点燃生命之灯；创新是灯，照亮生命之路；创新是路，引导我们前行！相信，横看成岭侧成峰，只有创新才不同，只愿"长风破浪会有时，直挂云帆济沧海"。（2000高考《横看成岭侧成峰》）

（2）爱心是一片照射在冬日的阳光，使贫病交迫的人感到人间的温暖；爱心是一泓出现在沙漠里的泉水，使濒临绝境的人重新看到生活的希望；爱心是一首飘荡在夜空的歌谣，使孤苦无依的人获得心灵的慰藉。（2005高考《爱心永驻》）

第二剑式：假中生有

假设能引起读者的思考，一组组假设排比句，不仅能丰富读者的想象，引起他们的思索，而且还能让他们感到诗的和谐美。例如：

（1）如果你失去了金钱，你只失去了一部分；如果你失去了健康，你只失去了一半；如果你失去了诚信，那你就几乎一贫如洗。（2001高考《是谁在赞美皇帝的新装》）

（2）假如陶渊明的心始终为风云际会所撩拨，假如他的思想不曾在39岁时发生重大转变。吟出"瞻望邈难逮，转欲在长勤"，怎能开创诗歌中淳朴自然的田园一派，吟出"采菊东篱下，悠然见南山"的诗句呢？

假如李贺不曾抛开幼时"我今垂翅附冥鹏，他日不休蛇作龙"的理想，假如他没有受到与之争名的那些人的打击，终为父讳而不举进士，我们也许就读不到他"幽兰露，如啼眼"等天下无双的鬼诗，读不到"一唱雄鸡天下白，少年心事当拿云"的豪言壮语了。

假如曹雪芹一生全都"锦衣纨绔""饴日餍肥"，缺乏"蓬牖茅椽，绳床瓦灶"的经历，缺乏对世态炎凉与社会黑暗的深切感悟，又怎么会有伟大的现实主义作品《红楼梦》流传于世？（学生习作《一步与一生》）

第三剑式：反淡为浓

反问和排比连用，不仅使文章语句的语气强烈，感情充沛，而且使文章具有浓郁的抒情色彩，富有文采。例如：

（1）幸福是什么？是功成名就、受人景仰吗？是恬静悠闲、无牵无挂吗？是高朋满座、儿孙绕膝吗？我说：幸福是……（2004高考《解读幸福》）

（2）岂可让黏稠的精神血液停止流动？岂可屈从于命运的戏谑与安排？岂可让绵绵的泪水滑落年轻的面庞？少年捂住流血的伤口，选择沙砾与严霜，选择孤独与寂寞，选择坚强与希望……（学生习作《永不落泪》）

第四剑式：问天呵壁

设问，能引起读者的思考，一组组设问排比句，不仅能吸引读者的注意力，引起他们的思考，而且还能让他们感到诗一般的美感。例如：

（1）是谁？曾经彷徨，而后怀着满腔热情拿起笔杆子，向敌人的咽喉刺去；是谁？曾经呐喊，而后激励着一代又一代有志青年，在铺满荆棘的道路上奋勇前行，追寻那一片光明；是谁？曾经伤逝，为的是无法一直做人民的孺子牛，为革命多做一件事。是您，鲁迅先生！（2004高考《壮哉，猛士》）

（2）谁说女子使国不安，女子使家不宁？

那么是谁"一去紫台连朔漠，独留青冢向黄昏？"放弃了绿柳夹河而列，长风携云朵翩跹而来，窈窕而去的长安，甘愿远赴黄沙大漠，经受亘古不变的猎风与沙石吹打，而换取和平免受战火？是王嫱，那个名唤昭君的绝美女子，她为大汉朝撑起半片安定、安康、安宁的天空。……那么又是谁"无字碑头字皆满"，功过留于后人评？是中国历史上唯一的女皇帝！她兴科举、用贤能，治国严谨，举修水利，广开言路，打造了一派盛世安平的景象。（2005高考《说安》）

第五剑式：比美论丑

排比句能充分地表情达意，对比句则使文章情感表达得鲜明，它和排比句连用，不仅让文章的内涵丰富起来，而且加深读者的印象。例如：

（1）不是每条河流都汇入大海，但它可以浇灌农田；不是每朵花都养在温室，但它可以装点山野；不是每个人都站在风口浪尖，但位置对了，请尽情奉献！（2005高考《向左看向右看》）

（2）在无尽的旅途中，我们无法掌握生命的长度，却可以把握它的宽度；无法增加生命的外延，却可以丰富生命的内涵；无法提高生命的数量，却可提升它的品质。因为这样的过程是美丽的。（学生习作《在路上》）

第六剑式：偶风美语

排比，能加强语言气势；对偶，能使文章句式整齐，节奏分明。这种句式不仅让文章的语言变得流畅华美，而且能营造出浓浓的诗意，深化文章的主旨，让人回味无穷。例如：

（1）庸者，相信别人，怀疑自己；愚者，相信自己，排斥别人；智者，相信自己，也信别人。（2004高考《相信自己，也要相信别人》）

（2）初观其文：沧海日，赤城雪霞，峨眉雪，巫山云，洞庭月，彭蠡烟，潇湘雨，武夷峰，庐山瀑，诸般宇宙奇观；左传文，子长史，贾生论，相如赋，薛涛笺，右军帖，摩诘画，少陵诗，几多古今绝艺。（2002高考《道士塔的联想》）

第七剑式：引诗据典

排比可使文章的句意气势磅礴，引用或化用古诗词，又能使文意庄重典雅，语言流畅而不失华丽之风。这种句式避免了描述性语言的刻板平淡，议论性语言的繁冗拖沓，成为近年来增加作文文采的"流行式"。例如：

（1）选择是一个崭新的开端。选择高耸入云的峭崖便需有"路漫漫其修远兮，吾将上下而求索"的信念；选择波涌浪滚的大海便需有"直挂云帆济沧海"的壮志豪情；选择寒风劲厉的荒漠便需有"醉卧沙场君莫笑，古来征战几人回"的博大胸怀。（2005高考《一粒沙的位置》）

（2）当简·爱说"我们是平等的，我不是无感情的机器"，我懂得了作为女性的自尊；当裴多菲说"若为自由故，两者皆可抛"，我懂得了作为人的价值；当鲁迅说"不在沉默中爆发，就在沉默中灭亡"，我懂得了人应具有反抗精神；当白朗宁说"拿走爱，世界将变成一座坟墓"，我懂得了为他人奉献爱心的重要。（2005高考《折射》）

只要能熟练掌握了以上七种排比"剑式"，相信你的文章，一定会排出气势，排出精彩！

（原载《新作文·高考作文智囊》，2010年第1期）

少点"含蓄",多点"明朗"
——关于扣题的记叙文升格示例

【话题导引】

世间的万物在传递中绵延不绝,人类在传递中生生不息。技艺、经验可以传递,思想、感情可以传递……

请以"在传递中"为话题写一篇不少于800字的文章。要求:自拟题目,自定立意,自选文体,且文体特征鲜明。

【失误例文】

五月粽香

朱雨微

"五月五,是端阳。门插艾,香满堂。吃粽子,洒白糖。龙舟下水喜洋洋……"磁带在转,很旧的歌了,但仍喜欢这种老老的味道。外面下雨,打湿了西关的石板街,落入了珠水,朦胧了荔枝湾,敲响了竹叶……

前几天外婆已经忙着包粽子的事,每年她都很快乐的,说到一家子包粽子便乐得总露出两颗板牙,可爸妈都忙呀!表弟正和电脑中的怪兽争个你死我活,哪有心思包粽子呢?结果空荡荡的大屋子里就只有我跟外婆忙里忙外的。洗叶子、捣糯米、蒸咸蛋什么的。年老的外婆用手搓着和了油的米又唠叨着说:"这蛋黄可是六爷爷卖的,他的准是好。唉!可今年价高,就这么点花肉了……知道吗?你舅舅就爱这花的肉,小时候净争吃的……呵呵!"外婆笑得很欢,似乎眼睛都成线了。每年都这么说,似乎是个没完的故事。"外婆,你就不累吗?年年做。"我洗着绿豆回头说。"累啥!你外婆这老骨头做这个最棒了,你外公特爱的。可这一年下来,你们都忙,想起一家子吃粽子可乐了!呵呵!"外婆用食指、拇指纯熟地按着粽叶边说着边裹了起来,时而又停了停,像在想事。是那些很老的故事吗?

空气中传着粽香,传着米香。传递着古老味,婆婆味和浓浓的情。"哎!表姐,帮我叫个比萨,要芝士味的!"表弟的这一声喊似乎把东西都打碎了,传着的东西似被断去，断得七零八落。"你这小子，有粽子呢！还吃那鬼东西。"外婆有点生气，我也有点不情愿，那以后的时间似乎再找不到先前的感觉。

粽子包好了，那天晚上就我一个人。爸妈仍在忙，我（加一"却"字）陷入了深思。随着时代的发展，现代化给了社会很多，同时又似乎在不断地打断某些东西的传递。

雨仍在下，淅淅沥沥。我吟唱着楚辞，时而又是一曲儿时童谣，眼中起了雾水……

【教师评点】

我比较喜欢读这篇文章，原因有二：一是文章的立意高远。作者叙述童年的端午节日印象及现在与外婆一起包粽子，虽有节日劳作的快乐，却再也找不到从前节日的氛围对比，由此深思如何保有我们传统的节日，传承我们传统的文化，直抵现实生活底层。二是细节刻画较成功。如"外婆笑得很欢，似乎眼睛都成线了"，"累啥！你外婆这老骨头做这个最棒了，你外公特爱的。可这一年下来，你们都忙，想起一家子吃粽子可乐了！呵呵！"让读者如见外婆其人，如闻外婆其声。

但原文开头未紧扣材料，总揽全篇要旨；另外题目《五月粽叶香》，不能抓住材料的隐含信息，扣题不紧；文章结尾处没有回到"传递"。

【升格指导】

"传递"意即由一方交给另一方；辗转递送。它与"传承"意思不同："传递"之"递"，既可是实有的物体，又可是虚化的情感；"传承"之"承"是承接前人的，一般都是和"文化"一词并提，侧重虚化的精神。"传递"的内涵比"传承"更宽泛。它与"传送"也内涵有别："传递"之"递"虚实兼有；"传送"之"送"偏于"实有"之物。"传递"的内涵也比"传送"更广泛。

本话题的思路参考：一是实实在在的物与物之间的传递，如接力棒的传递、信息的传递、话语的传递、奥运圣火的传递；二是虚化的精神上的传递，如爱心的传递、孝心的传递、坚韧精神的传递、友爱善良的传递等。

从话题的提示中可知，本话题更注重的是一种精神上的传递，因此文章的立意以虚写为高。例如我们可以从自然、社会、家庭方面打开思维。放眼自然，落花对枝头花的喃喃细语，传递"化坐春泥更护花"的使命和责任；燕子南飞，生生不息，代代延续，传递着对生命永不停息的追求。放眼社会，公交车上的一个让座的身影，传递着爱的温暖；校园里一声声响亮的问候，传递着学生的文明风貌。放眼家庭，父母的一言一行，则向孩子传递着潜移默化的教育。这些都重点落笔在传递的过程，揭示传递的精神意义。

【升格佳作】

五月粽香传千古

朱雨微

"五月五，是端阳。门插艾，香满堂。吃粽子，洒白糖。龙舟下水喜洋洋……"磁带在转，很旧的歌了，但仍喜欢这种老老的味道。外面下雨，打湿了西关的石板街，落入了珠水，朦胧了荔枝湾，敲响了竹叶……而这种气息究竟能传到多少代呢？它能生生不息吗？

五月龙舟还没下水，但前几天外婆已经忙着包粽子的事。每年她都很乐的，说到一家子包粽子便乐得总露出两颗板牙，可爸妈都忙呀！表弟正和电脑中的怪兽争个你死我活，哪有心思包粽子呢？结果空荡荡的大屋子里就只有我跟外婆忙里忙外地洗叶子、捣糯米、蒸咸蛋什么的。年老的外婆用手搓着和了油的米又唠叨着说："这蛋黄可是六爷爷卖的，他的准是好。唉！可今年价高，就这么点花肉了……知道吗？你舅舅就爱这花的肉，小时候净争吃的……呵呵！"外婆笑得很欢，似乎眼睛都成线了。每年都这么说，似乎是个没完的故事。"外婆，你就不累吗？年年做。"我洗着绿豆回头说。"累啥！你外婆这老骨头做这个最棒了，你外公特爱的。可这一年下来，你们都忙，想起一家子吃粽子可乐了！呵呵！"外婆用食指、拇指纯熟地按着粽叶边说着边裹了起来，时而又停了停，像在想事。是那些很老的故事吗？

空气中传着粽香，传着米香。传递着古老味，婆婆味和浓浓的情。"哎！表姐，帮我叫个比萨，要芝士味的！"表弟的这一声喊似乎把东西都打碎了，传着的东西似被断去，断得七零八落。"你这小子，有粽子呢！还吃那鬼东西。"外婆有点生气，我也有点不情愿，那以后的时间似乎再找不到先前的感觉。

粽子包好了，那天晚上就我一个人。爸妈仍在忙，我却陷入了深思。随着时代的发展，现代化给了社会很多，同时又似乎在不断地打断某些东西的传递。"忙"似乎成为人的隔膜，情被阻了，围在圆桌四周几代同堂的机会似乎少了很多。而外来的文化又打断了传统的传递，人们似乎热衷于成为耶和华的儿女了，让那屈原变得有些孤单。五月粽叶香究竟能传几代呢？这很远很远的味道会飞入黑白的史书吗？然而这毕竟是可悲的。

万物于传递绵延不已，而我呼唤着我们的文化，在骚体的诗赋之间，在五月，渴求那文明传承。雨仍在下，淅淅沥沥。我吟唱着楚辞，时而又是一曲儿时童谣，眼中起了雾水……

【升格揭秘】

新考纲强调"紧扣话题",导向性非常清楚,凸显了话题作文要言之有中心,反对脱离话题流于空泛。话题作文的写作,考生若写成议论文,一般不易偏题;而写成记叙文,则易主旨朦胧,偏离话题。

许多习惯了记叙文的考生在考场上为了避免冒险而改写议论文,但正如使惯了刀的人忽然之间要他使枪,总是没有那么顺手一样,总是力不从心。通过这篇记叙文的修改,学生明确了只要在文章的关键处"扣题"(一是"文章题目处"扣题;二是"文章开篇处"扣题;三是"文章结尾处"扣题),即使记叙文在考场上也能紧扣话题,获得高分!

【延伸训练】

阅读下面一段话,根据要求作文。

> 心是花园,
>
> 思想为种,
>
> 既可繁花似锦,
>
> 也能杂草丛生。

请以"心灵的花园"为话题,写一篇不少于800字的作文。

注意:1.题目自拟;2.立意自定;3.文体选一:记叙文或议论文。

【思路点拨】

该话题较宽泛,有很大的自由发挥空间。对这类话题,要"大题小做",千万不要把作文写虚或写得空洞无物。所谓的"小做",就是作文时,要具体到一件事、一个人、一个场景,使得文章精练而意蕴更加丰富。另外,要特别加强"扣题"意识,尤其是写记叙文,在"文章题目处"或"文章开篇处"或"文章结尾处"要注意扣题。

(原载《作文与考试》,2008年第11期)

从头到尾一线穿，中心思想贯全篇

材料：是我们写作的起点，是我们立论点的基石。无论是议论文体，还是散文体，或者是记叙体，都必须与所给材料产生联系。

平常写文章，要注意你搜集到的材料能不能写进文章里，要看它能不能表现文章的立意。同立意有关的就保留下来，同立意无关的或关系不大的就把它去掉。选择好了表达立意的材料，还要把这些材料排排队，理个头绪，分个轻重。

凡是和立意关系特别密切的，最能表达立意的就要详写；其余就是次要材料，应该略写。不能罗列材料，否则文章便会散而乱，没有了明确的中心。

下面，我们结合一则材料作文来谈谈在写作中如何学会结合材料，围绕中心展开写作：

南极的企鹅是种憨态可掬的小动物，可以在水中游嬉，也能在陆上行走。然而，南极大地的水陆交接处，全是滑溜溜的冰层或者冰凌，它们身躯笨重，没有可以用来攀爬的前臂，也没有可以飞翔的翅膀，如何从水中上岸？纪录片《深蓝》，详尽地展示了企鹅登陆的过程，原来在将要上岸之时，企鹅猛地低头，从面扎入海中，拼力沉潜。潜得越深，海水所产生的压力和浮力就越大，企鹅一直潜到适当的深度，再摆动双足，迅猛向上，犹如离弦之箭蹿出水面，腾空而起，落于陆地之处。

看了上述的材料，你有什么样的感想，请结合材料写一不少于800字的作文。要求：立意自定，角度自选，文体自选，除诗歌外。

这是一则材料作文，重在表达自己的读后感受。这感受主要是观点、见解。在行文中要对所思进行分析，所举的事例要与中心观点紧扣。可结合所读文章，当然也须联系生活实际，尤其是结合自身的经历加以阐发。

以下通过两篇例文，重点探讨文章是如何紧扣中心选材的，以帮助我们在自己的写作中学会怎样让自己的文章更有条理。

【例文一】

沉潜·勃发

杨若涵

企鹅之沉潜犹如人之沉潜。[开门见山提出中心论点，引材料—提观点]

沉潜，不是就这样沉了潜了，而是由生命间隙的沉潜，来蓄积更大的力量，通过也许数次的激变，来完成人生的飞跃。一个有大智慧的人，能耐住寂寞，沉潜于黑暗寂寞的长夜，来做光辉前的最后一次破茧飞翔。[分析解释中心论点]

勾践之沉潜

"包羞忍辱是男儿，卷土重来未可知"。当勾践被夫差俘虏，他从此失掉了重振越国的雄心了吗？没有。是他打算以死来谢越国父老吗？也没有。当夫差因为勾践的归顺而寻欢作乐之时，勾践以极大的毅力隐忍了，沉潜了。他卧薪尝胆十年，十年之中国耻家恨，永不敢忘。最后整顿旌旗，一举歼灭了吴国。[举例论证]

他之沉潜是笑中苦，忧中劳。正因为有这样的品质，他才不会被打败。[举例后的分析，并联系中心论点]

陈胜之沉潜

较之会吟"我花开后百花杀""满城尽带黄金甲"的黄巢那张扬豪放的个性，我更偏爱秦末农民起义领袖陈胜。我曾想中国大地，放眼看去，大半是农民，又有哪个会在那个年代抱有这样一份表向：燕雀安知鸿鹄之志哉？陈胜是不起眼的，他只是"瓮牖绳枢"之人，但难能可贵的是他在年复一年为佃户卖命之时，想的是江山社稷，宏图大业。

[举例论证]

他之沉潜之智慧，集天下云集响应之势，突击出一条中国人寻求改良的光明大路。[举例后的分析，并联系中心论点]

张良之沉潜[举例论证]

刘邦之良将张子房就是一个懂得沉潜的人。黄石老人看似无聊而粗鲁的捡鞋要求并没有打败张良。反而，他以常人难以忍受的大度和谦逊接纳它，履行它。

正因为他懂得沉潜，懂得苏轼所说的"匹夫见辱，则拔剑而起非真勇也"，才有了后来的"运筹帷幄，决胜千里之外"的功业。[举例后的分析，并联系中心论点]

人生是寂寞的，沉潜——或被逼或自愿——就像山凹处的平地，总是大部分的时光。那么我们学会沉潜，把人生之意义之见地收纳于方寸之中，而不随波逐流人云亦云消殒。敦煌文明灿烂而卑屈，是敦煌研究者的沉潜，挽回了它，挽回了我们祖先的智慧结晶；中国近代史，读来令人振聋发聩，屈辱之于涕下，然而若不是数亿国人之沉潜的勤劳和振兴，中国这个曾被鄙视的民族，会如此之快重新屹立于万国之林吗？[联系实际

(时代、自身)]

沉潜,因为积蓄,所以勃发。因为懂得,所以继续。[呼应开头,重申论点结尾再点明材料。

【点评】文章开门见山便提出中心论点,且巧妙地引用材料"企鹅之沉潜"。所举事例,古史和现实纷呈并举,难得之处在于每个事例后都有精当的分析。彰显了作者扎实的文史功底,语言老练,构思严密,脉络分明,读后唇齿留香,回味悠长。

【例文二】

由企鹅的沉潜说起

沈应子

企鹅只有沉潜到深水中奋力跃起,才能到达冰面。这是企鹅的智慧吗?也许只是它们的一种技巧而已。[开头引材料]

在某些方面,人还是和企鹅一样的,需要学会一些常用的技巧。和企鹅沉潜上岸一样的生存之道。[提观点]

突然想到中国的申奥团他们就是一群可爱的企鹅。前些天在电视上还看到桑兰的专访。她说:"我这一生最大的梦想就是奥运冠军,但已经不可能实现了。可后来我们国家申奥了,我还成了奥运大使,一直做着和奥运有关的事情,我很开心。"在中国申奥成功之前,曾历经两次失败,记得最近一次是以一票之差败给了雅典。但中国的申奥团,没有丧气,而是默默地工作,蓄势待发。[举例论证]

结果是明朗的,成功说服了一切,付出最终还是迎来了应有的回报。果然,潜到深处的还是能够一跃上岸的。[举例后的分析,并联系观点]

思绪拉到了现在,发现台灯下奋笔疾书的自己,俨然一幅企鹅的形象。是的,蓄势待发,而这一蓄,也许就是三年。在我很小的时候,就听过一老奶奶说起"只要功夫深,铁杵都能磨成针"。那是说给李白听的,不久后李白便颇有成就。那时我很茫然,而现在早已懂得了这个道理。于是我开始像磨铁杵一样疯狂地吃书,我一本一本地吃,一本一本地消化。三年前我就已经这样做了。于是来到了二中,我想接下去的三年,要一如既往地坚持下去,就如一只企鹅,越潜越深,为的就是能更轻松地上岸。[联系自己]

好了,也许只能说到这里,就此搁笔吧。[散文化地结尾]

评点:文章开头引材料提观点,然后联系"中国申奥团",笔触现实,泛着生活的气息。举例后着力分析,观点来自事例后的自然生成而非生拼硬塞。结尾非常富有文采,散文化的笔墨,很有灵气,读来令人神清气爽。

(原载《语文周报》,2013年10月31日)

第四章 基于"学情"的读后随评

　　阅读构成了"人的精神长相"基本元素，阅读，是一面"镜子"，给了我广阔的理论视野，照亮了专业成长中的每一步。如何阅读一本书，可以有多个维度。在这里，我更多的是从学的"视角"，从读者的真切感受出发，写个人真实见地，哪怕浅陋，却散着田野泥土的鲜活气。

阅读：寻找教师专业成长的"镜子"

——读李海林《言语教学论》等书有感

所谓回忆者，虽说可以使人欢欣，但有时也不免使人感伤。当我回眸中学九年的语文教学时，惶恐不已。这些年里，我做了些什么，收获了些什么？有什么可以证明，风行水面，走过的似乎已了无痕迹。

但有那么一些良师益友，给了我最真诚的帮助，有那么一些好书，伴我一路前行。寒夜里，他们为我点一盏明灯，给了我继续前行的勇气和力量！他们是我的一面"镜子"，让我更清楚地看到自己。

一、"教学反思"的阅读：专业成长的"护身镜"

从我站在讲台的第一天起，就立志做一位好老师，将自己所学的一切教给他们。鲁迅先生说过，只要能培一朵花，就不妨做做会朽的腐草。我愿做这培"花"的"腐草"！

初登讲台，如何处理教材，困难颇多。虽学过"中学教法"等课，但那是"理论性的知识"，而非"实践性的知识"，缺乏可操作性。很幸运，我遇到了吴文杰老师，他是全国优秀教师，教学实践经验极丰富。那时上新课前，常去听吴老师的课，然后"拿来"，再给学生讲授。很感谢他的言传身教！

吴老师喜欢跟青年教师交流读书心得，也常给我们推荐好的书籍。其中苏霍姆林斯基的《给老师的建议》，给了我莫大的帮助。

在我心中，语文课是有趣的，是充满欢乐和智慧的。走进窗明几净的教室，步上讲台，却发现有些学生无精打采，似乎这课很无趣。怎么才能让沉闷的课堂，鲜活起来。或课前三分钟演讲，或中间讨论等方法，但收效皆微。苏霍姆林斯基告诫我："那种热爱自己的事业又善于思考的教师，才有力量使教室里保持肃静，使儿童特别是少年和青年用心地倾听他的每一句话，才有力量激发学生的良心和羞耻心，这种力量才是一种无可争议的威信。而那些没有什么东西好讲，学生也感觉不出他有什么丰富思想宝藏的教师，确实是很可怜的。我们依靠思想，也只有依靠思考，才能驾驭年轻的心"，要引导学生去思考,"在每一个年轻的心灵里,都存放着求知好学、渴望知识的火药,只有教师的思想才有可能去点燃它",要不断丰富自己的思想,要使自己装满一桶水,才能倒给学生一杯水。"记住,没有也不可能有抽象的学生",他教我"因材施教",要善于确定"每一个学生在此刻能够做到什么程度,如何使他的智力才能得到进一步的发展"。这些简明而深刻的思想,让我渐渐悟得了教育的真谛!

作为一名语文教师,要不断学习扩充自己的专业视野,不但要阅读学术作品,也要阅读文学作品。我很喜欢看鲁迅先生的文章,他写得具体深刻,不空洞,给人精神的启迪。他的文章多说真话,抒真情。鲁迅在《〈华盖集续编〉小引》中说:"不过是,将我所遇到的,所想到的,所要说的,一任它怎样浅薄,怎样偏激,有时便都用笔写了下来。"鲁迅在《作文秘诀》中说,文章"要有真意,去粉饰,少做作,勿卖弄而已"。这些都帮助我在平常的作文教学中,让学生将作文写具体,不写空洞之文。

不满是向上的车轮,能够载着不自满的人前进。教学中,要学会不断反思,人容易被蒙蔽,最常见的蒙蔽是自己蒙蔽自己。王栋生老师的《不跪着教书》,批评了当下教育界的种种弊端,其老辣有似鲁迅先生,让我获益匪浅。"如果教师没有独立思考的精神,他的学生会是什么样的人?""语文教师不能跪着教语文,如果教师是跪着的,他的学生就只能趴在地上了。"王老师的话让我仿佛看到了自己趴着的影子,我也得以从"铁屋"中惊醒!

教师若仅仅满足于获得经验而不对经验进行深入的思考,那么即使他有20年的教学经验,也许只是一年工作20次的重复。这些"日常教学反思"的阅读,帮我发现了自己这样或那样的"稚笨",他们是我专业成长中的"护身镜"。

二、"名家对话"的阅读:专业成长的"反光镜"

2004年9月,我背上行囊,来到了美丽的浙江师范大学进修,在那段日子里,我埋头苦读,与众多教育大师对话。一本《陶行知教育论著选》,我一字一句读了三个月,写了许多笔记。他的"捧着一颗心来,不带半根草去"的奉献精神,"千教万教教人求真,千学万学学做真人"的教学理念,"敢探未发现的新理,敢入未开化的边疆"的创造勇气,犹如一把把火炬,在我心里燃起了责任的意识和革新的勇气。

我非常幸运,有机会向当今几位语文教坛的名家求教。王尚文先生博学的谈吐,潘涌先生宏大的讲述,李海林先生冷峻的讲解。他们给了我学术的启蒙,让我开始从研究者的角度来反思现在的教学生活,也是他们让我明白了学术写作,并非"高案文章",也可以是生活中的一朵"浪花"。

王尚文先生的《语感论》(修订本),揭示了语文的本真,抓住"语感",也就握紧了语文教学的缰绳。新世纪的语文教学必将面临由"知识中心说"向"语感中心说"的转移。它为语文教学打开了一面新的"镜子",让我把握了语文教学的真谛。很喜欢王先生在《语感论》(修订本)封底的一首小诗:"富强自是立人先,语教徘徊久不前。愿掬赤心供爇火,喜鞭驽马追高贤。书灯一点映明月,白发千茎出砚田。十驾敢辞长跋涉,会看红紫接蓝天。"愿以此自勉,时时警醒自己!

李海林先生的课十分精彩,很简洁,特冷峻,充满了感性和理性的美。还记得先生患感冒,嗓子不好,但他依然在寒冷的教室给我们上课,眼中满是知识的光辉,其高尚师德,至今仍感动着我,促我在教学中不苟且,要认真负责。他的《言语教学论》,给了我理论的拐杖,这面"镜子",让当下的种种"语文怪论"现了原形。教育家韩军评论"八十年代以来,第一本学理推衍相当严谨,学术逻辑相当强,充满思想睿智的语言教学论。它不袭陈言,不承旧说,对语文教育教学的'世纪性问题'给出了自己的解答"。

读罢此书,让我感动的是《言语教学论》的后记:"五年来,对语文教学的种种思考缠绕着我,折磨着我,使我殚精竭虑,欲罢不能。当我沿波讨源逐层推进达于理论的核心,我发现我站在一个巨大的挑战面前。因此,对我来说,批判已是一个无可回避的选择。我深深知道,我面临着一个世纪性的难题,但在我内心深处,我坚信我的选择。言语教学论可以说是一种信念,一种使命。如果在这本小书里,能体现我的这种信念和使命感,则五年来的精神漫游所付出的代价已物有所值。"李老师不曾把自己没有弄清楚想明白的道理写在书中,他的勇气、刻苦和真诚让我一直感念。

阅读名家,与他们对话,携我跳出"低水平的重复研究怪圈",让我能居高临下理性地审视当下教学,他们是我专业成长中的"反光镜"。

三、"质的研究"的阅读:专业成长的"望远镜"

2005年9月,我又回到了宁静的中学校园,走进熟悉的教室,倍感亲切,也更热爱教师这一职业。工作之余,坚持阅读学术作品,提高自己的理论素养。在此期间,读了陈向明教授《教师如何做质的研究》一书,颇多感触。

布贝尔说"所有真实的生活在于相遇",教学就是无止境的相遇。每位教师在教学中相遇独特的学生,才有了教师教学生活的存在。从这个意义上说,每一位教师的生活都是独特的,都是值得研究的。

谈到"研究",与许多教师一样,自感学识浅陋,不敢涉猎。但陈教授告诉我们:"每一个人都有自己生动的故事,都有自己丰富的内心,都值得去倾听,去探询,去研究。在质的研究中,教师从后台走到了前台,从被动变为主动。"学得了许多:如何寻找"本土概念"（从日常的生活中找到自己看外在社会的概念）；懂得了什么叫"扎根理论"（研究开始之前，没有理论假设，直接从实际观察入手，从资料中归纳出经验概括，然后上升到理论）；如何进入"现场"（或隐蔽式、或逐步暴露式、实地自然式）；学着将自己置身于研究之中，把课堂作为研究现场，把每一次教学活动作为思考对象，在问题的寻找与问题答案的索解中重新认识教学的取向与实施方式。书中没有复杂的逻辑推理，通俗易于操作，从"原生态"教学的细节入手，开展"田野劳作"，切合日常教学的实际。

阅读这本书，扶我立在前人的肩上，看得更远，望见了隐藏在群山后的星星，他是我专业成长中的"望远镜"。

新时代呼唤专家型、学者型的教师，强调教师的专业发展。阅读构成了"人的精神长相"的基本元素，阅读，是一面"镜子"，给了我广阔的理论视野，照亮了我专业成长中的每一步！

（原载《教育科学论坛》，2008年第12期）

从"教"的视角转到"学"的视角
——佐藤学《学习的快乐——走向对话》随评

佐藤学教授说,"学习"是一个比"教育"更为包容性的概念。在《学习的快乐——走向对话》一书中,佐藤学教授从以下三个维度探讨了"何谓学习"的论题:

第一个维度,"学习"视为文化再生产的实践。现今的文化再生产过程已经成为权力与意识形态交错的中心舞台。正如福柯所说:"知识即权力"。课堂的知识,既不是"我"的知识,也不是在"我"和"你"的关系之中生成并发挥作用的知识,也不是从"我"出发,引导"我"的知识。这种知识,是丧失了归属的个人的知识。

第二个维度,"学习"具有文化传承中的实践的性质。杜威和维果茨基理论的共同点,是所谓学习,不是被动地、机械地习得知识与技能,而是具有"问题解决思维"。这种学习的特性:作用于对象——事物,事件与社会构成问题,展开工具性思维,建构对象的意义,建构世界。本书对"学习"作了重新界定,三种对话实践:同客观世界的对话(认知性实践,即创造世界);同他人的对话(社会性实践,即形成伙伴);同自身的对话(伦理性实践,即自我探索)。

第三个维度,探索重建制度化的学校中的"学习",转变教学的范式。从"教"的视角转到"学"的视角。教学的改革以往曾经进行过多次,但现今进行的改革却是根本性、根源性的。从"教师中心"转向"儿童中心",从"教"的中心转向"学"的中心,从"传递、讲解"转向"支援、帮助"。需要重建"教师"的概念,重建"儿童"的概念。重建"教"的概念,重建"学"的概念,重建"教材"的概念,重建"课堂"的概念,以及它们之间的相互关系,正在进展之中。每一个人之间的差异正是学习的原动力,抹杀了差异的同一性的集团是不可能形成学习的。"分化的"学习是每一个人的主体性在同均质化系统的龟裂中生成的"自我探索""结交伙伴""建构世界"的实践。

给我启发最大的是第三个维度:从"教"的视角转到"学"的视角。在语文的教学中,如何从教师的"教"转到学生的"学",就此谈谈个人的浅见,求教各位专家。

一、不要"具有知识而迷了路"

早在21世纪初,人们就把语文教学不成功的原因归结为"只有教师的活动,没有学生的活动;只有教师的讲授,没有学生的学习。"其实它从反面强调了语文课堂教学过程是"教"和"学"相辅相成,最终使学生学会学习过程。离开了学生的主体性,教师的主导作用就失去了内涵,失去了它的对象和归宿。受传统的高考指挥棒的影响,在高中语文课堂中一直存在这样一种矛盾的状态:一方面,教师怀着真诚的希望,大声疾呼要发挥学生主动性,要实现学生的主体地位;另一方面,学生长期限于事实上的被动听讲、应答和练习的范围中。这样的课堂最终会导向一个结局,就是杜威所说的:我们"具有知识而迷了路"。

现代社会需要我们培养的人才,不仅应该拥有知识,更应该拥有集知识、技能、态度、情感与价值观为一体的"核心素养"。这样的核心素养,是难以在有时间限制的课堂上教会的,必须让学生完成"自成长",让学生学会学习。因为生本教育最核心的理论支点就是强调把学习的权利还给学生,让学生真正成为自主发展的主人,落实学生在教育教学中的主体地位。并且最终像西塞罗所说:最终忘掉课堂上所学的一切,完成自我的成长。

这一教学思想在古代早已有之,如古希腊苏格拉底的"产婆术",中国孔子的"启发式教学"等。就如苏格拉底断言"无人可做教师",他强调的就是真正的学习只能依靠学习者自己。让知识回归于个人的理解和生成。

二、让学生成为课堂的主角

现代教育理论认为:教育是培养人的社会活动,在这场活动中,要求全体参与,不允许有旁观者,否则,教育活动就无法维持。[2]语文教师在教学时,要主张"无为而治",以建立学生积极参与的教学氛围激发和引导学生主动学习的兴趣,使每个学生都能得到充分的发展。笔者认为,高中语文教学,应将对教师教的关注转移到学生学的身上,重点是自主合作探究学习的引导和实践能力的培养。自主学习是相对于被动学习而言的一种学习方式,是在教师指导下,通过独立的分析、质疑、实践、探索、创造等方式,自我规划学习进程,自主选择学习材料和方式的过程。

1. 自主学习,预习作业。 子曰:"学而不思则罔,思而不学则殆。"学习与思考是相辅相成的,缺一不可,只有把学习和思考结合起来,才能学到切实有用的真知。孔子在《论语·卫灵公》中还说过:"吾尝终日不食,终夜不寝,以思,无益,不如学也。"子夏曰:"博学而笃志,切问而近思,仁在其中矣。"这些都是强调学习与思考相结合的重要性。西方的哲人康德也说"感性无知性则盲,知性无感性则空。"在课堂教学之前,教师要提前布置学习任务,鼓励学生独立思考后自学,通过作业分层,让"差生可以跳舞，好生可以跳高"。

2. 创设学习的情境。建构主义和有意义学习理论提出，语文课堂上学生不应该成为消极被动的如"听众""观众"这样的角色，而是要目标明确、动机强烈、满怀信心地投入。教师可以组织学生"秀"出预习的成果，以互动的方式讨论预习的收获，存在的问题等，教师可选取共性难度较低的问题要求学生相互协商解决，而对于难度较高的问题，教师则要点拨详讲，并努力营造和设计丰富多彩的眼、口、耳、手、脑等多种器官共同参与的活动，如学生的辩论和"今日我主讲"展示等。

3. 创新维度，设疑质疑。教师设计练习要有针对性，引导学生围绕课题发表意见，比如，复习课时鼓励学生展示"你认为最需要讲解的专题"，就尽量由待优生回答基础性和陈述性问题，以保护和提高他们的积极性；讲解点评典型例题时多选择中等生进行；遇到方法和小结等可以由优秀生来操作。此时，学生可以走上讲台，担任"助教"小老师给同学讲解；其他学生也可以大胆质疑；遇到"疑难杂症"，组员们可以共同奋斗，一起"披挂上阵"，极大地满足学生的成就感。这样一来，教师"讲在关键处"，不教而教，才能使教学充满活力，把课堂还给学生。

美国学者埃德加·戴尔曾经对"采用不同的学习方式，学习者在两周以后还能记住内容的多少"进行分析，后来得出了大家熟悉的结论：学习两个星期后，"聆听"能够记住学习内容的5%；"阅读"能够记住10%；"观看多媒体"能够记住20%；"观看现场演示"能够记住30%；"参与讨论"能够记住50%；"亲身体验，做中学"能够记住70%；"学会后讲给别人听或进行应用"能够记住90%。这个结论给予我们一个启示：真正有效的学习应该是创设多种情境，不同途径去学习，以求课堂效益最大化。

4. 合作探究，优势互补。《学记》有云，"独学而无友，则孤陋而寡闻"。合作学习是自主学习和探究学习的常见形式，它以学生的自学为基础，是新课程倡导的学习方式之一。西方学者认为，"任何学科领域的任务，都可以合作小组的形式来完成"[3]合作学习的主旋律是合作与民主。在这样的氛围中，学生就有了参与学习、体验成功的机会。同时，明确的责任分工也可以促进学生之间的沟通。可以说，学生重在学习而非学习者之间的竞争。精心选择学习内容。

实践证明，合作学习不是"万灵丹"，那种可以从书本中直接获取的再现性知识，往往只是造成表面的兴奋，实际上是无用的，就是因为学生对此的合作动机不强。从心理学角度分析，那些较为复杂或更高层次的认知学习任务才具有合作探究学习的价值。

参与合作旨在探究个体无法解决的疑难，通过小组讨论相互启发，达到优势互补，共同释疑，这是在采用小组合作学习前师生都必须明确的前提，不能为合作而合作。那种学生自己就能完成的或是即使合作也解决不了的问题就不适合再采用这种方式。此外，合作学习时一定要注意避免重在形式，流于表面的"合而不作"，比如有些小组看似讨论热烈，其实却是在闲聊，有些小组冷冷淡淡，各自为政地看书或做练习册，压根就没互帮互助、互教互学，所谓"合作"最后都被推诿到少数人身上，好的愈好，差的愈差，好的演主角，差的打酱油。另外，教师虽然只是合作学习的旁观者，但也要在学生合作的过程中给予必要的指导。

5. **拓展运用，自主实践**。教师教学时必须设计一定量的巩固拓展练习，以帮助学生进行课后的自主学习。不过，这种自主的作业与传统的课后是不同的，比如要求学生整理课堂笔记，完成课堂练习，布置开放性问题等，要求学生实地调查访问，或在互联网上搜集相关信息以深化和拓展课堂知识，达到学习的迁移和运用。

佐藤学说："学习，可以比喻为从已知的世界到未知的世界之旅。在这个旅途中，我们同新的世界相遇，同新的他人相遇，同新的自身相遇。"学习的实践，是对话的实践，也是合作的实践。"广播"似的满堂灌，只让学生聆听的效率显然是最低下的。把教学效果放到生命成长的大背景下去思考；把课堂评价的支点放在学生成长上，"不看精彩看实效，不看师效看生效，不看预设看生成"，坚持建立以学生为核心，才是我们追求的方向。这也是我读佐藤学《学习的快乐——走向对话》最大的收获！

参考文献：

[1] [日]佐藤学.学习的快乐——走向对话[M].钟启泉，译.北京：教育科学出版，2004.

[2] 郭思乐.教育走向生本[M].北京：人民教育出版社，2001（8）.

[3] 大卫·W·约翰逊，等.合作性学习的原理与技巧——在教与学中组建有效的团队[M].刘春红，等译.北京：机械工业出版社，2002（2）.

（湖州市属学校第三期第一层次名教师培养对象培训班作业）

东坡·鲁镇·乡愁

读书就是与另一个自我交流，也是以一种新的眼光看世界。正如卡尔维诺所说："当我觉得人类的王国不可避免地要变得沉重时，我总想我是否应该像伯尔修斯那样飞向另一个世界。我不是说要逃避到幻想与非理性的世界中去，而是说我应该改变方法，从另一个角度去观察这个世界，以另外一种逻辑，另外一种认识与检验方法去看待这个世界。"[1]那些读过的书，虽时光流转，却依然沉淀得清晰可见。

东坡：活着的记忆

语堂先生曾说：传记就是另一个自我。在《苏东坡传》中，先生以其人道主义精神，尽显东坡为人的风韵。实为一部不可多得的传记，从中也不难看出语堂先生自己人格的一面。

东坡先生家居眉山，奇丽的巴山蜀水，孕育出一位不世天才。执着而又敏锐的天蝎星座，总使他卓然独立，不同流俗。儒家的使命感，注定他一生为苍生请命，纵然饱受挫折，不朽的《大江东去》；道家的任自然，抚平他凄苦的内心，获得一时宁静，脱俗的前后《赤壁赋》；佛家的禅悟，解脱了长久的苦痛，随缘洒脱。现在我才明白豪放的他为何酷爱渊明的诗文，这是淡去繁华后的素朴，是大经历大苦难后的顿悟。

阅世渐深，方悟得人生几许真意。才明白书中所渗透的悲喜哀愁。正如少时闲阅《红楼梦》，没有细看，没有去分析小说的人物，更没有去品味小说的语言，精美的菜肴所遇非人，真可说是明珠暗投，囫囵吞枣，年岁渐长，经验渐多，知识渐宽，脱去了迷恋武侠与枪战的束缚，重读此书，看得也细了，许多先前未曾看懂的地方，也渐渐明白了。对大观园中的生活也有了兴趣，就如当年竹林七贤的潇洒风流。那一次，我感到未曾有过的感伤，为黛玉的清纯脱俗而击节，更为晴雯的爽朗天真而开怀大笑，为她的惨死而悲伤，就是那袭人、宝钗又何尝不是世间绚丽的花朵，被严寒的冬日摧残了的百花。此时我明白，人生的许多无奈，也许只有自己经历过悲欢聚散，才能感到人生的悲凉。大学即将毕业，趁假期，再次捧读此书，未及一半，已觉心神憔悴，感到神情大伤，如同自己遭了这许多不幸，也似自己经历了不尽荣华富贵，结识了世间许多闺中奇女子，最后，却不得不一一与他们分离，记忆也随岁月的流逝而越发模糊，人生的滋味，万千感慨都在其中了，纵然人生社会如何变迁，这种人人皆有的未曾意识到的情感在这里都感受到了。人生何求！曹雪芹断不能写完此书，故泣泪而死，读此书的人都几于泪尽，况写书之人，今方才体味出"满纸荒唐言，一把辛酸泪"，此言不虚。

东坡先生实乃性情中人为人宽厚，重友情，为兄义，与弟弟可谓生死知己，感人的《明月几时有》。他有三子，苏过以文才著称于世，也似乃父之风。他一生爱过的女子，有王弗，有王闰之，有王朝云。多情东坡词云："十年生死两茫茫，不思量，自难忘。千里孤坟，无处话凄凉。纵使相逢应不识，尘满面，鬓如霜。夜来幽梦忽还乡。小轩窗，正梳妆。相顾无言，唯有泪千行。料得年年肠断处，明月夜，短松岗。"可谓极尽痛悼之情！在远走天涯的日子里，朝云扫去了他所有的不平，为他的人生增添几多亮色，东坡有此红颜可足矣。

不俗乃仙骨，多情即佛心。随岁月流转，我越发喜欢东坡先生的文章，不，更准确说是其为人。他那乐观旷达的胸襟，是我所缺少的。在漫漫人生行走中，有东坡先生做伴，我想自己将不再寂寞更不会迷惘。

鲁镇：不能忘却的乡愁

归乡的人大抵都会留有旧时甜美记忆，那时的伙伴也许早已为人父为人母。各人的际遇更有太多变化。鲁镇依然鲜活在作者心中，机敏可爱的少年闰土，成了苍老的父亲，且与先生有深深的隔膜。但愿后辈再无偏见，再无隔阂。

鲁镇依然鲜活在作者心中，鲁四老爷依然顽固如从前，人们依然麻木生活，不去理会他人苦痛悲哀。年轻的祥林嫂有乡村中特有的纯朴，美丽。一切鲜艳的花朵，终不免凋零让人感伤。自古道：红颜薄命。特有时代特有思想，执子之手，与子偕老，又能有几人呢？如果可在鲁四老爷家度过一生也足矣。人最大的悲剧就是不能左右自己的命运，没有灵魂的自由。被强制的婚姻，无爱的结合，在上帝面前何来尊严。

每个女子最爱无世故的婴儿，这是她一生中唯一的寄托。漫漫长路，我们终须有所希望，无望的生活虽生如死。中国女子自古以来就有最强的勇气，虽遭阴谋压抑数千年，受着非人的待遇，但从不屈服。丧夫丧子的她极力忍受了，活下去的愿望让她在尘世中，想尽一切方法洗去自身的污点。怀着对死后世界的恐惧她去捐了门槛，让千人踏万人踩，好以全身与爱子相会。阿毛的死抑或是种幸运，可想无父的童年，他会有多少快乐？只是依然被弃在尘芥堆中。

心高气傲的少男少女，谁不渴望好的前途，谁又会想到后来的艰辛。苦难造就了许多杰出人士，如司马迁、鲁迅、史铁生，但也毁灭了太多卑微的生命。祥林嫂努力挣扎做一个好人，这难道有错吗？善恶有报，天酬长厚，从来只是人们的梦想。没有实现，人们才会去梦想。

祥林嫂在欢乐的祝福声里，带着疑惑和恐惧去找寻她的幸福了。她永远的走了，却又永远的留下了。活着还是毁灭，高贵的哈姆雷特满怀痛苦的思考着。绝望的祥林嫂在尘世已无所留恋，是卑微的活着，遭人厌弃；还是勇敢的死去，追寻亲人的温暖。在与"我"那场惊心动魄的对话中，虽怀疑却找不到答案，她也无选择的权利。祥林嫂的一生都被不可抗拒的集体无意识决定着。长久以来的无意识无主名形成一个大的染缸，每个生活于其间的人都无力摆脱。无论读书与否，人们都在不自觉地言说同时代的思想习俗。

先生云："我独坐在发出黄光的菜油灯下，想，这百无聊赖的祥林嫂，被人们弃在尘芥堆中的，看得厌倦了的陈旧玩物，先前还将形骸露在尘芥里，从活得有趣的人们看来，恐怕要怪讶她何以还要存在，现在总算被无常打扫得干干净净了。魂灵的有无，我不知道；然而在现世，则无聊生者不生，即使厌见者不见，为人为己，也还都不错。"这自是先生愤激而沉痛的话语。每个注定漂泊的人，都不得一次又一次回到故乡，纵然悲凉心痛。

祥林嫂带着她的屈辱走了，在雪天的冬日，在新年的祝福中。于是先生也决计离开故乡。美丽的最后都将幻灭！

（见"蔡轶佳高中语文工作室"，2015年5月）

参考文献：

[1] [意]伊塔路·卡尔维诺.新千年文学备忘录[M].黄灿然，译.南京：译林出版社，2009.

破开人生坚冰
——从《约翰·克里斯朵夫》到《故乡》

行走人生，曾有几许迷惘，几许忧伤，几许重挫。是那一本本散着光亮的书籍，助我度过艰难。曹孟德云："何以解忧，唯有杜康！"对我来讲，解忧之物莫过于书籍。

罗曼·罗兰的《约翰·克里斯朵夫》以贝多芬为小说中的原型，结合自己的人生体验。书中有约翰·克利斯朵夫幼稚的童年，走向羞涩的少年，有初恋的甜蜜与苦涩，有纯洁的友情，还有帮助过他的善良的人们，更有坚持理想不放弃，与生命抗争的精神。他教我要纯真为人。

《忏悔录》则将一个最真实、最忧伤的卢梭呈现在我们面前。书中写了他童年时的不幸，少年的艰苦，青年时的情感迷惘，以及他那善良而脆弱的心灵，还有他家庭的不幸。字字似利斧，击破我麻木的心灵，教我走本色的人生路。

初读《红楼梦》，多有不解。总觉不过是些游花赏月，闺中琐事，男儿不屑。更喜欢金庸先生的"射雕三部曲"，满是快意、豪放。年岁渐长，阅历渐丰，"人情练达"后，再读《红楼梦》，方才体验到其中蕴含的悲凉。

人生常充满了缺憾。叔本华认为人生不外乎两种痛苦：其一是得不到的痛苦，其二是得到后的空虚无聊。人生往往在这两种痛苦中挣扎，大观园中充满着人生的欲望，宝玉弃家遁入空门，似乎是为痛苦的人生找一条解脱之路，但显得空虚无力。正如鲁迅先生所说"《红楼梦》遍布悲凉之雾"！

喜读卞之琳《断章》。为什么叫断章，是不是在寓意着人生的残缺呢？不够完美的人生，就如斯特林堡的《半张纸》，为什么不称之为《一张纸》。人生重在经历过，只要饱尝了人生的悲喜忧愁，就是充实的。诗人用了"你"，仿佛置身世外。不在尘俗中，而实则我们每个人都无法超脱开去。当我们用审美的眼光去看一颗美人松时，它是秀欣的，而当我们用一种使用的眼光去看它时，只在乎其质地是否结实，毫无美的地方。慢慢欣赏人生，不是狼吞虎咽，而是慢慢回味。史铁生说味道是最难记忆的，只有谷底重游,才会在某个瞬间想起它,却隐隐作痛。

鲁迅先生教我直面人生。初读先生的作品,始自《故乡》。记忆中儿时美妙的甜美印象,在现实中,化为了悲凉。少年鲜活的闰土,钝化为中年的麻木苍老。痛苦是难言的,然而还有希望。"希望是本无所谓有,无所谓无的,这正如地上的路,地上本没有路,走的人多了,也便成了路!"这句话,无数次温暖我心。

当无耻的流言尾随"为中国而死的青年",先生用浓黑的悲凉,温暖继续战斗的青年。"真的猛士,敢于直面惨淡的人生,敢于正视淋漓的鲜血,这是怎样的哀痛者和幸福者!"不做麻木的庸人,"愿中国的青年,摆脱冷气。只是向上走,不必听自暴自弃者之流的话。能做事的做事,能发声的发声。有一分热发一分光,就像萤火一般,也可以在黑暗里发出一点光,不必等候炬火。"奋起行走,扛起"天下苍生为己任"的大旗!

一本好书,犹如一架架炉火,能融去我们身上的冷气,温暖我们的魂灵!

(原载《湖州二中校报》,2007年1月22日)

攫取一点 随意点染
——我看鲁迅《故事新编》

鲁迅的《故事新编》共收入八篇作品，写作时间历时十二年（1922—1933年）。在鲁迅众多的作品中，它是唯一一部存在争论的集子。关于它的性质，有人认为是一部历史小说，也有人认为是一部"以故事形式写出来的杂文"（摘自伊凡《鲁迅先生的〈故事新编〉》）。众说纷纭，意见不一，笔者就这个问题谈谈自己粗浅的看法。

鲁迅自己对《故事新编》性质的说明是很清楚的，即它是历史小说。他在《序言》中曾讲"那时的想法，是从古代和现代都采取题材，来做短篇小说"。鲁迅先生认为历史小说可分为两类：一类是"博考文献，言必有据"；一类是"只取一点自由，随意点染，铺成一篇者"，不难看出，他的作品属于后一种。与此相比较而言，传统的历史小说，如《三国演义》可以说属于前一种，这种思想因袭下来，就是人们总以为只有"博考文献，言必有据者"方为历史小说，这是片面的。其实古人很早就运用过后一种方法来创作小说，例如《封神演义》表面看似乎远离历史，虚构、夸张、神话传说熔铸其中，但它依然是历史，是客观现实的真实反映，是有根据的加工创作后的艺术形式。古已有之，可以不必为怪了。《故事新编》则融入了现代情节丑角式的人物，与《封神演义》有很大相似之处的。

这正是鲁迅先生"攫取一点，因由随意点染"的结果。用古代的素材嫁接在现代的表现手法上，完美结合天衣无缝，用融入古代情节现代思想的历史来反映真实客观的历史，从而更深刻更符合现代教育心理，也昭示历史的客观过程。鲁迅在《序言》中讲"只是偶尔得到一点题材，作一段速写"，也许有人会讲那不正说明了它不是小说吗？只是积累的素材而已。虽然他称这些作品为"速写"，但"速写"不过是指在艺术上还不够精致和完整而已，它仍然是取材于古代，融入现代性情节的小说。他介绍自己的创作经验时曾说："宁可将可作小说的材料缩成速写，决不将速写材料拉成小说。"（摘自《答北斗杂志社问》）不难看出他的速写是"一种没有充分展开的比较短小的小说"，（王瑶《鲁迅〈故事新编〉散论》）而并不是速写。还有鲁迅在《自选集》中收创作体裁五种，不收杂文，其中包括《故事新编》，并且解释它是"神话，传说和史实的演义"。而演义之词的通常含义就是历史小说。另外1935年12月他正写《采薇》等篇文时，曾给增田涉的信中说："现在在做以神话为题材的短篇小说。"可见作家本人一直视《故事新编》为历史小说，绝非"以故事形式写出来的杂文"。

要说明现代情节及丑角人物登场，这个问题我们须从作品实际出发进行深入的分析。那么现代性情节及丑角式人物的登场，是否丑化歪曲了古人形象，即是否是反历史的从主观主义角度出发的呢？有人认为鲁迅把不适合人物性格的思想感情强加在历史人物身上。例如欧阳凡海在《鲁迅的书》中讲"因目前的愤懑而扭歪古人的地方，差不多每篇都有的，这也是因为他对于古人不及今人诚敬的缘故"。与此相反，茅盾则认为《故事新编》"给我们树立了可贵的模式"，作者"非但没有将古人写得更死""而且将古代与现代错综交融，成为一而二，二而一"。有人承认鲁迅写的是历史小说，但"那些抨击现实的细节"实是这部作品客观上存在的缺点。而与此相对一方，则出于对鲁迅的虔敬心理，不能接受这样的观点，于是说"鲁迅先生本就不想去写什么古人"。（伊凡《鲁迅先生的〈故事新编〉》）各家意见纷纭，但大都承认《故事新编》是历史小说，这也合鲁迅之意。

首先就《故事新编》来说，八篇所描写的主要人物的言行和性格大致都有典籍记载上的根据。鲁迅在《序言》中讲："叙事也有一点旧书上的根据。"无论是正面人物形象：女娲、后羿、眉间尺及宴之敖者、大禹和墨翟。还是批判性人物：老子、庄子、伯夷和叔齐，在他们身上绝没有出现带有喜剧性因素的现代性情节，也就是鲁迅先生以批判的历史眼光看待古人，没有歪曲古人形象。《补天》《奔月》《铸剑》分别塑造了三位不同的英雄形象，作者是热情地歌颂，尤其是铁的力和意志的赞颂。《非攻》和《理水》则塑造具有劳动人民气质和风格的"中国脊梁"式的英雄人物——墨翟和大禹。他们有"埋头苦干"和"拼命硬干"的精神。通篇洋溢着乐观主义的精神。《出关》和《起死》的主人公是老子和庄子。作者通过他们的形象和言行来批判老庄的思想，揭露他们学说的虚伪和矛盾。至于《采薇》，人们意见很多，认为鲁迅歪曲了伯夷叔齐形象。虽孔孟以下，历代多有称颂但也有人持相异观点。这些不同既与夷叔齐本身思想性格复杂性有关，又与知识分子对现实所取不同态度有关。《采薇》中对伯夷叔齐恰当评价出于丑角式人物小丙君，他说："他们的品格通体都是矛盾"。可以说鲁迅正是通过"通体矛盾"来写夷齐思想性格复杂性，并对他们的处世态度予以批判和讽刺。我们不能不说鲁迅正是坚持了"一分为二"的唯物主义观点，才有了上述八篇优秀的历史小说。他不仅没有歪曲丑化古人形象，而且更真实地刻画了古人形象。

其次，那些现代性情节和丑角式人物的登场。正是鲁迅先生在文学上的大胆创新——将历史小说与戏剧艺术结合在一起。虽然小说和戏剧是两种不同的文艺形式,但有些创作原则并不是不能相通的。我们将鲁迅中的"油滑"与戏曲中的"丑角"两相比教,我们不难发现两者的相似之处。鲁迅中的油滑,是先生运用了一种虚构的穿插性的喜剧人物,这种人物既同作品整体有一定情节上的联系,同时又可以脱离规定的时代环境而表现某些现代性的语言和细节,而且对现实起讽刺作用。根据这些特点,我们又联想到戏曲艺术中的丑角。戏曲中的丑角,可油腔滑调,可插科打诨,即有时可脱离剧情和规定的时代环境而表现某些现代性的语言细节。但谁也不会把丑角脱离剧情的穿插性的现代语言和细节当作剧情的部分。同样鲁迅小说中小丑式人物的语言。例如"ok""莎士比亚"之类。我相信谁也不会把它和主要历史人物活动的历史环境混同起来。相反,由于这些语言和细节的特点异常鲜明,反而泾渭分明。在艺术的百花园中,不同种艺术相互借鉴,相辅相成不断地创新。鲁迅先生对中国戏曲传统是十分熟悉的,尤其是绍兴戏和目连戏。他为了使历史小说能对现实发生最大的作用,为了在古代的题材中也能有对现实社会批评的内容,他无疑会从戏曲艺术中吸取有益的成分,丰富自己的表现力。使戏曲艺术中的"丑角"艺术移植在历史小说中,这是前人没有运用过的新方法,鲁迅先生是第一人。总之,现代性情节和丑角式人物登场是鲁迅先生借鉴了戏曲中的"丑角"艺术方法,是大胆的新尝试。这些喜剧式的人物并没有损害主要人物的历史真实性。

简论之,《故事新编》是一部优秀的历史小说,而不是"以故事形式写出来的杂文"。鲁迅借鉴了戏曲艺术的表现方式。在历史小说中大胆融入现代性情节和喜剧小丑式人物,是新的成功尝试,他运用了批判辩证的历史观点,比较真实地写活了古人形象,没有歪曲古人,更没有流于荒诞。鲁迅先生扎根民族艺术传统,不拘旧规,大胆创新,勇于突破传统的精神,无疑值得我们学习。

(2001年6月18日)

后记:2019年高考语文全国Ⅰ卷中的文学类文本阅读题,选用了鲁迅小说《理水》,对于中学语文教学有着积极意义,对于《故事新编》要全新审视。

(2020年5月30日)

抓住语文的魂
——喜读王尚文《现代语文初中读本》

王尚文先生与诗人西渡合作主编的《现代语文初中读本》（以下简称《读本》），一经问世，便在社会上引起了广泛关注。

谢向红先生赞誉这套丛书有三大特色：一是"以'语文意识为本位'。优秀的文学作品永远是形式与思想、文学性与人文性水乳交融的有机整体，它不仅能以高尚的思想塑造人，而且能以优美的形式感染人"。二是"以'现代意识'为指导思想。教育要面向现代化，语文教学也不例外。培养学生的'现代'语文能力是中学语文教学的基本目标"。三是"以'精当的选文和独创性的结构设计'为依托"[1]。谢先生通观全书，紧扣住王先生语文教材观：突出言语形式，突出现代意识，突出精品导向。而金晓涛先生主要分析了《读本》的选文和阅读指导："这套读本不但以经典、新颖、富有趣味的选文帮助学生解决'读什么'的难题，同时还通过精当的阅读指导帮助学生解决'怎么读'的问题。""作为一套面向初中学生的语文读本，《读本》的选文在内容上接近初中学生的生活，并能引起他们心灵的共鸣。""借助'访问文本'等形式，编者着力引导学生关注作品的言语形式，以此培养学生良好的语言习惯，提高语文学习的效率。""在阅读中，学生是言语学习者，编者是成熟的、先行的读者，是敏锐的言语形式感的拥有者，但他们没有用自己的阅读经验代替学生的语感体验，而是巧妙地启发诱导学生开展自我体验，培养学生的语感。"[2]金先生从局部对《读本》进行了深入分析：选文贴近生活，阅读重言语体验。

商友敬先生认为："从2001年《新语文读本》的出版到3年后今日《现代语文》（初中读本）的面世，语文教育的天地是越来越广阔了，尽管还有许多困难，尤其是考试这道'死结'至今还没有松动的迹象，但我们的眼界和心胸毕竟已经打开……"[3]透露出王尚文先生语文教材观也有一个发展的过程。更突出现代语文，不选文言文值得注意，可以说是王先生语文观重大转变的一个标志。这一点有待进一步深入研究。

金志浩先生认为："不同于以往语文教材和语文读本通行的文体结构和话题结构，这套读本的结构是按照'立足语文本位、强化语文意识'的要求，从初中学生所应具备的语文素养和语文能力出发精心设计的。"并且指出："以往语文教学的效果不理想，就是因为我们缺少语文意识这根弦，在教和学的过程中都没有把语文课当作语文课来上。"[4]

而这套《读本》正中时弊，是医治现在语文教材和教学疾病的一剂良药。王林先生不仅谈到该套《读本》结构新颖，选文精当，而且还指出它另一重要特点："以策略性知识和程序性知识代替陈述性知识，是本次课程改革一个重点。但是，如何在语文读本中呈现这些知识，并不是一件容易的事，我以为最难的是判断知识本身的'合法性'。""本书的编者在每一篇文章后都编写了'访问文本'，重在介绍此篇文章的阅读方法；在每个单元后还编写了'阅读知识和策略'，重在提示一些具有普遍意义的阅读方法，语言亲切，表述明晰。"[5]以前我们多关注静态的知识，忽视了动态的策略性知识。语文的知识内容急待更新。例如有关叙事学的知识可借鉴来知道中学的阅读教学。其中以杨义先生的《叙事学》堪称代表作品。专家们充分肯定了这套《读本》在结构、选文和阅读指导等三个方面，均有重大创新和突破。

综上所述可以看出这套读本无论在语文教材观还是具体的选文、阅读指导上都与旧时的读本有极大不同，富有极浓创新色彩。

当前语文教学的改革，由从前探讨如何教转向了教什么的问题。有什么样的教学内容就决定了什么样的教学方法。李海林先生多次在文章中阐明这一点。该套《读本》强调语文意识，强调语感。紧紧抓住人和言语的关系，抓住了语文的魂。语文的阅读就是要立足言语，语文教学就是要教文章蕴含的言语信息。有什养的语文观就决定了有什么样的语文教材。《现代语文》的"现代"二字，不仅是语文教材面向现代，更是语文要面向语文的内核即面向言语。

参考文献：

[1] 谢向红.《现代语文初中读本》的三个特色[J].语文建设，2004（9）.

[2] 金晓涛.学好语文不再难——《介绍现代语文初中读本》[J].语文建设，2004（9）.

[3] 商友敬.走向越来越广阔的天地[J].中学语文教学，2004（7）.

[4] 金志浩.一套有效提高语文能力的读本[J].中学语文教学，2004（7）.

[5] 王林.别开生面，别有洞天[J].中学语文教学，2004（7）.

（2005年08月20日）

走出语文研究的"百年怪圈"
——读王荣生《语文科课程论基础》札记

第一次听到王荣生教授的大名,是在2004年。那时,我在浙江师范大学攻读教育硕士。我的授课老师,李海林先生常在他的课上提及王教授,他很是钦佩王荣生教授。

李先生的课,我们本是极爱听的,记得自己撰写的一篇文章《阅读:寻找教师专业成长的"镜子"》中写过:李海林先生的课十分精彩,很简洁,特冷峻,充满了感性和理性的美。还记得先生患感冒,嗓子不好,但他依然在寒冷的教室给我们上课,眼中满是知识的光辉,其高尚师德,至今仍感动着我,促我在教学中不苟且,要认真负责。他的《言语教学论》,给了我理论的拐杖,这面"镜子",让当下的种种"语文怪论"现了原形。李老师不曾把自己没有弄清楚想明白的道理写在书中,他的勇气、刻苦和真诚让我一直感念。

李老师极为推崇的人物,我自然也非常地钦慕。

第一次见到王荣生教授,是在我们写硕士毕业论文的开题会上,他指导的一位硕士生马慧芳恰好是我的好友,于是我也有了机会向王教授请教一些教材编写方面的问题。当时,我的选题是关于"人教版教材注解的训诂研究",我的导师是著名的楚辞学家黄灵庚教授。王荣生教授给我的印象,非常儒雅,讲话慢而有条理,仔细记录下来,便是一篇学术妙文。

我翻看了王教授的诸多大作,给我印象特别深刻的,便是由他的博士论文修订的专著——《语文科课程论基础》,阅读时常常产生一种拨开云雾、豁然开朗的快感和舒畅,时时涌出"与我心有戚戚焉"的喜悦和激动。

长期以来,关于语文学科"工具性""人文性"的所谓"两性"问题一直纠缠着语文教学。由于对"性质"这一根本性问题的严重分歧,语文教学派生出许许多多的问题、矛盾、争议和困惑。语文科课程的性质研究，百年来被弄成了一个封闭怪圈里似乎永无止境的游戏，也成了所有语文研究无法穿越的黑洞。有关这方面的著作，可谓汗牛充栋，在众多学术作品中，王荣生教授的《语文科课程论基础》第一次智慧地学理地为我们揭开了这怪圈的神秘面纱，建构了语文课程与教学目标分析的新框架，搭建了语文学理化的新平台。

李海林教授上课时曾讲过：凡是研究都须回到事物的原初状态，还原事物发生的原始过程。但这需要俯瞰的理论素养，事物没有变，变化的是我们看事物的眼光。王荣生教授在《语文课程目标分析框架的破与立》一文中写道："'人文性'与'工具性'，这种用于认识语文课程与教学目标的人为的因而也是抽象的切分，演化为语文课程与教学目标两块分裂的实体。""人文性"与"工具性"，实则是语文课程与教学目标中不可分开的两个层面，被人们强行拆分成两样相互对峙的东西。语文学科性质问题应有新的视野。因此，他提出了"'什么样的目标也就反映了什么性质'思考路线，实际地动摇了对'思想性'或'人文性'与'工具性'框架的迷恋"。在《破解语文科的"性质"难题》一文，王荣生教授指出："语文科本来就不存在我国语文教育研究语境中所谓的'性质'分歧，也不应该存在。存在着的，而且应该存在的是语文课程的取向之争，是从课程目标到课程内容、从教材到教学法等各个层面的不同'我主张'，以及对'我主张'进行正当性、合宜性的审议和申辩。"从而悬置并且消解了语文科"性质"争论，引导到建设性的工作上来。

在破除我国语文教育研究袭用的两级分析语文课程与教学目标的框架之后，他构建了替代性的"潜层面"和"显层面"两个级别的层叠蕴涵分析框架。语文教学的研究不能只是一味地批判，更重要的是在于新的建构。

"潜层面"中的课程取向，"揭示了长期被掩盖的语文课程听说读写目标的取向问题，以促使人们实实在在地看见它，进而去严肃地研究它"。王荣生教授认为，一切的课程都有文化取向，"潜层面"中的文化意识，"有助于我们自觉地显扬语文课程与教学目标所蕴含的中华传统文化，也促使我们正视自己是如何以现存的认知模式来解释外来知识的问题"。"合宜的能力要有适当的知识来建构，对知识状况的审理要紧急地提到日程，并在课程具体形态层面将语文学校知识问题'主题化'"。（《导言：语文科课程论》一文）并理清了"潜层面"中的知识状况。潜层面中的"教育政策"处于宏观领域，可在研究形态中把它们暂时地分离出来。语文课程与教学目标中的"显层面"，包含听说读写，划分为态度和技能两个方面。他在论述语文课程与教学目标中的潜层面时，对其做了详细阐释。因为实然的语文课程与教学目标，它的潜层面和显层面犹如硬币的正反面是一体的。

语文课程与教学目标中的"潜层面"和"显层面"制约和影响着选文学习目标，另一面，既定的选文也事实地制约和影响语文课程与教学目标中的"潜层面"落实和"显层面"里态度与技能（知识）的学习。语文课程与教学目标一样，选文学习目标，也应该看成是两个级别"潜层面"和"显层面"的层叠蕴含分析框架。王荣生教授将过去笼统指称的选文，划分为"定篇、样本、例文、用件"四种类型，这是对层叠蕴含分析框架中"语文课程与教学目标"与"选文学习目标"之间关系的细化，"这种具体化，将有效地解决长期困惑语文课程与教学实践的所谓'教语文'还是'教课文'（选文）的问题"。（《语文科课程目标分析框架的破与立》一文）

　　语文课程与教学的时代转型，将表现为三大趋势：语文课程形态的多元选择将渐渐成为现实；语文教材将可能出现多样化格局；语文教师专业化将被推向前台。当前，迫切的工作是将改革的突破口由对资源材料和教学法的依赖，转到对语文课程内容研制的注重，不要纠缠于"语文科性质"的伪命题争论，多做一点建设性的工作！

　　周燕老师在《语文学习》2009年第6期的"编后"记中说：听钱理群先生在"王尚文语文教育思想研讨会"上的发言，真让人有一种"耳朵被叫醒"的感觉。我读王荣生教授的大作，则有一种"大梦今方醒"的感触，沉睡多年，如今才识得语文真面目！

　　《语文科课程论基础》那一览众山小的高原视野和手术刀般的冷静解剖，为我们一线教学老师打开了一扇又一扇新的窗户，搭起了一层又一层远眺的台阶，这一著作将是我们现在和以后从事语文教育研究绝不可绕开去的学术存在！

[原典精读]

　　语文教育研究，几乎都是"我主张"式的——或者提出一种主张，或者赞同一种主张，或者用另一种主张反对这一主张。也许正因为缺少"他认为"类型的研究，才使得语文教育研究难以呈累进状发展，才使得几乎随便什么人都可以放开胆量"我主张"。（《导言：语文科课程论》）

　　◆20世纪50年代养成的语文教学闻风而动、同进同退的习惯，在恢复高考以后形成了坚固的"应试教育"主心骨，语文教学很大程度上变成了令人生厌的考试机器、从整体上讲，语文教学内容被落实为只能用那几个字的"标准答案"，语文教学变成了"教参""模拟卷"的答案从教师黑板到学生试卷这样的搬运过程。语文课程内容已经到了"非改不可"的地步，语文课程与教学的取向迫切需要重大转移。（《破解语文科的"性质"难题》）

　　◆长期以来，在评介国外的语文课程与教学目标时，我们只把它们看作是纯"工具性"，并简单地以"拿来"的姿态谋求借鉴，而忽略了对那些知识、技能、策略所黏附着的文化意识、教育政策和课程取向，以及支撑的语言学、文学、心理学等学科的知识状况的考察。其结果,往往是拿不动、拿不到,因而只流于口号般的"观念"提倡。当前,"批判性思维""批判性阅读"是个热门的话题,但是,如果不进行细致的文化分析、如果不具体地考察我们现在的课程取向(包括在教学大纲、教材所主张的取向和在教学中实际在施行的取向)是否与之相协调、如果知识界不提供相关、相应的可靠知识,那么很可能又只是炒熟了一个时髦名词,而不太可能在语文科课程与教学的实践中培养出当前人们乐于谈论的那种思维或阅读的能力。(《语文课程目标分析框架的破与立》)

◆从大纲的主导取向看,我国语文教学中的阅读取向,一直倾向于养成学生"鉴赏者"的阅读姿态、阅读方式。但是,在教学大纲向教材、教学下移的过程中,我们所实施的阅读取向,很长时间是背离"鉴赏者"的;延至今日,大纲级别的阅读取向,在语文教学中也较少得以真正落实。过去乃至现在的阅读教学,通常是"教教材",实际上是以课文后的"思考与练习"为轴心、为标的的教学。因而,在教学实践中主导阅读取向的,是教材的"思考与练习"。而"思考与练习",往往把大纲所倡导的"鉴赏者"取向有意无意地改造成了"作业者"取向。(《层叠蕴涵分析框架运行:课程取向》)

◆合逻辑的推论应该是,怎样去阅读。阅读的活动,和阅读的教与学,有联系,但绝不是一回事。"让学生自己来'说'",从"阅读"教学的角度,应该转化为使学生学会有节制地"说"(读解);"阅读"教学的目的,是使学生学会(建构)在阅读中如何合适地倾听、合适地言说,即学会"对话"——与文本"对话"。(《层叠蕴涵分析框架运行:文化意识》)

◆课程的问题,本质上是知识的选择问题。革除中国语文课程与教学的种种弊端,归根结底,要靠语文学校知识的除旧纳新。语文课程内容刻板僵化与随意性过大并存、语文教学花样百出与知识含量的极为贫乏共生,是我国语文教育的严重问题。而问题的根由,是我们在语文课程具体形态层面存在巨大的空档;或者说,我们一直只有"选文集锦"的语文教材,很大程度上没有过严格课程论意义上的语文课程。(《层叠蕴涵分析框架运行:知识状况》)

◆将语文教材中的选文鉴别出"定篇""例文""样本""用件"四种类型,有理论和实践的重要意义。选文的四种类型,实际上也构成了研究语文课程、教材乃至教学的一种认识框架,同时也是对语文课程与教学蕴涵层叠分析框架的"语文课程与教学目标"与"选文学习目标"之间关系的具体化。

(2008年8月26日)

一曲苍凉的歌
——细读陈忠实《白鹿原》

陈忠实的《白鹿原》是一部我一直想看，却一直没有去看的小说。在一个绵绵细雨的夏日，闲极无聊，终于翻开此书，也算了却一件欠下的宿债。读罢《白鹿原》，只觉得这样大气的作品，没有足够的沉潜和冷静，没有充分的积蓄和学养，是决然写不出来的。它是那样的饱满、厚重，又是那样的古拙、苍凉和沉郁。似乎，在听着一首雄浑悲壮的秦腔。

给我留下深刻印象的有：白嘉轩为人的硬朗、坚守原则，鹿子霖的功利、投机，白孝文的阴冷、伪善，黑娃的侠义、忠厚，田小娥的淫荡、抗争，白灵的纯真、执着。田小娥对黑娃的爱，一者，有相似的境遇，小娥在郭举人家过着连狗都不如的生活，极其耻辱；二者，在情欲上又无法得到满足，她遇见健壮又干练的黑娃，便主动接近他，最后两人有了灵与肉的结合，极尽人生的快乐。却被郭举人发现，将黑娃赶走，并打发小娥回娘家。黑娃对小娥的爱是真挚而深沉的，他备尝艰辛，找到了小娥，带走了这个被唾骂、被家人视为耻辱累赘的女人。白鹿村是一个极其重视仁义和廉耻的地方，当黑娃的父亲鹿三发现小娥的真实身份后，便拒绝承认这个儿媳，黑娃无奈与家庭决裂。族长白嘉轩出面，劝黑娃放弃，并以"前悔容易后悔难"劝诫他，黑娃则说"若丢开，她肯定没活路了"，这是一个真正的大写的人的声音！后来鹿兆鹏钦佩地说："你——黑娃，是白鹿村头一个冲破封建枷锁实行婚姻自主的人，你不管封建礼教那一套，顶住了宗法、族法的压迫，实现了婚姻自由，太了不起了，太伟大了！"沧海横流，方显男儿气节。黑娃兑现了对小娥的承诺，不离不弃，带她去了一处破窑洞，就在那里安顿下来，过自己的生活。

黑娃比从前更加地勤劳，到处找寻钱多的活干，他一心想着与小娥平静地生活下去。如果不是兆鹏的出现，黑娃的一生也许就此死而湮没不足称道了。辛亥革命后，军阀混战，盘踞在白鹿村的一撮兵痞，敲诈百姓，囤积军粮，兆鹏与黑娃合作，一起去把那些粮食一把火烧了。国共合作期间，兆鹏在白鹿村掀起了农民运动，黑娃与小娥在运动中都冲在前面，把那些昔日骑在农民头上的恶霸一一严惩，实在是扬了眉吐了气。历史的变换，如同夏日午后的天气，阴晴难测。国共分裂，到处是白色恐怖，不计其数的共产党人被捕杀，兆鹏与黑娃逃走了。黑娃先是投奔了支持共产党的习旅长，随其东征西讨，后来全军覆没，黑娃幸免于难，做了土匪仍展现其英雄侠义的本色。他们打家劫舍，混迹江湖，官军也无暇顾及他们。

　　小娥没能随着黑娃逃走，留在了白鹿村，这是她不幸命运的加剧。村上有权势的鹿子霖，实则是一个贪恋女色的伪善人，善于钻营，钱、色、官样样都想占有。用冷先生的话说，就是一头"畜牲"。他借机占有了小娥，此时的小娥背叛了对黑娃的爱情，这是她本性中水性杨花的一面。另外，她也有纵情淫欲、无节制的丑恶一面。白鹿两家，始终貌合神离，彼此也都相互暗地里争斗，不过没有公开化而已。鹿子霖出于对白嘉轩的怨恨、嫉妒，怂恿小娥去引诱白家长子白孝文——这位未来的族长。白孝文本来就是一个欲望的奴隶，禁不起小娥的挑逗，早已拜倒在其石榴裙下。纸终究是包不住火的，这个极大的丑闻还是暴露了，白鹿村的人们全都被震惊了。白嘉轩一下子崩溃了，多年来苦心经营的屋子，完全坍塌了，心里如同被突然插了一把尖刀，几乎不能言语。白孝文不再有资格当族长，也与父亲分家过日子。他不但没有反思己过，而是破罐子破摔，更加肆无忌惮地与小娥日夜缠绵在一起。对家里的妻子，不闻不问，任其饿死了事，心肠狠毒，人性泯灭，无耻之极。白孝文把分家所得的房子、土地，一天天地变卖，都去换了鸦片来与小娥抽，坐吃山空，沦为乞丐，四处乞讨，抢舍饭，正如小说中说的"把人活成了狗"。后偶有机缘，蒙鹿子霖推荐，去了保安团，从此稳定下来，渐渐发达。善于投机钻营的他，处世圆滑，城府极深，下手狠毒。解放战争后，竟然混上了白鹿县的县长。其双手沾满了血污，黑娃也被他陷害而死，是一个内外皆极丑恶的人物。

　　小娥的死，是比较值得寻味的。小娥虽遭受极致的羞辱，但她还是努力地活着。不管村上人的眼神如何恶毒，辱骂如何刻毒，她都视而不见，充耳不闻。小说中，最有可能杀小娥的人，应该是鹿子霖。因为小娥引诱白孝文，致使其堕落几于落入死地的背后主谋便是鹿子霖。但是他没有杀小娥的预谋，然而小娥死了，死得很难看，全身赤裸着。而去杀死她的人，则是极为侠义、忠厚的长工鹿三，也是小娥的公公——连鹿三这样善良的人都无法忍受，可见小娥在那样的社会，除了死的结局，已经没有别的路可选择。这更突显了小说的悲剧色彩。小娥死后也不被人所知，恶臭几乎传遍了整个村子。人们也不去关注是谁杀了她，好似她未曾存在过，反倒是人们有一种恶的快意，想到一个极为淫乱、下贱的人死了，其余的似乎都不重要。人的生命，在此时是如此的卑微、无价值，民众又是如此地没有一丝同情心。可悲之极！

　　白嘉轩这个白鹿村最宽厚的族长，在对待小娥的鬼魂喊冤、求村民塑像立庙一事，与白鹿村的父老乡亲站在了对立面。他不顾全村人的请求，冷酷如铁："我不光不给她修庙，还要给她造塔，把她烧成灰压到塔下叫她永世不得见天日。"后来孝武带着村民在田小娥的旧房上造了塔，连同荒草中飞起的小飞蛾一并烧毁，在这件事上，白嘉轩表现得极其冷血，令人憎厌。然而，再一细想，也似乎是合乎情理的，毕竟白嘉轩尊奉的是理学家的一套旧礼制。翻开历史，鲁迅先生只看到"吃人"二字，在白鹿原，被旧礼教吃掉的女子也很值得同情。鹿兆鹏的妻子，新婚之夜便没有夫妻之实，此后丈夫更是长年在外，不见其踪影，守着活寡，陷入深深的性苦闷，终于发了疯，凄惨而死，可谓被旧的礼教谋害而死。

　　田小娥有令人生厌的一面，但她是真实的，不虚假，她也有光亮的一面。她也曾与黑娃守着清苦，耐着寂寞，她不是一个别人说的"潘金莲"式的女子，她也曾决心与黑娃相依为命，做一个安分守己的好人。但在这个冷漠的白鹿村，她得到的不是一个人应有的最低限度的尊重，更多的是羞辱。在黑娃离开的日子，她背叛了曾经的爱情，与鹿子霖苟合，显露其轻浮的一面，但也有其性的苦闷的缘故吧。她的恶，主要是为了报复白嘉轩，引诱了白孝文，使其彻底地堕落。生活是不容假设的，如果田小娥生活在一个足够宽容的社会，一个没有浓重旧观念的闭塞的村庄，也许她不会有后来的悲剧。在其悲剧人生的另一面，她又是幸福的，至少有真爱她的丈夫，有着和谐的夫妻生活，也曾经快乐过了。黑娃与鹿兆鹏相比，同样是幸运的，他敢于反抗，并且付之于行动，获得了个人爱情，虽然付出了极其惨痛的代价。兆鹏不愿意接受家庭的安排，想要追寻自由的爱恋，他的妻子最是无辜，成了旧观念的牺牲品，小说中却不见兆鹏的一丝忏悔，让人觉得其自私的一面。兆鹏一心想着大事业，与白灵的相爱，也是极其偶然与痛苦的。

　　白灵是这部小说中最为光彩耀眼的女子，她的爱是与自己追寻的事业结合在一起的。她是小说中最具有反抗旧观念的女子。她与家庭决裂，从关押的房中逃了出去。白灵一出现，灰蒙蒙的白鹿原顿时洒下一束亮光。她那一双微微凸出的大而圆的眼睛，无媚态，不随俗，含有一种厉害，藏有一缕傲气。在后来的追寻革命的过程中，与兆海曾经走得很近，两人也有过海誓山盟，但最后不同的政治理想使他们分道扬镳，谁也无法说服谁。兆海的爱情是如此地纯洁高贵，如今到何处去寻找啊！本以为小说就此难有波折，没有想到，白灵在共产党人遭到最残酷迫害时，她选择了加入党组织。兆鹏劝她不要加入，"我们被杀的人不计其数！"白灵说："你们人少，我来填补一个空缺。"兆鹏感动地抓住白灵的双手，不禁流下热泪。在共同的战斗中，她的情感天平慢慢倾向了兆海的哥哥兆鹏。在一个美丽的夜晚，白灵说"我们做一天真夫妻，我也不亏"，他们拜堂成亲。兆鹏也冲破了道德伦理的束缚，与没有过门的弟媳在一起，当然他也从此最深地伤害了兆海的心，兄弟情没有了。白灵的爱情爱得大胆、真挚，而且浓烈。白灵后来生下了一个儿子，小说中叫鹿鸣。白灵最后没有死在敌人的刺刀下，而是在南梁清党肃反时被自己的同志活埋，一朵还未充分绽放的花朵就此凋谢了，不禁令人扼腕叹息！

白灵的爱情，仿佛天上洁白的云朵，不含丝毫世俗的杂质，是一种精神的爱恋，是至纯的爱情。田小娥的爱情，更多的是一种肉欲的贪恋，是为了摆脱空虚无聊生活的挣扎，是一个混着世俗泥土味的爱情。

叔本华说：人生不过是在欲望和痛苦之间摇摆。人的一生多是充满了各种的欲求，每一个欲求达到之后，便是新的欲求，得不到满足便是苦痛。在尘世生活着，或麻木或清醒，或抗争或屈服，也许给自己找到一个活下去的精神支点，是最重要的。这就是真实的人生图景：沉重与绝望，在逐爱的路上，我们要或"记住"或"忘记"。

贾平凹写道："正如有哲人说过，在这个宇宙里，生命是不息的，当每一个人的一世进入其中，他就活在了整体，活在了无限，而不仅仅是一个家庭，一份工作，一份情感里。当任何一个人的去世，如果说是这个整体的一部分失去，是我们的一部分失去，但那仅仅是带走了一部分病毒、疼痛和恐惧，生命依然不息。更何况陈忠实有他的《白鹿原》。他依然在世间。"前路依然漫漫，我相信凡有血性的青年，一定会倾其全力，去发出一点光亮，即使不能驱散死寂的黑夜，但总会给夜行的路人一丝温暖和希望。以此怀念陈忠实先生！

（2016年8月9日）

陶渊明与魏晋放达之风专题学习

魏晋在中国文化史上是一个重大的转折时期，它那种奔放热情的时代精神和文化风貌，在魏晋文人身上体现为一种追求率真自然的人生态度，这便是魏晋文人的"放达"。"简言之，就是魏晋时期士人追求的一种具有魅力和影响力的人格美。"[1]这种放达之风的形成有着复杂的时代背景和历史因素。

一、魏晋放达之风的形成

魏晋时代是中国历史上政治最黑暗的时代。许多无辜的文人成了权力斗争的牺牲品，如鲁迅所说，《文选》中有一半作家是不得好死的。如阮籍"胸中怀汤火，变化故相招。万事无穷极，知谋苦不饶。但恐须臾间，魂气随风飘。终身履薄冰，谁知我心焦"，[2]正是文人们在身不由己的政治斗争中命运不能自主的哀叹。

政治如此险恶，魏晋文人要远身避祸，途径不外乎二条：隐居避世和佯狂避世。狂放的阮籍，"本有济世志"[3]嵇康的《卜疑集》也充满了积极用世利国利民的热望。他们的政治理想不但难以实现，而且还可能招致杀身之祸，嵇康之死便是悲剧。"壮士郁不用，须有所泄处"[4]在狂的下面，是深沉的忧。

魏晋文化的一大特点是儒学的全面衰落。两汉以来一直处于独尊地位的儒学，到魏晋时却是"公卿大夫罕通其业"。[5]随着儒学的衰落，老庄之学重新勃兴，魏晋文人将《易》《老》《庄》称之为三玄，成为当时文人清谈的必读书，所谓"三日不读《道德经》，便觉舌本闲强"。[6]嵇康自称"性有所不堪，真不可强"。[7]陶渊明说"纡辔诚可学，违己讵非迷"。[8]文人们都十分崇尚任心适志的人格精神，这便是放达。

从当时的社会审美心理看，魏晋文人放达的出现是较自然的事。尤其是当时的才学观对放达行为起了推波助澜的作用。曹操于建安十五年、十九年、二十二年三次颁布了著名的"三诏令"把才和德分开，提出"唯才是举"的观点，并用了一批有"简傲少文"的偏执之才，对两汉以来的用人观念以强有力的冲击。乱世魏晋，才智在治理国家中显示了比以往任何时候都要突出的作用，故重视才学的倾向十分明显。清谈、文学、书法、棋艺、音乐、佛学等技艺学问，都得到了高度重视。在人物品藻上，往往以才学的高下来品评一个人。

二、魏晋放达之风的特点和对陶渊明的影响

魏晋放达之风形成后都有哪些特点？它对陶渊明的人生态度都有哪些影响？

首先是魏晋人有着强烈的自我肯定。

文人们对外在的标准、规范置之不理，在言行中处处展现强烈个性，以特立独行为美。《世说新语》中就有许多这种任性自为的记载"刘伶恒纵酒放达，或脱衣裸形在屋中，人见讥之，伶曰：'我以天地为栋宇，屋室为裈衣，诸君何为入裈中'"。[6]

魏晋文人对自我的强烈肯定，体现在陶渊明身上，便是崇尚自然、复归人的自然本性。陶渊明崇尚自然具体表现在回归田园和创作大量田园诗上。

陶渊明继承了老庄哲学，追求自然的旷达。自然本身的美并不是一个与生命隔离的东西，它是生命品格的展示。陶渊明"开荒南野际，守拙归园田"。[8]而阮籍则选择了醉酒任诞，没有真正走向自然。由此不难看出陶渊明比阮籍更懂得自然，更加放达。

与魏晋文人相比，陶渊明是真正回归自然的第一人，东晋名士辈出，相当多的文人寄情山水，但只是一种生存手段。孔稚珪在《北山移文》中便对这类高标隐逸的放达文人作了淋漓尽致的嘲弄。而陶渊明的乐守田园已经是一种自觉的生存方式。"竹林七贤"放浪山水，更多的是借山水来抒发自己的不平与牢骚，他们对自然美的理解，是短期的、感性的，而陶渊明的回归自然，是心灵的契合，是一种内在精神的折射。因此，他对田园的认识远高于前人，深切地写出躬耕之甘苦，以田家语入诗，开一代风气，成为田园诗人之宗。《归去来兮辞并序》[11]表现了陶渊明回归到乡野中的快乐，"结庐在人境，而无车马喧"，[8]则用一种笃诚的心态去体验"采菊东篱下，悠然见南山"[8]的淡远境界。

陶渊明对自我的肯定，表现为回归自然，实则是对整个社会一种幽深的伤感。由于这种独特的感受，他的归返自然不仅要个人的生活归宿，更要寻求在现实生活中已经失去了的东西。自然生活的诗意本来就是一种激发于现实感受的幻想，他把对人生困境的关切凝练为一种理想的生活方式。陶渊明认为人本来是源出于自然的，禀赋着自然的无限性，但这种无限性却被文明规范从根本上毁灭了。这些不断重叠的规范象枷锁一样窒息了人的生机，使人们远离生命的真正家园。"久在樊笼里，复得返自然。"[8]回归自然，就是回到生命的家园，回归那原初的无限性。就是"人作为大自然的有机组成部分，其自然本性就是与大自然相契合的，人们会在大自然里看到自己本性中那些最基本最纯朴，也是最真诚的那一部分，领悟到生命的真谛"。[9]

其次，魏晋文人有着强烈的生命意识，对陶渊明的生死观有着深刻的影响。

自东汉末年始，社会一直处于大动乱中。在一次次的血雨腥风中，不少文人名士惨遭杀害，何晏、嵇康、陆机、陆云等都死于非命，这给文人们的心灵造成了巨大创伤。他们省悟到人在自然面前是多么的渺小而可悲，人生无常，一切功名利禄都是虚假的或值得怀疑的，只有人必然要死才是真的，短促的人生中充满了那么多的腥风血雨才是真的，人生的全部内容不过是从"颜如薾华晔有晖"到"盈数已登肌肉单"[10]的短暂而又痛苦的历程。因此对人生的绝望、哀叹成为当时文人的一种普遍心态。"人生有何常，但患年岁暮"[11]及"天地无穷极，阴阳转相因。人居一世间，忽如风吹尘"[12]总之，魏晋文人出于对人生无常的哀叹和对死亡的恐惧，对生活现实的深沉危机感，滋生了浓重的幻灭和厌世情绪，背着这沉重的十字架，他们感到十分的痛苦和绝望，但又无法解脱。

那么，陶渊明又是如何直面这一人生难题的呢？集中而又深刻地表现陶渊明生命意识的诗歌当推他的《形影神》三首组诗。诗人先在诗序中否定了当时那些由于不明了生命的起源而"营营以惜生"的"贵贱贤愚者，"认为他们是"甚惑焉"。然后便"极陈形影之苦言，神辩自然以释之。"[8]"形"羡慕天地、山川、草木的永恒痛感人生无常，不无伤感地说："天地长不没、山川无时改。草木得常理，霜露荣悴之。谓人最灵智，独复不如兹。"[8]于是他主张以一醉方休来愉悦短促的人生；"愿君取吾言，得酒莫苟辞。"[8]这显然是魏晋文人放达的一种观点。然而"影"不同意这一观点，它劝诫"形"说，人的生与死乃自然规律，欲长生不老，谈何容易？别说醉酒即使去求仙访道也是白费心机。"影"认为延长生命的最佳方法在于立善求名，以期精神之不朽。为此，在诗的结尾，它很自信地唱道："立善有遗爱，胡为不自竭？酒云能消忧，方此讵不劣！"[8]较之"形"，"影"似乎通达一些，其实不然，在"神"看来，它仍然是甚惑。于是"神"（即诗人）表态了，他首先以三皇五帝"欲留不住"为例破除"形"企求长生的幻想："三皇大圣人，今复在何处？彭祖爱永年，欲留不得住。老少同一死，贤愚无复数。"[8]随后一面告诫"形"过量地喝酒会损伤生命："日醉或能忘，将非促龄具。"[8]一面也开导"影"立善是无用的"立善常所欣，谁当为汝誉？"诗人敏锐地意识到了，在当代，善恶标准尚且不一，哪里还有立善可言？诗人曾激愤地说："行上千万端，谁知非与是。""积善云有报，夷叔在西山。"[8]既然如此，人该怎样从死亡的恐惧中解脱出来？针对"形""影"的共同困惑，"神"指出了一条独特、潇洒的解脱之路："甚念伤吾生，正宜委运去。纵浪大化中，不喜也不惧，应尽便须尽，无复独多虑。"[8]面对生死不喜不惧，这就是陶渊明生死观中的超脱意识。

诗人的超脱意识还表现在其他作品中，如"茫茫大块，悠悠高昊。是生万物，余得为人"。[8] "咨大块之受气,何斯人之独灵"。[8]在他看来,人是道的产物,人的形体只是自然物质变化中的一种暂时形态,本无所谓人,所以死是无所谓的,即使在他临死前写的《挽歌诗》三首中也看不出对死亡的恐惧。其第三首模仿汉乐府《薤露》《蒿里》等挽歌的诗体,先是描写自己被送葬入土的光景,尽扫一般挽歌凄惨的暗淡情调。最后唱道:"死去何所道,托体同山阿。"[8]人死实在是一种回归,直面死亡,其放达可见。

对比别的放达文人之所为。名士嵇康希求长生,相信神仙的存在"夫神仙虽不可见,然记籍所载,前史所传,较而论之,其有必矣"。[7]陶渊明比嵇康放达"有生必有死,早终非命促"。[8]他相信传说中的神仙纯属乌有,从古到今无论贵贱贤愚都得把自己付给死亡。狂饮的阮籍在《达庄论》中指出:"至人者恬于生而静于死。"[2]不过阮氏的恬还是一种纯理论形态,陶渊明《神释》则将这种理论变为一种生存选择。知道"吾生也有涯"明白自己"有生必有死"的结局,他强烈地意识到生命不可重复的价值。

陶渊明正是对生死有深刻的认识,才跳出了个人不朽的狭窄圈子,安然从容"纵浪大化"中,他的放达心胸天地一样博大。

最后,魏晋文人放达最大的特点莫过于纵酒。高歌纵酒消愁,是中国古代文人一种独特人生方式。

魏晋文人纵酒的原因较复杂。主要有两点:一对现实的忧患,二对生与死问题的苦闷。阮籍、嵇康等人的饮酒放荡,表面看来似乎很消极,其实这里面包含着反抗现实、反抗礼法的积极内容,嵇康的任情,刘伶的放纵,诸阮的与猪共饮,本身就是对名教伦理的反抗,所以他们也得到名士的认同和理解。

那么陶渊明为什么一生嗜酒呢?是否也与阮籍等人一样呢?陈寅恪先生认为他是以酒来逃避政治和现实,"《五柳先生传》为陶渊明自传之文,文字虽短,而述性嗜酒一节最长,如见于诗《饮酒》《止酒》《述酒》及其他有关酒之文字,乃远承阮、刘之遗风,实一种与当时政权不合作态度之表示"。[13]但从现存的陶渊明的饮酒诗看,极少政治色彩。假如酒之于陶渊明仅是一种逃避政治的外在手段,一旦达到了远离政治的目的就必然要与酒淡漠不至于终生断不了它,更不可能嗜酒如命。而他一生没有出任过任何要职,也不是当时政坛上的要人,无论出仕还是挂冠,都不要承担什么政治风险,辞去彭泽令更不是出于政治目的,何须用饮酒来逃避!死后根本没有政治迫害而言。由此可见,酒并不是陶渊明逃避政治的工具,而是关涉到诗人的生命存在本身,对生命终极意义的关怀。

陶渊明所存在的世界,儒家思想完全失去了理论的活力,名教早已蜕化为一具僵硬的躯壳,造成政治的黑暗和伦理的真空,社会失去了为人们所普遍认同的行为准则,个体也难以找到安身立命的根基,这样个人脱离了社会的有机体而成为独立的精神个体。对于这样的个体来说，除了生命是属于自己的，现实中的一切都是异存的，于是对自己生命的依恋和珍视就上升为一种普遍的时代感情，不难看出陶渊明的饮酒是基于对生与死的体悟。

刘伶等人对生命的放达只是表面的，实质上无不充满了对自身生命必然归宿的绝望。而陶渊明对死亡有着自己独特的体认。正因为陶渊明实现了自己生命存在的真实性，所以在他的诗中见不到刘伶辈饮酒时的烦躁与荒诞。《饮酒》其七："秋菊有佳色，露掇其英。泛此忘忧物，远我遗世情。一觞虽犹进，杯尽壶自倾。日入群动息，归鸟趋林鸣。啸傲东轩下，聊复得此生。"[8]我们在陶诗中看到的是诗人找到了生命根基的和谐。

三、陶渊明的放达具有特殊文化价值

陶渊明的放达可以说是继承了魏晋文人的遗风，但他又融和了儒道佛玄各家于一身，自然和谐，拥有了超越前人的放达。

陶渊明在当时并不引人注目，到梁、陈时代，钟嵘和萧统才开始重视他，但对他的评价不高，直到唐以后，特别是宋代就完全不同了，经过苏轼等人的提倡，遂使陶渊明在中国文化史上的重要地位不可动摇了，为什么呢？也许可以从文化心理结构的角度来说明。

魏晋到唐、宋以前，儒道并未真正互补，当时人们的文化心理结构基本上是儒家奠定的。道家作为一种补充的作用始终没有显示出来。这主要表现在当时玄学尽管提倡"得意忘言""贵无"等主张，但玄言文学却枯燥乏味，毫无艺术魅力可言。当时的文人面对黑暗的现实，慷慨任气，忧愤无端，理想不能实现时就陷入巨大痛苦之中。人格上是分裂的，心灵的天平是不平衡的，这些种种的外表现象无疑就是当时人们文化心理结构的外在表现。所以陶渊明在当时的影响甚微。从接受理论观点来看，可以说他的人和诗文不符合当时读者的接受意识。但是，到唐末、宋初就不同了。安史之乱使唐王朝一蹶不振，失去了昔日博大的胸襟，整个民族的性格和心理也由外向开放转向内倾封闭，特别是北宋王朝以后国家积弱局面形成，割地称臣，这种种外部社会现象内化为民族心理结构的一部分，宋人同中晚唐人相比，性格更内向脆弱，他们总是以自我克制和压抑的办法来遏止自己的情欲、意志等本能冲动；他们害怕心理的不平衡和人格的分裂。特别是当时的文人墨客，很看重以平和的办法来追求世界和人格的心理平衡，求得一种对人生的解脱。他们喜欢恬淡的田园生活，在回归自然的过程中找回自我，表现在艺术上则追求一种平和静穆的至高境界，以求得生与死的解脱。这样陶渊明的诗与人显然就是与唐、宋人（特别是宋人）不谋而合了，这实际上可归结为一种文化心理的认同。以后元、明、清乃至近代，陶渊明的高蹈风流放达，一直为后世文人所追慕。"千载无斯人，

吾将谁与归"[14]呢!

综上所述,从陶渊明身上,我们看到了魏、晋文人放达的烙印,更重要的是陶渊明无论在自我价值肯定、生与死的思索和把酒悟人生上都实现了精神和心灵的自由,超越了前人,对放达本质的认识更深刻,他充满智慧的放达解决了魏、晋乃至唐、宋文人所困惑的问题:如何在痛苦的现实中保持心理平衡和避免人格分裂,他的诗文连同他的人格一道成为中国人的偶像,具有特殊的文化价值。

参考文献:

[1] 冯友兰.三松堂学术文集[M].北京:北京大学出版社,1984.

[2] 陈佰君.阮籍集校注[M].北京:中华书局,1987.

[3] 房玄龄,等.晋书[M].北京:中华书局,1959.

[4] 白居易.白居易集[M].北京:中华书局,1979.

[5] 李延寿.南史[M].北京:中华书局,1959.

[6] 余嘉锡.世说新语笺疏[M].北京:中华书局,1996.

[7] 戴明扬.嵇康集校注[M].北京:人民文学出版社.1962.

[8] 陶潜.陶渊明集全译[M].郭维森,包景诚,译注.贵阳:贵州人民出版社,1992.

[9] 刘琦.名士与解脱[M].北京:作家出版社,1997.

[10] 陆机.陆机集[M].金涛声,点校.北京:中华书局,1982.

[11] 萧统.文选[M].李善,注.北京:中华书局,1914.

[12] 赵幼文.曹植集校注[M].北京:人民文学出版社,1984.

[13] 陈寅恪.金明馆丛稿初编[M].上海:上海古籍出版社,2001.

[14] 陆游.《陆游集》第五册[M].北京:中华书局,1976.

(原载《语文学刊》(高教版),2007年第5期)

安放语文飘荡的灵魂
——荐读胡勤《语文认识论》

自语文成为一门独立的课程以来，人们对它的研究、探索、争论就一天也没有停止过。浙江省高中语文教研员胡勤先生的《语文认识论》，是一部在新课改进入深水区的大背景下，沿波讨源，振聋发聩，奋力构建语文知识新结构，回归语文本真的一部难得的学术力作。

如何阅读一本学术书，浙江省语文特级教师羊刚老师主张运用"诠释学"的方法，笔者不揣浅陋，试用此法，谈几点粗浅的感受。

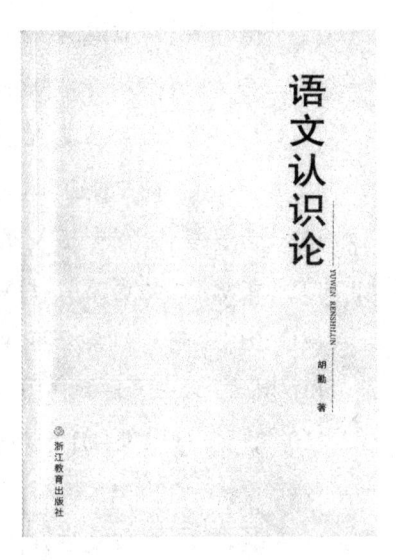

一、文本究竟说了什么

《语文认识论》全书分为三个板块：第一板块——知识观与语文知识，讲了知识观的流变历史、结构主义及其蔓延和课程教材与语文知识缔结的合约。第二板块——课程观与语文课程，讲了现代课程观的陷阱（把语文课程中的"人"异化为"物"，把人当作机器、产品生产加工）、佐藤学的课程领域、语文课程（达成学习目标的媒介）和异域语文课程评价。第三板块——教学立场与课堂实践，讲了语文教学的特点（基础性、整体性、实践性），语文教学的评价取向，文本类群教学及教学实录与评析。

李海林教授说："任何事物，我们要想从根本上探究它的本质属性，最靠得住的办法是先退到关于该事物最基本的规定上。"[1]评价一个事物的时候，说它或美或丑，总会有一个参照的标准。作者（胡勤先生）"把语文放在西方认识论流变的历史中来观察，讨论知识观及语文知识观、课程观及语文课程、教学立场与语文教学"（《语文认识论》自序），有什么样的知识观就会有什么样的课程观、教学观和评价观。该书从一个宏大的学术背景切入，让久在迷雾中的语文人能够站在他者立场，拨云见日，一睹晴空白云。

二、文本想要说什么

初读此书，很是难懂；第二次阅读，做了分章节的摘抄，渐渐懂了一些；读到第三遍时，似乎才读懂了。本书想要说的是什么，有两种不同的知识观支配着语文的知识观、课程观及教学观。具体而言，作者指出：自从斯宾塞在《什么知识最有价值》一文中，提出"为人类的种种活动作准备的最有价值的知识是科学知识"以来，我们把知识看作一种外在于个人的客观实在。教语文重在教客观的语言、文体、文学知识，获取了这些知识，语文的能力便自然提高了，集中于语文的工具理性层面。而《意识形态与课程》的作者，美国学者阿普尔比照斯宾塞，提出了"谁的知识最有价值"这一划时代的问题，引导我们关注课程与政治、文化、阶级权利等意识形态的关联。作者认为这两种不同的认识论范式构建了不同的语文知识观、课程观及教学观。

综观全书，作者认为知识观、课程观及教学观三者皆应从"教师中心"转向"学生中心"，学生是学习的主体，是积极的"知识建构者"。谁的知识最有价值，应当是"学生主体"获得的知识最有价值，这是本书想要特别言说的吧。

三、文本能够说什么

人云亦云在鲁迅先生看来，是一种严重的不道德。学术上哪怕能够说出一点新见，都是极其艰难的。阅读此书过程中，睿见数出，醒人耳目，欣喜不已。

在第一板块——知识观与语文知识，作者重点探讨了对新课程改革影响极大的结构主义与建构主义的知识观。任何学科都有知识体系，不存在没有知识体系的学科。当前语文学科建设最大的问题，不在于教学模式和教学方法的设计，当务之急是确立语文教学的内容，也就是为语文建立一个知识体系。"一般地说，基础教育阶段的各门课程，都有一个与它相关的上位学科领域，比如物理课程对应的是物理学，数学课程对应的是数学，历史课程对应着历史学，生物课程对应着生物学，等等。但是，语文课程却没有一个与之对应的上位学科，或者说，语文课程涉及的上位学科不止一个，如语言学、语用学、文章学、文学，等等。"[2]在这方面，一些学者进行了艰辛探索："阎立钦主编的《语文教育学引论》将'语文教育学'的基础理论综合为'马克思主义哲学''教育学''心理学''语文专业理论''系统科学'五大系列"，还有"李海林在构建'言语教学论'时，奋力从诸多的相关中拔出研究'言语'的'语文学'学科，被纳入的尚有'语用学''言语交际学''心理语言学''篇章语言学''风格学''语境学''文化语言学''社会语言学''听知学''演讲学''阅读学''写作学'等十三门之多。"[3]语文知识体系的建构，是一项需要经历漫长时间，甚至几代人持续努力方可完成的巨大工程。

作者不但从理论上对此作了深入思考，并且在实践中努力探索，力求构建语文课程的新知识体系。"与浙江省高中语文学科基地培育学校合作，研究如何构建学校语文课程体系，探索以语言、文学和文化为知识核心，构建学校开放的语文课程体系，并以此来规范学校语文课程的方法。"（《语文认识论》页87）并结合《普通高中语文课程标准》《普通高考新课程标准语文科考试大纲》、浙江省《模块教学指导意见》、浙江省《选修课程纲要框架》、大学课程内容、地方，以及学校文化元素展开进行了阐释。

在第二板块——课程观与语文课程观，作者指出当前的课程观，正在由先前的"教师为中心"的课程观向以"学生为中心"的课程观转变。并且提出了个人的课程观——媒介课程。"把语文课程定义为达成学习目标的媒介的课程观的立场，与权威课程观和学生经验课程观的立场不同。媒介课程观是站在主体与主体之间，从功能方面认识语文课程。"（《语文认识论》页135）教师和学生的关系是互为主体的关系，构成了"我和你"的整体性教育对话关系。作者创建的媒介课程的哲学基础，主要是哈贝马斯"人的社会存在于交往关系中"的"主体间性"社会理论。另外，笔者认为还有胡塞尔的"交互主体论"理念，也是其重要的理论来源。"胡塞尔现象学提出'交互主体性'的概念，引导我们打破'主客二分'的对象性思维格局，认识到教育中需要'把他人看作主体，而不要看作客体'，亦即'教师和学生均为教学过程的主体'"[4]，在教学过程中，两种主体持续地交互作用，形成"学习共同体"。

在第三板块——教学立场与课堂实践，作者提出了"文本类群教学"新概念。"我们在语文教育中提出'文本类群'这个概念，目的是在语文教育场中扬弃狭隘的文类和文体的概念，从文类和文体流变的连续性，以及它们之间的融通性特点来看文本，这样避免以一种类型化的方法规定某一篇的教学。"（《语文认识论》页238）作者提出的"文本类群概念"是在当代哲学解释学的影响下构建的，在教学的实践中，它是"关系的、开放的、动态的"，可以用不同的文体和文类知识分析文本，但是不局限于某一种分类标准和分类方法。

作者的教学立场是什么：语文必须要有确定的公用的知识结构体系；无论是语言教学还是文学教学，都应当体现整体性；语文教学的实践是言语的实践，通过言语实践而获得认知与体验。书中所选课例，都突出了"媒介课程的"的理念，立足于"交互主体性"的哲学基础。有以下可资借鉴的教学原则：

1. **教学中必须设置具有意义冲突的话题**。围绕有意义的话题进行各种对话，获得丰富的认识和体验。这种教学是发散的、开放的、非程序化的。

2. **平等对话式的讨论**。媒介课程不是把教材和教师的理解强加给学生，而是师生各自在理解的基础上，建构自己的意义。教师在同学生对话的过程中，实现一种平等合作的关系，真正实现"教学相长"。

3. **鼓励批判性思维**。批判性思维是一种基于不同文化和知识背景下多种思维的理性表现，在语文课程中贯穿批判性思维，已经成了当今西方语文课程的显著共性。在教学中，可作如下设计：①在作者的文化背景中，理解文本及其作者；②在作者的文化背景中，寻找依据支持或否定文本及其作者；③在其他文化背景中，寻找依据支持或否定文本及其作者；④引进他者的立场与观点，寻找依据支持或否定文本及其作者；⑤选择自己的立场分析文本及其作者，得出自己的结论。

4. 具有现实性。 要联系现实生活与学生的当下经验，在此基础上生成新的体验和认识。教学必须要具有生长性，"让人成为人"（冯友兰语），要有利于学生将来的生存。

四、文本应该说什么

作者在《自序》中说"知识的范式正在经历着从'什么知识最有价值'转向'谁的知识最有价值'的过程"。对于"什么知识最有价值"，作者在书中有深入地剖析，在语文教学中，唯有"学生自我建构的知识"最有价值。

"谁的知识最有价值"，这是美国学者阿普尔在《意识形态与课程》一书中提出的问题。阿普尔认为"教育也是各类知识与应当传授知识之间冲突的发源地，是谁的知识是'法定的'和谁有传授知识的法定权之间冲突的发源地"，因此教育研究者"必须批判性地思考教育与经济、政治与文化权力之间的联系"[5]。中文版序言胡勤先生说的"谁的知识最有价值"在书中确切指什么，如果能够再明确些，会不会更合宜？姑且妄言之！

当前语文教育最大的缺失是什么，"语文教学长期以来的许多痼疾，例如教学目的的模糊性，教学内容的随意性，教学方法的不科学性等，在最根本的意义上，都是由于真正与语文课对应的语文学科的缺失和错位带来的"[1]。也即胡勤先生所说："很多语文教材消解了语文本体性知识，语文课程与教学也因此迷失了方向，失魂落魄，成为四处飘荡的流浪者。"（《语文认识论》页86）当前，我们迫切呼唤构建语文知识结构，尤其是构建学生从事听、说、读、写等言语实践的动态知识体系，以此来安放语文飘荡的灵魂。

参考文献：

[1] 李海林.言语教学论[M].上海：上海教育出版社，2000：186，54.

[2] 韩雪屏.语文课程知识初论[M].南京：江苏教育出版社，2011：5.

[3] 王荣生.语文科课程论基础：2014版[M].北京：教育科学出版社，2014：226.

[4] 钟启泉.现代课程论（新版）[M].上海：上海教育出版社，2003：448.

[5] [美]阿普尔.意识形态与课程[M].黄忠敬，译.上海：华东师范大学出版社，2001.

（原载《中学语文》,2018年第5期）

麦田的守望者
——读《苏霍姆林斯基选集》随感

拜读苏霍姆林斯基的教育故事时，这句话给我的印象最为深刻："一个好老师意味着什么？首先意味着他热爱孩子，感到跟孩子交往是一种乐趣，相信每一个人都能成为一个好人，善于跟他们交朋友，关心孩子的快乐和悲伤，了解孩子的心灵……"[1]

当我深陷教育的种种困境时，当我不免对教育感到失望无助时，这句话给了我信心、勇气和责任。让我懂得应当给学生多一些关怀，多一些守望！

一、染发风波

那是开学的第五天，我突然发现班上的小沈同学把头发染成了金黄色。我马上找他谈话，然而他的态度却非常冷淡。我问什么，他都低头看地，一言不语。

又过了两天，政教处王主任找我谈话，听说我班有学生的头发染成了黄色，询问是谁。我告诉他是小沈：文化课成绩比较落后，原是体育特招生，行为规范方面不是很好。王主任叮嘱我，要给学生做好思想工作，注意方式方法，让学生把头发"还原"成黑色。我频频点头，心想：一个头痛的问题生！

后来我去他家家访，才了解到他目前跟父母的关系闹得很僵。

经过冷静的思考，我决定放下班主任的架子，用平等的姿态与他相处，让他自己明白自己的问题。最终我选择了用周记对话的形式与他交流。

小沈同学：

我知道，你的头发是在暑假里染烫成黄色的，也是一时想要追逐时尚，彰显自我个性。但作为一名中学生，衣着打扮，要符合中学生的形象。

"染发烫发，穿奇装异服"，这是我们学校明令禁止的。作为高三（10）班的一分子，我们有责任也有义务维护班级荣誉，珍爱班级形象。

我知道你是一位很有集体荣誉感的同学，相信你一定不会做有损班级形象的事情，也一定可以处理好头发的事情。

希望你能理解老师和学校的要求，别忘了，周日把头发染黑哦！

盼回复！

第一次，他的周记是这样写的：

贾老师：

说真的，刚开始我真的一点都不喜欢您，甚至有点想欺负您。因为您戴着一副眼镜，外表看起来文雅、和善、好欺负。此前在二中贴吧上，看到有同学评价您：我认为贾老师是最好的老师了，没一点脾气。

您知道吗？我在初中时经常旷课，顶撞老师，喜欢个性张扬的穿着。但自从遇到您，我才真正知道自己错了。您的真诚、平等，让我很感动。以前的老师对我都是凶巴巴的，都是用训斥的话语，好像我天生就是给老师骂的。初中三年，没有一个老师去过我家，因为他们看不起我，因为我的成绩太差，拖了班级后腿。

请相信我，贾老师，我会按照您的要求，从头做起，把头发染黑！

我鼓励他：

小沈同学：

谢谢你对老师的理解！老师相信你，请你记住：自暴自弃是彻底的失败。《士兵突击》看过了吗？不放弃，不抛弃！坚持下去，成功也许就在下一刻。

过了三天，他真的践行了自己的诺言，把头发染黑了。为此，我当着全班同学的面，表扬了他。看得出，他脸上又多了一份自信和昂扬的斗志。

二、扑克插曲

第二次，他这样写道：

这个星期，我能按时上学，团结同学，虽然上课有时也会开小差，但比以前好多了。上星期扑克牌无端出现在我的抽屉里，当时我刚从抽屉里拿出书本，扑克就从抽屉里滑落下来，不幸还被老师看见了，真是"跳进黄河都洗不清"了。但我真的不知道扑克是从哪里来的，好在班主任相信我。

但按班规处理，被扣了3分，真是心痛，现在德育考核分要不及格了！哎，但是我会努力的，一定不拖班级后腿！

我开导他：

小沈同学：

看了你的周记，我发现你的文采还是不错的！

这个学期开学初，你的头发让老师伤脑筋，你很有个性，但是有很强的班级荣誉感，而且我们老师和同学们也看到了你的进步。

不要忘记老师对你说过的话，相信你是无辜的，也相信你一定会成为一个优秀的好学生，加油，好吗？

如今的小沈，学习上进步了许多，不再顶撞老师，更不做"金毛狮王"了，和家人的关系也和睦了。

一直以来，老师都被称为园丁，但我觉得，老师更像一位朴实的老农，一个寂寞的麦田守望者。

窗外，不远处是一片麦田，那沉甸甸的麦穗随风摇动，形成道道麦浪。我知道，围绕着每一束青葱，都簇生着许多祝福、期待和希冀！

（2011年9月28日）

参考文献：

[1] 蔡汀，王义高，祖晶.苏霍姆林斯基选集（第4卷）[M].北京：教育科学出版社，1969.

后 记

2000年6月大学毕业，开始高中语文教师的生涯。二十年的教育路程，留下了我的梦想、汗水和点滴收获。

2006年起，指导学生进行《论语》整本书阅读，10年间开设11期《论语》选修课班。2015年撰写第一本著作：《〈论语〉新解：卓越人生八项修炼》（31万字）。该书由浙江教育出版社正式出版。

2016年起，从"教育即生长"和"愤悱与启发"理念出发，倡导"生长式语文课堂"，力争让每一节课都有精神增量。2019年撰写第二本著作：《生长式语文课堂》（23万字）。该书由中国人民大学出版社正式出版。

非常感谢湖州市首批"南太湖本土高层次人才特殊支持计划"青年拔尖人才培养和湖州市"1112人才工程"学术技术带头人培养的鼎力资助，得以出版此第三本著作：《生长——语文教育最美的姿态》。2020年8月，该书由中国市场出版社正式出版。

上述三本著作，虽然所写内容不重复，各具特色和价值，但都关注和指向师与生的精神成长，为"生长式语文课堂"理念构建和教学实践的阶段性成果。

收录在《生长——语文教育最美的姿态》一书中的文字，仿佛是50多块漂亮的拼图，散乱在地，今日想要理出一个轮廓。思来想去，终于看到了些许微光，那就是我一直扎根在一线教学的"田野"，一直关注"学情"，一直坚持"平视"的姿态，努力走向生长。该书主要从以下四个方面，展开了研究：

（1）基于"学情"的教育思考。理想的教育是怎样的？要从教师的"教"转到学生的"学"。在教学中，寻找德育生长点，使学生成为"有中国心的现代文明人"。

（2）基于学情的教材指瑕。在研读教材时，要扎根学情，对教材的编写和注释，不但知其然，还要知其所以然。要多一点"咬文嚼字"，不盲从教材，敢于质疑。

（3）基于"学情"的命题管窥。在教学中，"教什么"往往指向"考什么"。"考什么"要特别关注学情，学生应当学到什么程度，学生最终获得怎样的生长。

（4）基于"学情"的读书随评。如何阅读一本书，可以有多个维度。在这里，我更多的是从学的"视角"，从读者的真切感受出发，写个人真实见地。

在整理书稿的过程中，多年来给予我关怀和指导的领导和良师益友，一一浮现脑海。在此书即将付梓之际，请允许我对他们表达我最诚挚的感谢。

感谢湖州市教师继续教育中心主任钱月新。钱主任是我参加湖州市属学校第三期第一层次名师班的班主任。他的高标准严要求，促使我不断修改书稿，争取做到最好。

感谢湖州市高中语文教研员刘春凌老师。刘老师是我参加湖州市属学校第三期第一层次名师班的学业导师。得蒙刘老师精心指导和拨冗作序，不胜感念。

感谢浙江省语文特级教师、正高级教师徐桦君老师。我于2019年参加徐桦君省名师网络工作室学习。这本书的撰写，得到徐老师的悉心指导和作序推荐。

感谢浙江省教研室高中语文教研员、语文特级教师黄华伟老师。黄老师于百忙之中，撰语倾情推荐。

感谢浙江省语文特级教师、正高级教师羊刚老师。羊老师是我参加湖州市属学校第三期第一层次名师班的学业导师。这本书的构架与后记得蒙羊老师的指导，以趋完善。

感谢浙江省语文特级教师、湖州市教育科学研究中心主任黄丽君。黄老师在书稿文章和框架的构思上，给予了诸多帮助。

感谢湖州市教学明星、吴兴高级中学校长蔡轶佳老师。在此书整理过程中，得到蔡老师的细心指导，修改了个别文章。

感谢浙江师范大学蔡伟教授。浙江师范大学浙派语文教育研究中心多次提供介绍"生长式语文课堂"的机会，使我得与省内外名师交流探讨。

还有很多我非常想要感谢的语文名师，限于篇幅，难以一一罗列，在此一并致谢！

感谢江旭峰校长、罗展华副校长、蔡明华副校长、郑璐副校长、俞根强副校长等校领导，他们的关怀和大力支持，使我在学科专业上快速成长；感谢学校语文组的全体同人，他们的包容和真挚帮助，使我的语文教学之路日渐宽广；感谢我的学生，他们的勤奋和追求卓越，使我铭记初心不断前行。

感谢我的家人，那些期望的目光是我一直不断前进的动力。

感谢教我知识与做人的母校：四川西充县岱林小学、新疆特克斯县东风小学、新疆特克斯县二中、新疆伊宁三中、长春师范大学、浙江师范大学。

于湖州紫云花园，时雨后初晴，阳光明媚

2019年8月26日 初稿

2020年5月31日 定稿